D0479978

SCÉNARIO CATASTROPHE

Comité de rédaction de – tabou –
Laurent Aubert
Erica Deuber Ziegler
Jérôme Ducor
Geneviève Perret

Rédaction
Musée d'ethnographie de Genève
Bd Carl-Vogt 65, 1205 Genève
Tél: (+41 22) 418 45 57
Site: www.ville-ge.ch/meg
E-mail: genevieve.perret@ville-ge.ch

Cet ouvrage est publié à l'occasion de l'exposition
«Scénario catastrophe» au Musée d'ethnographie de
Genève, MEG-Conches, du 28 mars 2007 au 6 janvier
2008.

ISBN 978-2-88474-231-3

— TABOU —

SCÉNARIO CATASTROPHE

sous la direction de Christian Delécraz
et Laurie Durussel

MUSÉE D'ETHNOGRAPHIE
DE GENÈVE

DÉPARTEMENT
DES AFFAIRES CULTURELLES

VILLE DE
GENÈVE

Sommaire

SCÉNARIO CATASTROPHE, UNE EXPOSITION

Christian Delécraz, Laurie Durussel
et Alessia Fondrini

Choc à l'origine du projet

Le 26 décembre 2004, un des plus violents tremblements de terre que le monde ait jamais enregistré provoque un énorme raz-de-marée qui frappe les côtes du Sud-Est asiatique, ainsi que l'Inde et l'Afrique de l'Est. Quelques heures après l'arrivée des vagues géantes qui submergent les terres, il ne reste plus que désolation, mort et destruction. Pourtant, aux dires des experts et en écoutant les témoignages des populations indigènes, de nombreuses vies auraient pu être épargnées. L'onde de choc a pris plusieurs heures pour atteindre les rivages et, avec un réseau de surveillance approprié et en tenant compte des signes annonciateurs dispensés par la nature, ce désastre aurait probablement eu des conséquences humaines beaucoup plus limitées.

Cette catastrophe, dite naturelle, provoque au début de l'année 2005 une réaction internationale inédite. Les organismes d'entraide sont submergés de dons. Un déferlement de secouristes en tous genres afflue dans les régions touchées.

Pendant ce temps, dans le silence et sans faire de vagues, une autre catastrophe humaine tue dans le Sahel des milliers d'hommes, de femmes et d'enfants. En Afrique, sans caméra braquée sur eux ni élan de solidarité international, des populations démunies subissent le raz-de-marée de la faim.

En nous interpellant quant aux formes mouvantes de notre générosité et de notre empathie face à la détresse humaine, ces deux événements dramatiques sont à l'origine du projet d'exposition *Scénario catastrophe* au Musée d'ethnographie de Genève, ainsi que de cette publication qui propose des clés d'interprétation de la relation entre l'homme et la catastrophe[1].

Renversement de perspective

Quelle est la catastrophe qui nous intéresse ici? Elle n'a pas d'existence propre et sa définition la ramène invariablement à l'homme qu'elle déstabilise. Ce qui fait un désastre, ce n'est ni la violence d'une explosion ni la hauteur d'une vague, mais bien l'exposition des hommes à ses effets, leur vulnérabilité physique, sociale ou matérielle qui les met à la merci des accidents de l'existence. L'exposition débute avec une réflexion sur la définition même et les mots de la catastrophe.

L'antique philosophie stoïcienne affirmait déjà que nous ne sommes pas perturbés par les événements, mais par la perception que nous en avons: lorsque le désastre survient brutalement dans une collectivité,

---

1. L'exposition *Scénario catastrophe* s'inscrit dans le cadre du projet «Tout peut arriver!», organisé en 2007 sous l'égide du Département des affaires culturelles de la Ville de Genève

les populations concernées donnent à cet événement tragique, à travers mythes, récits et réponses, le statut de catastrophe.

Un désastre se définit par la perturbation qu'il cause aux hommes et l'interprétation qu'ils en font. Autrement dit, c'est parce que l'homme regarde les événements qu'ils existent. C'est ce renversement de perspective qu'il est nécessaire d'opérer pour penser la catastrophe dans le large champ des sciences humaines et de l'anthropologie en particulier.

À l'origine, le terme est formé à partir du mot grec «*katastrophê*» qui signifie *renversement* ou *bouleversement*. La catastrophe appartient alors au vocabulaire littéraire. Dans le théâtre grec, elle constitue la dernière des quatre parties de la tragédie, le dénouement au cours duquel le héros reçoit sa punition, généralement funeste, mais pas nécessairement fatale ni tragique. Jusqu'au XVIIIe siècle, elle peut désigner toute *issue finale*, sans nuance négative. On parle alors parfois de «catastrophe heureuse».

En français, dans sa signification actuelle, le mot apparaît pour la première fois dans *Les lettres persanes* de MONTESQUIEU (1721: Lettre CIX, 155). Il prend alors un sens nouveau qui lui reste attaché jusqu'à aujourd'hui: la catastrophe n'est plus réservée aux destins individuels, mais sert aussi à dépeindre les désastres collectifs de grande ampleur: «Je ne te parlerai pas de ces catastrophes particulières si communes chez les historiens, qui ont détruit des villes et des royaumes entiers: il y en a de générales, qui ont mis bien des fois le genre humain à deux doigts de sa perte. Les Histoires sont pleines de ces pestes universelles, qui ont tour à tour désolé l'Univers...».

Par la suite, la notion s'est encore élargie, en incluant tout événement brutal bouleversant le cours des choses. De plus, les sciences sociales ont ouvert l'étude de la catastrophe: loin de se limiter à sa phase d'urgence, elle constitue plutôt un processus. C'est dans ce sens large que nous avons choisi de l'envisager dans l'exposition: qu'elle soit naturelle, sociale, économique, technologique ou sanitaire, elle fait appel à des mécanismes de réponse similaires. Construction de l'esprit humain, elle est multiforme et nous met régulièrement à l'épreuve. De l'individu au groupe, de soi au reste du monde, du chagrin d'amour à la pandémie, la catastrophe déroule ses ondes de choc et nous confronte à nos failles[2].

Écarter le malheur

La suite de notre cheminement anthropologique nous a conduits à explorer les méthodes développées par les différentes sociétés pour se prémunir de l'accident, du destin, de la nature, en un mot de la catastrophe.

Comme le rappelle l'historien François WALTER (2006: 19), la société occidentale est passée d'une première phase, ancienne, de *protection*, qui envisage le danger rétrospectivement, à une société de *prévoyance*, qui, au XIXe siècle, tente «d'intégrer l'avenir dans le présent sans l'idée d'une maîtrise de l'événement» Ensuite apparaît la société moderne de la *prévention* qui, exonérée de la «fatalité subie», cherche à maîtriser les forces natu-

---

2. Pour une définition contemporaine de la catastrophe et du catastrophisme, voir en particulier DUPUY 2005.

relles et à annihiler le risque pour aboutir, dès la fin du XXe siècle, au règne du principe de *précaution* basé sur l'anticipation des risques potentiels.

Sur un mode ironique et tendre, l'exposition du Musée d'ethnographie propose, dans un bunker aseptisé reflétant nos propres angoisses et fantasmes de quiétude, un petit catalogue incomplet des techniques de protection et de précaution élaborées par les différentes cultures dans le but de nous faire éviter le pire. Chacun cherche à se protéger de ce qu'il estime le plus menaçant, en développant des méthodes de protection adaptées à ses craintes.

Les domaines spirituel et scientifique ne s'excluent pas quand il s'agit de repousser le malheur tant redouté. Des alarmes sophistiquées aux médailles chrétiennes, en passant par les uniformes de protection et les statuettes propitiatoires, la panoplie présentée ne néglige aucun dieu. L'homme, dans son cocon renforcé, semble aspirer à toujours davantage de sécurité, ballotté entre les images alarmantes du monde extérieur et l'illusion de la maîtrise complète des risques offertes par la modernité.

Pour parachever ce catalogue de recettes anti-désastre, l'image même de la catastrophe passée, mythifiée ou exotique, apparaît ça et là dans le bunker, comme un rappel de son omniprésence et de la vigilance nécessaire à son évitement. Dans cet univers contrôlé, la tragédie est donc bien présente, mais comme apprivoisée, neutralisée à la fois par le vernis de l'art et du temps.

C'est ce lien particulier de l'art avec la catastrophe que décrit Michel RIBON (1999: 12): «L'art, dans son histoire, n'a cessé de jouer de cette féconde ambivalence, sur ces deux registres articulés de la chute catastrophique: la répulsion et l'attraction. Dès qu'elle est décrite ou peinte, l'horreur-répulsion se fait horreur-attraction;

notre effroi devient délice, esthétiquement *et* existentiellement [...]».

Existentiellement, car ces déluges anciens nous rappellent aussi le puissant rôle de ces destructions fondatrices, qui ont permis aux civilisations de rebâtir du neuf sur les ruines de mondes obsolètes ou corrompus. L'homme baigne ainsi depuis la nuit des temps dans cette révolution permanente de son univers, instabilité chronique, mouvement nécessaire créant par un effet de miroir un désir grandissant d'ordre et de quiétude.

Entre ordre et désordre

Après s'être confronté à une structure d'entrée symbolisant la mise aux normes, le visiteur découvre les traits que peut prendre la menace de la catastrophe, brandie tour à tour par des leaders politiques ou religieux, des médias, des groupes d'intérêt ou des entreprises.

Si l'épouvante de la catastrophe diminue avec les siècles ou le vernis de la légende, le pouvoir de son ombre menaçante fait toujours recette dans bien des situations. Certains l'apprivoisent alors pour mieux l'utiliser et manipuler nos peurs, la transformant en une alliée de choix pour contrôler et consolider leur pouvoir. Les désastres sont loin d'être calamiteux pour tout le monde. En utilisant la menace d'une catastrophe imminente, diffuse ou spécifique, mais toujours terrifiante, qu'ils seraient les seuls à pouvoir maîtriser, ceux qui détiennent l'autorité cherchent à conforter leur position, à maintenir l'ordre, et ceux qui aspirent au pouvoir cherchent à renverser la situation, à bouleverser les rapports de force en leur faveur.

Le pouvoir politique recourt abondamment à la manipulation de la peur collective, susceptible de convaincre les gens d'abandonner une partie de leur liberté d'action en échange de la protection du gouvernement. L'exemple du Patriot Act, cette loi américaine votée en 2001 peu après les attentats du World Trade Center, est emblématique de cette instrumentalisation politique de la peur. Adoptée en tant que loi d'exception valable uniquement pendant quatre ans, elle a été prolongée et rendue permanente en 2005 dans sa quasi-totalité. Sa rhétorique est relativement simple: «nous sommes en guerre contre le terrorisme, nous devons faire bloc dans cette lutte du Bien contre le Mal, vous êtes soit avec nous soit contre nous». Dans cette logique, les dispositions du Patriot Act, qui autorisent notamment l'arrestation et la mise à l'isolement de suspects, et qui suppriment le recours à l'autorisation préalable d'un juge pour procéder à des perquisitions, à des écoutes téléphoniques ou au contrôle du courrier, n'ont pratiquement pas rencontré d'opposition au Sénat en 2001. Qualifiée de liberticide par ses adversaires, cette loi continue néanmoins à recueillir le soutien de la majorité des sénateurs américains, pour lesquels elle constitue un mal nécessaire dans un climat de psychose sécuritaire grandissante. L'exemple américain frappe d'autant plus qu'il a des répercussions jusque dans nos vies, notamment en ce qui concerne notre façon de voyager et les contrôles que nous subissons aux frontières. Mais c'est à chaque échelle qu'il est nécessaire de décrypter les discours alarmistes que nous subissons. En effet, c'est le même mécanisme qui est mis en œuvre lorsque le président George W. Bush parle aux Américains et au monde de terrorisme ou lorsque le ministre Christoph Blocher parle aux Suisses d'immigration.

Face à une peur bien entretenue, chacun est susceptible d'abdiquer, d'accepter de se conformer en échange d'une promesse de répit.

Bien sûr, les sociétés contemporaines n'ont pas inventé l'instrumentalisation de la peur. Les angoisses et les espoirs millénaristes en sont un exemple caractéristique dans la tradition judéo-chrétienne. Aujourd'hui encore, les sectes apocalyptiques issues des grandes religions monothéistes font recette de cette menace catastrophiste. Dans les mouvements d'inspiration chrétienne, le cataclysme à venir repose sur le dernier livre de la Bible, l'Apocalypse de Jean, dans une interprétation généralement dramatique et alarmiste. Et quelle que soit la forme que doit prendre cette catastrophe, son échéance est généralement proche et son scénario connu: affrontement des forces du Bien et du Mal, victoire du Bien permettant le retour du Christ et l'avènement de mille ans de bonheur. «Lancés dans le long combat entre le Bien et le Mal, les mouvements eschatologiques utilisent tous le même mode opératoire: prédire le pire pour emporter l'adhésion. Puis faire miroiter une issue de secours, le salut rédempteur» (MERLIN 2006: 32).

La rhétorique des Témoins de Jéhovah emploie les mêmes ressorts catastrophistes: «Les Écritures révèlent sans équivoque que lorsque le présent système mauvais sera anéanti, il y aura des tués de Jéhovah [...] d'un bout à l'autre de la terre. Mais vous n'avez pas besoin d'être au nombre des tués. Dans sa Parole, la Bible, Dieu explique en termes clairs quelles sortes d'hommes, de systèmes et d'organisations seront détruits. Étant prévenues, les personnes qui aiment la vie et désirent sincèrement faire ce qui est droit aux yeux de Dieu, sont en mesure de sortir de la zone dangereuse. [...]. La disparition du présent système de choses ne sera pas la fin de la planète Terre. [...] D'autre part, toute vie humaine ne prendra pas fin. Ce sont les ‹hommes impies› qui seront détruits. [...] La perspective merveilleuse de vivre éternellement sous le juste Royaume de Dieu s'ouvrira devant ceux qui survivront à la fin du présent système de choses mauvais. Y serez-vous? Vous en avez la possibilité.» (WATCHTOWER BIBLE AND TRACT SOCIETY 1968: 94)

Le christianisme n'a pas l'exclusivité des prophéties catastrophistes. Les autres religions monothéistes fonctionnent également dans ce temps linéaire aboutissant au Jugement Dernier. Et dans chacune des trois religions révélées, on trouve des mouvements fondamentalistes qui cherchent à calculer la date précise de cette fin des temps et à en repérer les signes annonciateurs. Certains mouvements gnostiques ou ésotériques, comme le sinistrement célèbre Ordre du Temple Solaire, utilisent également la menace d'une fin prochaine, même si ses causes ou les moyens d'en réchapper s'éloignent alors du message apocalyptique biblique en évoquant des extra-terrestres ou des forces cosmiques.

Dans les sociétés traditionnelles, les pouvoirs politique et religieux sont le plus souvent très imbriqués, voire confondus. C'est ce pouvoir que symbolise le grand masque *ndunga* des Woyo d'Afrique centrale, présenté dans l'exposition pour évoquer le pouvoir et la peur. Ces masques et leurs costumes de fibres, à la fois grotesques et effrayants, sont portés par les membres des confréries de *bandunga*. Des initiés représentant l'autorité des esprits de la terre et chargés du contrôle *manu militari* de l'ordre social. Cette fonction de police est assurée grâce à l'anonymat offert par le port du masque et au message alarmant de ses traits peints. Dans ce cas, le masque est constellé de marques rouges représentant la variole, comme symbole repoussoir des risques encourus par quiconque transgresse les normes du groupe.

Ces quelques exemples choisis illustrent l'instrumentalisation de la catastrophe, aussi vieille et répandue que la catastrophe elle-même, et dont le potentiel se trouve démultiplié par les nouveaux moyens de communication et l'omniprésence médiatique contemporaine. Comme le souligne Paul VIRILIO (2005), quand l'*émotion* publique l'emporte sur l'*opinion* publique, les actions et réactions collectives échappent à toute réflexion et s'apparentent plutôt à une sorte de mouvement de panique. Pour penser la catastrophe, il est donc indispensable de prendre en compte cette utilisation de la peur, de décortiquer et de critiquer les discours de tous les oiseaux de mauvais augure, médias anxiogènes et autres prophètes de malheur, pour lesquels la menace constitue un outil très efficace.

Rupture

Malgré tous les rites propitiatoires, en dépit des comportements normalisés et des principes de précaution, la catastrophe survient un jour. Son existence et sa réapparition régulière dans nos vies sont des événements sur lesquels on peut toujours compter, et cette permanence nous rappelle que la catastrophe, même la plus soudaine, appartient à l'ordre «normal» des choses. Toutes les sociétés l'ont intégrée à leur fonctionnement, ont pris en charge sa violence en cohérence avec l'interprétation de ses causes et de ses origines. Ce moment de la catastrophe n'est pas au centre de l'exposition, mais il figure néanmoins, en creux, dans tout son parcours. C'est pourquoi nous avons choisi de le matérialiser brièvement, entre l'avant (la protection, mais aussi la menace) et l'après (la guérison, la projection dans l'avenir), sous la forme d'une rupture suggérée, un simple seuil qui attire brièvement notre attention pour mieux nous laisser entrevoir ses conséquences.

Réponses des sociétés

Après le choc, les sociétés doivent donner du sens à l'inconcevable. Pour cela, elles puisent dans leurs ressources cérémonielles et fonctionnelles, réactivent, créent pour mieux se réinventer. Et s'il est important de pleurer les morts, de commémorer les disparus et d'apaiser le monde spirituel, il est également nécessaire d'agir à des niveaux plus matériels: porter secours et reconstruire, relancer l'économie, apprendre à mieux se préparer ou se regrouper.

Ces réponses varient en fonction de la nature de la catastrophe, mais aussi et surtout selon l'interprétation qui en est faite: origine humaine, naturelle ou divine? Accident, destin ou punition? Chaque société, défiée par la brutalité d'événements dramatiques, adapte ses pratiques pour intégrer et ingérer le désastre.

Les catastrophes sont complexes, à la fois destructrices et créatrices. Elles modifient le cours de choses, bouleversent, recyclent, nous alertent, nous interrogent, freinent notre fuite en avant et nous stimulent de mille façons.

Travail de mémoire

La commémoration est une gestion collective du souvenir, elle permet de remémorer l'événement en citant les acteurs du drame pour mieux s'en séparer. Comme tout rite, elle a pour fonction de marquer le temps, elle est *figure d'ordre* et permet à la communauté présente de s'unifier et de se reconstruire. Malgré le deuil et les souffrances, la vie doit se poursuivre, d'où la nécessité de l'oubli – jusqu'à la prochaine commémoration. Le désastre produit des ruptures, du chaos et un choc émotionnel difficile à canaliser. Dès lors, il y a nécessité de mettre en place des processus de ritualisation. Ces processus sont de l'ordre de la mémoire et se construisent afin de préserver le souvenir. Mais les gestes et les paroles du rite ne sont pas suffisants, la mémoire a besoin de s'inscrire dans un lieu: une ruine, un monument, un espace reconnu par tous. À défaut de «ruines», on bâtit un mémorial. Qu'importe l'objet qui suscite le souvenir, l'essentiel étant d'avoir un lieu où la mémoire puisse être convoquée.

Nous avons pris ici l'exemple d'une catastrophe humaine qui a marqué l'histoire de la fin du XXe siècle. En 1994 se produit au Rwanda le génocide le plus rapide de l'histoire. 800'000 à 1 million de Rwandais, en majorité tutsis, sont tués entre avril et juillet. Le génocide planifié par les Hutus extrémistes est déclenché après l'assassinat du président (hutu) du Rwanda le 6 avril 1994. Des milices populaires exécutent quotidiennement «le travail», c'est-à-dire le massacre des Tutsis et des Hutus hostiles au génocide. Pendant trois mois ces tueries se poursuivent, encouragées notamment par certains médias locaux.

Après une catastrophe aussi incommensurable et dévastatrice qu'un génocide, la reconstruction du lien communautaire ou national et la restauration de la confiance passent par différents stades qui permettent de «transformer les faits révolus en passé» (MANCERON 1999: 40) et d'amorcer le processus d'oubli. Les démarches de justice, de commémoration et de réconciliation sont indispensables et non-substituables les unes aux autres. Elles jouent chacune un rôle spécifique dans le *rétablissement* de la société.

À l'occasion des 10 ans du génocide, le 7 avril 2004, une grande cérémonie commémorative a lieu à Kigali, comprenant une inhumation symbolique de cercueils contenant des restes de victimes retrouvés dans des fosses communes, suivie d'une grande célébration dans le stade Amahoro (Paix), en présence de plus de 25'000 personnes (KAGABO 2004). Ces événements commémoratifs officiels se lisent en parallèle d'un travail beaucoup plus vaste de la société civile, qui interroge en profondeur les circonstances, les faits, les conséquences du génocide et les émotions qui lui sont liées. Récits, témoignages directs ou différés de l'horreur, études savantes, expositions, pièces de théâtre, tous les supports sont mis à contribution pour dire l'horreur, échapper à l'oubli ou au déni. «C'est arrivé, cela peut donc arriver de nouveau: tel est le noyau de ce que nous avons à dire. Cela peut se passer, et partout.» (LEVI 1989: 195).

En s'appuyant sur les catastrophes précédentes, les «plus jamais ça» des commémorations passées, les sociétés tentent de répondre plus «efficacement» aux génocides et aux meurtres de masse d'aujourd'hui. Mais toutes les mesures prises *a posteriori*, tribunaux spéciaux, mémoriaux, lieux de parole ne rendent pas l'échec de l'injonction plus supportable ou l'apaisement des victimes survivantes plus rapide. L'équilibre entre le devoir de mémoire et la reconstruction des liens constitue un horizon «idéal» impossible à atteindre (HATZFELD et PANH 2004).

Maîtriser la nature

Le samedi 1er novembre 1755, la ville de Lisbonne est atteinte par trois secousses sismiques d'une exceptionnelle brutalité, suivies de plusieurs raz de marée qui provoquent des dégâts considérables jusqu'en Afrique du Nord. La capitale du Portugal, qui doit sa prospérité à un immense empire colonial, est presque entièrement détruite par le séisme et par l'incendie qui lui fait suite. Quelque 60'000 victimes restent sous les décombres.

Le marquis de Pombal, homme fort du Portugal, entreprend aussitôt la reconstruction des quartiers sinistrés selon l'esprit rationnel des Lumières. Il lance une enquête dans tout le pays sur les indices avant-coureurs du séisme. C'est la première fois que l'on tente une explication scientifique des tremblements de terre. C'est aussi la première fois que l'on étudie le comportement des animaux qui ont pressenti le danger et fui avant l'arrivée des eaux. Les années qui suivent le désastre ont d'importantes conséquences pour la population. On observe un rééquilibrage politique dans tout le pays et des réformes économiques liées à l'intensification des échanges commerciaux avec les colonies d'outre-mer. Cette catastrophe constitue également une secousse intellectuelle, avec de sensibles implications sociales et culturelles. Les savants de l'Europe entière voient dans ce tremblement de terre un motif d'activer les recherches pour comprendre les mécanismes géologiques qui sont à l'origine des séismes et pour pouvoir ainsi tenter de maîtriser les phénomènes naturels. Nous sommes au coeur du siècle des

Lumières et la confiance est placée dans le Progrès et la Science. Pour les philosophes et les théologiens, c'est l'occasion de débattre de la miséricorde divine et des mérites de la civilisation urbaine. Une violente controverse oppose Voltaire à Rousseau au sujet de l'optimisme et de la question du mal sur la Terre, un thème alors très polémique. Bouleversé par la tragédie, VOLTAIRE (1756) compose le *Poème sur le désastre de Lisbonne,* où il cherche en vain une explication acceptable au sort des victimes: «Un jour, tout sera bien, voilà notre espérance. Tout est bien aujourd'hui, voilà l'illusion.» Rousseau répond par une longue lettre où il oppose au pessimisme voltairien une foi optimiste en la Providence. Si le mal existe dans le monde, c'est l'homme et non Dieu qui en est responsable. Si l'on n'avait pas choisi d'édifier à Lisbonne une cité fourmilière, il y aurait eu moins de victimes.

Le désastre de Lisbonne est considéré comme un tournant dans la pensée occidentale. Ses conséquences intellectuelles et scientifiques sont encore présentes dans notre perception positiviste et notre gestion techniciste des risques.

Solliciter les dieux

Dans de nombreuses sociétés, à toutes les époques, la catastrophe est avant tout considérée comme d'origine divine. Le désastre n'est pas naturel, il exprime la colère des dieux (ou de Dieu), conséquence d'une faute collective ou individuelle. Les hommes répondent donc à ces catastrophes en puisant dans un large éventail de ressources cérémonielles, en inventant de nouveaux cultes ou en en réactivant d'anciens.

La procession dédiée au *Señor de los Milagros* (le Seigneur des miracles) qui se déroule en octobre de chaque année au Pérou offre un exemple caractéristique d'une cérémonie religieuse née d'une catastrophe et qui peut être interprétée de multiples manières par ses participants.

L'histoire se souvient du miracle public à l'origine de cette célébration, lorsque, le 6 septembre 1671 à Lima, sur l'ordre du clergé, on essaya vainement d'effacer l'image d'un Christ noir peint sur les murs d'une humble demeure par un esclave originaire d'Angola. Quelques années plus tard, en 1746, ce même mur au Christ noir résista à un tremblement de terre qui détruisit toutes les constructions voisines. Dès lors la foi populaire n'a cessé de grandir à tel point qu'aujourd'hui, dans de nombreuses villes du monde, s'organisent des messes et processions en mémoire de cet événement.

Cette cérémonie recèle des particularités intéressantes pour l'anthropologue. Il y a bien sûr son inscription dans la durée et la manifestation d'anciens rituels qui trouvent leurs racines dans l'époque précolombienne. Mais surtout, ce qui rend ces festivités singulières c'est leur internationalisation et leur rôle social. Depuis Lima, où des dizaines de milliers de personnes défilent chaque année habillées de violet (la couleur de ce Christ des miracles), jusqu'à New York, Rome, Paris ou Genève, les Péruviens organisent des processions dans le but de célébrer cet ancien miracle et de demander au Christ une intercession auprès des force divines pour éviter que la catastrophe ne se reproduise. Mais au-delà de cet ancrage historique, les cérémonies ont peut-être davantage à faire aujourd'hui, en particulier pour les Péruviens de l'étranger, avec la volonté d'affirmer une appartenance, de resserrer et de reconstruire les liens d'une communauté socialement et géographiquement éclatée.

Un autre exemple qui frappe par le caractère dynamique des rituels mis à contribution concerne les cérémonies tenues à Bali après les attentats de 2002.

Le 12 octobre 2002, Bali est victime d'un attentat à la bombe qui fait 202 morts et plus de 300 blessés, en grande majorité des touristes étrangers. Trois bombes explosent laissant un cratère à la place de deux lieux phares des nuits touristiques de la station balnéaire de Kuta.

Parallèlement au mouvement de solidarité et d'entraide qui se met en place, les Balinais cherchent une réponse rituelle pour tenter d'interpréter et de gérer cette catastrophe sans précédent, dont les conséquences se répercutent sur l'ensemble de la société balinaise, tant au niveau religieux qu'économique. L'interprétation donnée à ce malheur est multiple. Elle inclut de possibles négligences rituelles à l'égard des puissances chtoniennes (*bhuta*), mais également le développement économique trop rapide qui a laissé se répandre des pratiques réprouvées par la religion et provoqué une augmentation des inégalités sociales, des déséquilibres religieux et une dégradation de l'environnement.

En l'absence de réponse traditionnelle appropriée pour traiter cette violence inédite, les autorités religieuses coutumières de l'île élaborent un nouveau rituel funéraire, destiné à exorciser le traumatisme de la catastrophe en l'intégrant à un cadre de référence. Ce rituel comprend différentes étapes de prière, de pardon, de purification et de protection (*Tawur Agung Pamarisudha Karipubhaya*). Au-delà de la charge symbolique et religieuse, ce rituel a également une portée politique et économique. Pour cette région qui vit essentiellement de l'industrie du tourisme, il est en effet indispensable de rétablir la confiance à la fois localement et internationalement (Grange Omokaro 2003).

À travers les différentes cérémonies et rituels mis en place après une catastrophe, le but est de rétablir l'équilibre et l'harmonie entre le monde physique et celui de l'invisible, de retrouver la paix et de libérer les âmes des victimes. Chaque communauté sollicite ses divinités pour les apaiser, se repentir d'une faute éventuelle et prier pour être épargnée dans le futur.

Les métiers de la catastrophe

La catastrophe perturbe tous les aspects de la vie sociale. Elle détruit souvent les infrastructures et bouleverse l'ensemble du système économique, affaiblissant les sociétés à long terme, paupérisant les victimes. Mais *a contrario*, le besoin d'aide et de reconstruction ainsi que les changements structurels qu'elle provoque créent des opportunités importantes, sur place et dans les pays fournisseurs d'aide humanitaire. À différentes échelles, les sociétés répondent à la catastrophe sur le plan du développement économique, en créant de nouveaux métiers, en professionnalisant la gestion de l'urgence et en institutionnalisant la reconstruction matérielle et structurelle. Cette économie de la catastrophe est complexe, elle reflète la diversité des intérêts des acteurs privés et institutionnels et la confusion née d'un certain mélange des genres entre humanitaire, développement et *business*.

Si la catastrophe peut devenir un facteur de diversification des ressources et de développement économique, elle risque également de provoquer des effets négatifs en cascade en modifiant l'équilibre existant. L'exemple de Lokichokio, petite ville du nord du Kenya, illustre parfaitement l'ambiguïté des conséquences économiques de la catastrophe.

En 1989, Lokichokio comptait 300 habitants, essentiellement des éleveurs nomades. Puis, sous la direction de l'ONU, plus de 80 ONG de tous les pays s'y sont installées pour venir en aide aux victimes de la guerre au Sud-Soudan. La ville comptait à son apogée 25'000 habitants dont 300 expatriés. L'hôpital de campagne de Lokichokio et ses 700 lits est devenu le plus grand d'Afrique. L'activité des ONG et leurs besoins croissants en main-d'oeuvre y ont attiré des milliers de Kenyans à la recherche d'un emploi de chauffeur, de manutentionnaire ou de cuisinier, créant ainsi un véritable *business* de l'humanitaire. Aujourd'hui, malgré une relative accalmie dans la région, la situation à Lokichokio cache une tout autre réalité. Les accords de paix signés en janvier 2005 ont mis fin à cet «eldorado» humanitaire. L'hôpital géré par le CICR a fermé ses portes en juin 2006. Les nombreuses ONG se déplacent progressivement au Sud-Soudan, laissant derrière elles une ville privée de sa raison d'être.

Les professions de la catastrophe sont loin de se limiter à l'humanitaire. Elles regroupent des activités très variées, allant des experts de la gestion des crises aux assureurs, entrepreneurs divers, militaires chargés du maintien de la paix ou spécialistes de psychotraumatologie. À l'échelle locale, ces métiers incluent aussi tous ceux que le désastre apporte avec lui: fourniture de services pour les ONG, vente de souvenirs, logistique, reconstruction, etc. Ce secteur économique en pleine expansion reflète encore une fois combien les cultures humaines intègrent activement la tragédie à leur fonctionnement.

Un geste de solidarité

Face à la destruction et à la mort collective, une des premières réponses, à la fois élémentaire et capitale, consiste à secourir les victimes. Ou, quand la catastrophe, lointaine, ne nous permet pas de nous impliquer directement, à donner des moyens de survie aux personnes affectées. Cette entraide, sur laquelle se basent généralement les sociétés traditionnelles, s'est transformée avec la construction des États modernes et l'individualisation croissante. Aujourd'hui, face aux urgences humanitaires et à l'impuissance des gouvernements, la solidarité est une valeur montante, positive, et nous sommes régulièrement encouragés à donner de notre temps ou de notre argent pour contribuer à une meilleure société. Cette «mode» s'observe dans un nombre croissant de domaines inattendus. Pour évoquer la solidarité comme réponse culturelle à la catastrophe, nous avons choisi des exemples locaux et internationaux révélateurs de l'essor de cette gestion de l'altruisme au cours des dernières décennies.

En août 1965, un pan du glacier de l'Allalin s'effondre sur les chantiers du barrage de Mattmark, dans la vallée de Saas, en Valais (Suisse). 88 ouvriers, dont 57 saisonniers italiens, sont ensevelis sous des centaines de milliers de mètres cubes de glace et de boue. Tout le pays est secoué par une grande vague d'émotion. Les autorités, les familles touchées, mais aussi le clergé et les médias activent alors des ponts à travers toute l'Europe, initiant un grand élan de solidarité. Des centaines de messages de soutien et de sympathie sont envoyés aux familles. De nombreuses actions de bienfaisance sont mises en place, notamment par la Chaîne internationale du Bonheur qui, lors de sa première grande intervention en Suisse, récolte pour les victimes de ce drame plus de 2 millions de francs suisses.

En Suisse, depuis ses débuts radiophoniques en 1946, la Chaîne du Bonheur s'est considérablement développée, parallèlement à la médiatisation croissante des catastrophes les plus spectaculaires. Le raz-de-marée en Asie du Sud-Est du 26 décembre 2004 constitue un des exemples récents les plus caractéristiques de cette tendance. En cette fin d'année 2004, le tsunami cause 226'000 morts et 125'000 blessés, affectant d'une façon ou d'une autre plus de 2 millions de personnes. L'émotion suscitée par cet événement entraîne à sa suite un élan populaire sans précédent. Très tôt, les commentateurs mettent l'accent sur l'ampleur de ces réactions de générosité, se félicitant du fait que, dans cette tragédie, se révèle en quelque sorte le meilleur de l'être humain, contribuant au «sentiment naissant d'un patriotisme planétaire» (IMBERT 2005).

La Chaîne du Bonheur centralise une grande partie de cette solidarité financière. Elle organise le 5 janvier 2005 une journée nationale de collecte, recueillant 62 millions de francs de promesses de dons. Le montant global récolté pour les sinistrés du tsunami est de 225,8 millions de francs, un record historique.

Mais cet élan de générosité, bien que salué par tous, n'est pas sans soulever certaines questions dérangeantes. Notamment celle de savoir comment utiliser tout cet l'argent de façon cohérente et respectueuse. Dès le début de l'année 2005, Médecins sans frontière jette à ce sujet un pavé dans la mare, en demandant dans un communiqué l'arrêt des dons liés au tsunami, et en rappelant aux donateurs l'existence d'autres situations d'urgence dans le monde. À l'époque, cette déclaration est critiquée par de nombreuses autres ONG présentes sur le terrain, mais il semble bien, en effet, que nombre d'organisations d'entraide aient été dépassées par l'avalanche de dons et que, sur place, cet afflux d'argent n'ait pas toujours abouti aux résultats espérés. Plusieurs observateurs dénoncent aujourd'hui les erreurs stratégiques, les gaspillages et la «concurrence humanitaire» acharnée à laquelle gouvernements, ONG et grandes entreprises se sont livrés sur le terrain[3].

Ces réflexions amènent à leur tour d'autres questions: D'où vient cet élan? Comment expliquer l'ampleur de l'émotion planétaire?

L'accélération des communications a sans doute favorisé cette masse de dons, mais d'autres facteurs ont joué en faveur des sinistrés du tsunami: la présence d'Occidentaux parmi les victimes, qui a contribué au retentissement planétaire de la catastrophe et à une forte empathie des donateurs potentiels, ainsi que la date des événements, en fin d'année, «comme une rencontre entre un événement naturel d'une violence inouïe et le calendrier culturel des hommes» (WOLTON 2005). Si on comprend les mécanismes qui ont fait du tsunami de 2004 un catalyseur de solidarité sans précédent, le silence assourdissant qui règne sur tant d'autres catastrophes humanitaires reste difficile à accepter.

Créer des liens

La catastrophe, en détruisant les structures sociales et familiales, en décimant les communautés, met les sociétés au défi de réparer ces liens rompus, d'en créer de nouveaux. Les réponses communautaires et associatives constituent un aspect crucial de l'adaptation sociale au désastre.

La pandémie du sida constitue une des principales tragédies de ces dernières décennies, dont les implications et

---

3. Voir en particulier WERLY 2005.

les conséquences sociales, économiques et culturelles sont très complexes et encore difficiles à appréhender en totalité.

Très rapidement après son apparition au début des années 80, le VIH devient une cause (à défendre), un fléau social autant que médical, et suscite la création d'associations de malades de plus en plus nombreuses.

Les modes de transmission de la maladie et la notion de «groupes à risque» très utilisée pendant les premières années de l'épidémie contribuent à la production d'un discours moral autour des malades du sida, victimes de leurs modes de vie. L'apparition de cette nouvelle maladie fait ressurgir des notions de faute et de châtiment dans certains discours. Au départ, ce sont avant tout les homosexuels qui semblent touchés par la nouvelle maladie, et c'est dans ces milieux que va se constituer dès 1982 le *mouvement social* spécifique au sida. Dans tous les pays occidentaux, des associations se mettent en place et se développent. Bien avant que les pouvoirs publics ne prennent des mesures spécifiques, ces regroupements constituent des lieux d'information et de parole. Ils gagnent rapidement en importance et, dans les années 90, alors que le sida est enfin une préoccupation prioritaire des gouvernements, ils deviennent des interlocuteurs incontournables. Ces groupements ont en effet pour eux la légitimité d'un discours produit avant tout par les malades, l'expérience du terrain et le vécu de la maladie au quotidien. Les associations travaillent sur tous les fronts, palliant les carences du système médical et social. Elles forment pour la première fois dans l'histoire un véritable contre-pouvoir face aux instances officielles de santé publique. Elles ont également pour vocation de (re)créer les liens sociaux brisés par l'épidémie (THIAUDIÈRE 2002).

Parmi les actions associatives, on peut citer le Patchwork des Noms (*Names project*), un mouvement international né à San Francisco en 1987, ayant pour but d'honorer la mémoire des victimes du sida de façon à la fois individuelle (création d'un panneau de tissu matérialisant une personne disparue) et collective (panneaux assemblés en d'immenses patchworks exposés lors de manifestations publiques)[4]. Cette double dimension, singulière et militante, est centrale. Elle a pour but de répondre rituellement au phénomène nouveau qu'est le sida et à la mort collective de jeunes gens. Il s'agit de faire son deuil, mais de remettre ensuite à l'association le panneau confectionné pour témoigner, pour que la lutte continue. Comme le fait remarquer Bernard PAILLARD (1998: 78), ces nouveaux rituels ont une fonction symbolique collective au-delà de la lutte contre le sida: «Ce monument aux morts, cette reconnaissance publique des multiples anonymes tombés dans un combat, refonde le lien communautaire.» Et ce lien, qui connaissait ses balbutiements avant l'épidémie, sort évidemment renforcé de l'épreuve: «Avec le sida, les homosexuels sortent de leur ghetto [...]. Comme toute grande catastrophe affectant une communauté humaine, le sida est devenu l'un des grands moments fondateurs d'une histoire communautaire.».

Alors qu'en Occident, grâce aux trithérapies, le nombre de cas se stabilise et que le sida est de moins en moins souvent fatal, la situation est tout autre dans les pays en voie de développement. Le sida est une maladie sociale, qui produit des effets très différents selon le contexte

---

4. Au sujet des Patchworks des Noms, voir notamment LUETHI 1996, FELLOUS 1998 et PAILLARD 1998.

culturel, économique et politique dans lequel elle se répand: en Afrique, l'épidémie s'est déclenchée en même temps qu'aux États-Unis et en Europe occidentale, mais elle y a connu un développement beaucoup plus rapide. Aujourd'hui, on estime à plus de 25 millions le nombre de personnes touchées par le VIH en Afrique subsaharienne, ce qui représente environ 65% des cas mondiaux. L'accès aux médicaments est très limité: le sida reste pour la plupart des populations africaines une maladie dont on meurt. Le virus touche principalement les jeunes adultes et les enfants, représentant une menace démographique sérieuse dans certaines régions.

Comme dans les pays occidentaux, les patients et les familles se sont rapidement organisés en associations. En Afrique, ce sont les femmes qui sont le plus affectées, à la fois par la maladie et par le rejet familial et social. C'est donc à travers elles que se développent principalement les mouvements associatifs. Leurs activités sont très diversifiées: lieux de parole, de soutien psychologique et financier, pharmacies coopératives, travail de prévention, etc. Ces associations ont à la fois pour but d'atténuer les carences étatiques et de se substituer en partie aux réseaux de solidarité familiaux et villageois traditionnels, déjà bouleversés par l'exode rural et les migrations. Elles constituent un rempart de poids dans la lutte actuelle contre le sida en Afrique (DE HARO 2003).

Parmi les actions associatives, on peut citer certaines activités spécifiquement africaines du *Memory work*, comme la confection de Livres et de Boîtes de Mémoire. Ces actions visent au témoignage, au soutien mutuel et à la transmission de la mémoire individuelle et familiale, dans un contexte exceptionnel où les jeunes adultes meurent, laissant derrière eux des personnes âgées et surtout des enfants. La création de ce matériel de mémoire permet de donner à de futurs orphelins un lien concret avec leur ascendance, des explications et des outils de lecture du monde. Textes, objets du quotidien, photos, dessins, tous les supports sont utilisés dans le but de transmettre en condensé des années d'éducation et d'apprentissage perdues (MANKELL 2003).

Ce que nous réserve le futur

La catastrophe nous interroge sur notre propre fin: notre mort assimilée à la mort du monde tout entier. Dans cette dernière étape de l'exposition, après avoir envisagé le temps d'avant la catastrophe et celui de l'après, nous proposons de nous pencher sur la catastrophe à venir. Celle que François GUÉRY (1987: 495) appelle «[...] l'angoisse mortelle de la fin des temps, cet accident qui frappe une fois pour toutes et interrompt non l'histoire individuelle de ses victimes mais ce suspens qui nous sépare de l'origine et nous oriente vers un avenir inconnu.». Cette salle offre au visiteur l'occasion de décortiquer ses propres angoisses.

Nous avons pu montrer que la catastrophe était avant tout dans nos têtes. Alors quelles seront les tragédies du futur? Quels ingrédients choisir? Comment allons-nous finir? Existe-t-il un désastre que l'homme n'a pas encore imaginé, décrit, dessiné ou filmé? C'est à travers les récits d'anticipation et de science-fiction de la fin du XIXe siècle à nos jours que le visiteur se retrouve plongé dans ses peurs et ses fantasmes pour réfléchir à la catastrophe qui l'attend. Selon sa conception du monde et du temps, ses croyances, son modèle scientifique, chaque société la voit différemment. Cela vaut aussi bien pour l'avenir que pour le passé. Les perspectives scientifiques, les discours politiques ou les récits de fin du monde illustrent cette réalité multiple. Au sein de ces sociétés, chaque homme, en fonction de ce qu'il est, d'où il vient, ce qu'il sait, ce qu'il croit et ce qu'il a vécu, perçoit également la catastrophe différemment. Notre esprit éclaire certaines réalités, en occulte d'autres.

À de rares exceptions, la catastrophe à venir semble reposer sur les actions humaines, mais qui peut dire ce que la Terre nous infligera dans le futur? Sans parler de possibles météorites ou autres envahisseurs extra-terrestres. Mais quelles que soient ces visions fictionnelles du futur de l'humanité, que l'on parle d'épidémies, de robotisation effrénée ou de réchauffement climatique, l'espoir demeure, transcendant toutes les vicissitudes: dans la littérature d'anticipation, on n'assiste jamais à la destruction totale de l'humanité. La fin du monde n'a jamais réellement lieu et le cataclysme, qu'il soit d'origine naturelle ou anthropique, permet souvent d'imaginer un re-commencement, porteur de l'espoir d'un monde meilleur (Haver et Gyger 2002).

Ce voyage final dans un futur rêvé ou cauchemardé nous interroge à la fois sur les préoccupations sociales, économiques et environnementales contemporaines, mais il nous invite surtout à apprécier la tendance immémoriale de l'homme à envisager sa propre destruction.

Pourquoi cette catastrophe nous fascine-t-elle donc si intensément? L'homme cherche-t-il à se faire peur pour dépasser ses limites? Ou a-t-il le secret espoir d'exorciser toutes les menaces en les nommant et en les circonscrivant?

La catastrophe qui nous guette ne serait-elle pas aussi celle qui, comme l'assurait Claude Lévi-Strauss (1971),

résulterait d'un monde menacé par l'uniformité culturelle et la destruction des ressources naturelles?
L'anthropologie, la science de l'homme, trouvera-t-elle
son apogée dans «l'entropologie», c'est-à-dire l'étude
des processus de désintégration? (STEINER 1974) Avec
ce troublant jeu de mots, nous pourrions donc annon-
cer l'avènement proche d'une catastrophe anthropique
programmée depuis les premières velléités de conquête
de l'Homme.

Références

DE HARO Sarah
2003 *Le sida en Afrique: des réponses associatives.*
  Toulouse: Éd. Milan.

DUPUY Jean-Pierre
2005 *Petite métaphysique des tsunamis.* Paris: Seuil.

FELLOUS Michèle
1998 «Le Quilt: un mémorial vivant pour les morts du
  sida». *Ethnologie française*, XXVIII, *Sida: deuil,*
  mémoire, nouveaux rituels: 80-86.

GRANGE OMOKARO Françoise
2003 «Les rites funéraires à Bali. De la mort ordinaire à la
  mort collective de l'attentat du 12 octobre 2002».
  In: Yvan Droz (dir.): *La violence et les morts: éclai-*
  rage anthropologique sur les rites funéraires. Chêne-
  Bourg: Georg: 163-181.

GUÉRY François
1987 «La mort industrielle». *In:* Jean Delumeau et Yves
  Lequin (dir.): *Les malheurs des temps: histoire des*
  fléaux et des calamités en France. Paris: Larousse:
  477-494.

HATZFELD Jean et Rithy PANH (entretien avec)
2004 «Une mémoire des corps». *Vacarme*, N°27, printemps
  2004, (http://vacarme.eu.org/article433.html).

HAVER Gianni et Patrick J. GYGER (dir.)
2002 *De beaux lendemains? Histoire, société et politique*
  dans la science-fiction. Lausanne: Antipodes.

IMBERT Claude
2005 «Les colères de la nature». *Le Point*, 6 janvier 2005.

KAGABO José
2004 «Le sens d'une commémoration». *Le Monde diplo-*
  matique, mars 2004.

LEVI Primo
1989 *Les Naufragés et les rescapés: quarante ans après*
  Auschwitz. Paris: Gallimard.

LÉVI-STRAUSS Claude
1971   *Mythologiques*. Paris: Plon.

LUETHI Susanna (dir.)
1996   *Farbige Trauer / Signes d'amour. Panneaux commé-
          moratifs à la mémoire des personnes décédées du
          sida*. Zürich: Werd Verlag.

MANCERON Gilles
1999   «Éclairer par l'histoire les malaises de la société».
          In: Christian Coq (dir.): *Travail de mémoire 1914-
          1998: une nécessité dans un siècle de violence*. Paris:
          Autrement: 39-45.

MANKELL Henning
2003   *I die, but the memory lives on: the world Aids crisis
          and the memory book project*. London: The Harvill
          Press.

MERLIN Benoît
2006   «Les apôtres de l'Apocalypse». *Le Monde des
          religions*, mars-avril 2006.

MONTESQUIEU Charles-Louis de Secondat
1721   *Lettres persanes*. Amsterdam: chez P. Brunier.

PAILLARD Bernard
1998   «Réintégration du disparu dans le cortège des
          vivants». *Ethnologie française*, XXVIII, *Sida: deuil,
          mémoire, nouveaux rituels*: 75-79.

RIBON Michel
1999   *Esthétique de la catastrophe: essai sur l'art et la
          catastrophe*. Paris: Kimé.

STEINER George
1974   *Nostalgie de l'absolu*. Paris: Éd. 10/18.

THIAUDIÈRE Claude
2002   *Sociologie du sida*. Paris: La Découverte.

VIRILIO Paul
2005   *L'accident originel*. Paris: Galilée.

VOLTAIRE
1756   *Poème sur le désastre de Lisbonne*. Paris.

WALTER François, Bernardino FANTINI et Pascal DELVAUX (dir.)
2006   *Les cultures du risque.* Genève: Presses d'histoire
            suisse.

WATCHTOWER BIBLE AND TRACT SOCIETY (ed.)
1968   *La vérité qui conduit à la vie éternelle.* Brooklyn:
            Watchtower Bible and Tract Society.

WERLY Richard
2005   *Tsunami: la vérité humanitaire.* Paris: Éd. du Jubilé.

WOLTON Dominique
2005   «Les médias et le tsunami de décembre 2004 en Asie
            du Sud-Est». *Chinese Cross Currents*, juin 2005.

SCÉNARIO CATASTROPHE
PARTIE I

LA CERTITUDE
DE LA CATASTROPHE

Un éclairage anthropologique[1]

Mondher Kilani

L'aversion postmoderne pour le risque

La société contemporaine est confrontée au paradoxe
que plus les risques alimentaires, sanitaires ou sécuri-
taires se réduisent ou sont mieux maîtrisés en son sein,
plus l'exigence pour un risque minimum, voire nul,
devient pressante. Cette perception «subjective» du risque correspondrait à un changement profond de métaphysique. À l'acception classique du risque comme
horizon de la mesure et du probable, on passe aujourd'hui
à l'idée du risque comme menace, comme mal. D'une
philosophie qui consiste à atteindre un bien dans une
situation d'incertitude, et dans laquelle on ne peut pas
faire l'économie d'un risque, on passe à une autre où
l'obtention des biens doit être sans risque. Une autre raison structurelle viendrait aussi expliquer cette aversion
contemporaine pour le risque. L'actuel affaiblissement

---

1. Ce texte reprend et développe des considérations contenues dans
   un ouvrage publié par l'auteur et intitulé *Guerre et sacrifice. La
   violence extrême.* Paris: PUF 2006.

des «schèmes de justification sacrificiels» (Dupuy 2002: 48) crédite, en effet, de non-sens tous les ratés que génère la société technologique, en suscitant un très fort sentiment d'insécurité.

On sait qu'au-delà de leur diversité, toutes les sociétés sont confrontées à l'incertitude et qu'on assiste à cet effet à une construction sociale du risque. Face au danger potentiel, chaque société tente d'établir un équilibre entre la crainte (de la catastrophe, de l'anomalie, du désordre) et la confiance. La société moderne semble avoir introduit une rupture à ce niveau. L'anthropologue britannique Mary Douglas (1986) a vu dans le glissement du terme de «danger» à celui de «risque» le passage d'un domaine de médiation fondé sur le surnaturel et le divin, et reposant donc sur une instance collective, à un domaine où la responsabilité repose pour l'essentiel sur les épaules des seuls individus. Dans les sociétés traditionnelles, les systèmes d'«explication du malheur» et les pratiques sociales qui en découlent (sacrifices, pèlerinages, prières en tant que comportements d'évitement) ont pour effet de «donner du sens» aux événements afin de les dépouiller de leur caractère exceptionnel et d'intervenir sur le cours des choses.

Délesté de toute métaphysique, le risque apparaît dans la société contemporaine comme un accident intolérable contre lequel il faut se prémunir par des moyens techniques. Dans un environnement hyper-productiviste et hyper-machiniste, tendu en permanence vers la production de nouveaux biens avec son corollaire inévitable de ratés et d'accidents, il s'agit paradoxalement de se garantir contre tous les événements possibles. Il en résulte l'invocation d'un «principe de précaution» dont on réclame de plus en plus l'inscription dans les lois nationales et internationales. Toutefois, prévoir, comme le veut ce principe, l'impact dans le futur d'une action ou d'une technique (autrement dit, calculer exactement des risques dont chacun apparaît peu vraisemblable) obéit non seulement à une exigence de sécurité hors d'atteinte, mais relève d'un paradoxe puisqu'il renvoie à l'ordre d'un savoir impossible. En effet, comme pour les techniques de la divination qui ne trouvent leur validation qu'après coup, la causalité scientifique ou technique elle-même ne se vérifie qu'*a posteriori*. Et quand bien même on pourrait savoir, le principe de précaution buterait sur la question que savoir n'est pas croire, ni donc prévoir. Nous savons les choses, mais nous ne les croyons pas nécessairement, à l'inverse, peut-être, de ce qui se passe dans les sociétés traditionnelles où non seulement on sait, mais on croit à l'avènement de la catastrophe et on construit à cet effet des ripostes symboliques et pratiques.

Il ne s'agit donc pas seulement de savoir, mais de vouloir, c'est-à-dire d'un véritable pouvoir collectif de transformation sociale. Le principe de précaution ne nous protègerait pas de la catastrophe, car une fois appliqué il l'effacerait des champs du possible et du probable. Il faudrait, selon Jean-Pierre Dupuy (2002), qui a pensé de façon originale et stimulante cette notion, avoir plutôt la certitude de la catastrophe afin d'agir pour qu'elle n'ait pas lieu. Une telle «science de la catastrophe» nous aiderait à mieux répondre aux menaces industrielles qui nous pendent au nez et à faire face à la panique qui nous guette.

Les sociétés traditionnelles et le risque

La certitude de l'événement catastrophique est caractéristique de plusieurs sociétés décrites par les anthropologues. Le désastre y est considéré comme un processus faisant partie de plus larges processus sociaux, économiques et écologiques. Chez les Nuer du Soudan, analysés par Edward EVANS-PRITCHARD (1968), il n'y a ainsi pas de panique face à la perte de bétail, leur principale richesse. Ils connaissent les causes ou les responsables des pertes (la nature, les maladies, les razzias) et ont l'habitude des risques aléatoires contre lesquels ils se savent la plupart du temps impuissants à réagir efficacement. Autrement dit, les Nuer gèrent et assument la crise de façon collective et acceptent l'idée de perdre quelque chose. Que la catastrophe soit interprétée comme la responsabilité d'un dieu, d'un démon ou de la nature, elle suppose chaque fois une défense de la société. Les Zoques du Chiapas, habitant sous le volcan Chichonal, ont construit leur organisation sociale, culturelle et économique autour de l'existence de cet élément naturel (GARCIA-ACOSTA 2002). Outre les connaissances empiriques qu'ils ont développées sur cette donnée centrale de leur écologie (qualités des sols, usages de l'eau chaude et du soufre...), ils ont élaboré toute une mythologie donnant un sens pratique à la manière dont il faut traiter avec les humeurs du volcan, dont le principe remonterait à un manquement des hommes vis-à-vis des divinités qui l'habitent.

Ce même souci d'anthropologisation de la nature est observable dans plusieurs sociétés rurales européennes. Dans les régions alpines, par exemple (REVAZ 2003), la mémoire de la population était marquée par la peur de la catastrophe sous forme d'avalanches, d'intempéries ou d'éboulements. La montagne elle-même était parfois considérée comme le produit d'une catastrophe. On pensait qu'elle était habitée par les forces du diable ou du malin, voyant dans l'irruption de la catastrophe la revanche de ses puissances tutélaires. Le massif montagneux du Pilate situé au-dessus de Lucerne en Suisse centrale était, par exemple, considéré comme la résidence d'un dragon habité par des sautes d'humeur qui provoquent orages, avalanches et autres tempêtes. Bref, dans les Alpes, la montagne était créditée de réactions humaines, de sorte qu'un rapport éthique – à la fois de respect et de défiance – était posé avec elle et que la catastrophe était investie de sens.

Pour revenir aux Indiens Zoques, on peut constater que s'étant familiarisés depuis des siècles avec les éruptions, ils ont eu tout le loisir d'inscrire la catastrophe dans le futur et ont de génération en génération pressenti le réveil du volcan. Ce que les autorités locales et fédérales mexicaines n'ont pas manqué de considérer comme des conjectures liées à de simples superstitions et ne faisant pas le poids face à la prévention scientifique. Or, comme on l'a vu, dans notre société, la prévention scientifique montre tout de suite ses limites face à la catastrophe. D'une part, elle repose sur une mémoire qui ne peut fonctionner que sur la base de ce qu'elle a elle-même enregistré – et de ce point de vue la science est trop jeune pour avoir rassemblé toutes les informations nécessaires à une bonne connaissance du phénomène. De l'autre, elle se déploie dans un univers mental où la mémoire des catastrophes est trop courte et la prise en compte de leur surgissement futur marginale sinon totalement absente des consciences. Ce qu'illustre la fréquente construction d'habitations, de routes, d'usines et d'espaces de loisir sur des sites potentiellement dangereux (flancs de volcans, terrains glissants, zones à avalanche, zones inondables...). Autrement dit, la prédictibilité de la science par rapport à la catastrophe ne pourrait produire véritablement ses effets que dans le cadre d'une société qui intègre dans ses représentations idéologiques les scénarios futurs de la catastrophe.

La guerre comme catastrophe

En renversant les perspectives temporelles, une telle approche de la catastrophe tente de lire le présent dans le futur et non dans le passé, renouvelant ainsi la réflexion sur le risque et sur les comportements producteurs de destruction. C'est à ce titre que je l'appliquerai à un domaine comme la guerre, cette pratique d'annihilation de l'ennemi dont on s'accommode trop bien, pour la raison qu'il en a toujours été ainsi. Dans sa réflexion sur la catastrophe, Jean-Pierre Dupuy (2002) rappelle les sentiments qu'a développés Henri Bergson face à la déclaration de guerre de l'Allemagne à la France en 1914. Avant son surgissement, la guerre apparaissait au philosophe aussi probable qu'impossible, mais quand elle se déclara, il ne put s'empêcher d'«admirer», selon son propre mot, le rapide passage d'un état à l'autre: «qui aurait cru qu'une éventualité aussi formidable pût faire son entrée dans le réel avec aussi peu d'embarras?»[2].

On pourrait appliquer le même raisonnement aux derniers conflits déclenchés par la puissance américaine. Pour improbables voire impossibles qu'elles aient pu

---

2. Henri Bergson, *Œuvres*, cité par Jean-Pierre Dupuy (2002: 11).

paraître avant leur déclenchement aux yeux de leurs contemporains, les guerres en Afghanistan et en Irak prirent après-coup la tonalité de la normalité, voire de la banalité de l'ordre des choses. Avant, même si nous savions que la guerre avec son cortège de massacres était une réalité potentielle, nous n'y croyions pas. C'est en surgissant qu'elle crée du possible et qu'elle fabrique du réel: l'acquiescement enthousiaste des uns, la fatale résignation ou la vive réprobation des autres. Ni l'improbabilité, ni les possibles conséquences désastreuses de la guerre n'avaient suffi à l'éviter. La certitude de la catastrophe, quant à elle, aurait eu peut-être le mérite, non certes de suspendre la guerre, mais de l'envisager dans le cadre d'un projet collectif à même de lui définir une finalité maîtrisable.

On peut établir ici un lien avec la théorie de l'*économie générale* de Georges BATAILLE et son analyse de la guerre. La question, selon le philosophe français, est de savoir comment éviter de subir le champ de destructions dues aux «excès de force vive qui congestionnent localement les économies les plus misérables» (1967: 73-74). La guerre apparaît ainsi, à ses yeux, du moins dans les sociétés traditionnelles, justement comme le moyen de dépenser l'énergie en excédent. L'énergie étant toujours en excès sur la surface du globe, le choix des sociétés est obligatoirement soumis à la dilapidation. Et s'il leur arrive de nier ce mouvement, sa négation n'y changera rien, elle les privera seulement du choix d'une «exsudation» qui pourrait leur agréer et les livrera à des «destructions catastrophiques». Car, comme le note Bataille, si nous ne détruisons pas nous-mêmes l'énergie en surcroît, celle-ci ne pourrait être utilisée; elle nous détruirait alors comme un animal qu'on n'a pas pu dresser. En ayant ainsi la certitude de la guerre, nous nous engagerions dans une forme de dépense conforme à l'*économie générale*, cette économie qui exige une destruction des énergies excédentaires tout en permettant à travers elle l'expression de la souveraineté et du sens. Nous nous donnerions aussi le moyen d'éviter la catastrophe des explosions incontrôlées et le chaos des violences non maîtrisées; bref nous nous éviterions notre propre destruction.

Finalement, si nous suivons l'argument de Georges Bataille, il apparaîtrait qu'au contraire de notre société contemporaine, qui s'est engagée dans une forme de guerre illimitée, dégagée de toute forme de souveraineté à cause notamment de son impensé, les sociétés traditionnelles auraient acquis, elles, la prescience ou la certitude de la catastrophe qu'est la guerre. À ce titre, elles l'auraient pour ainsi dire non seulement pensée comme une possibilité, mais apprivoisée pour la pratiquer dans un cadre rituel et pour la soumettre à une finalité qui fait sens pour la société. C'est notamment la signification que retient Pierre CLASTRES (1980) pour la guerre dans la société «primitive». Loin d'échapper au contrôle de la société, la guerre y demeure soumise à la nécessité d'assurer son autonomie en empêchant la constitution d'associations politiques trop larges et de structures de pouvoir autoritaires. En reconnaissant seulement du prestige et de la gloire aux guerriers et aux «grands hommes», et en leur refusant tout pouvoir à l'intérieur de la société, les communautés «primitives» arrivent à contrôler et à réguler la continuelle compétition pour l'influence au sein de la société et entre les sociétés.

C'est peut-être parce qu'on n'assume pas l'advenue de la catastrophe, que la guerre, pourtant pratiquée aujourd'hui à grande échelle, apparaît aux yeux des contemporains en même temps scandaleuse. Sa violence et ses destructions heurtent la rationalité économique et la pensée utilitariste dominantes. Ce non-sens du mal confère à la guerre contemporaine sa tonalité d'irrationalité. En manquant de théorie du malheur, le mal nous apparaît dans son caractère absolu. En écartant toute philosophie du conflit, on se voit en retour incapable de faire face à l'irruption de la violence. Autrement dit, nous pratiquerions le pire tout en nous en offensant. Or, il serait judicieux, avant que la catastrophe ne se produise, de développer une «conscience du pire» à même de l'éviter. Adopter ce que Jean-Pierre DUPUY appelle une «heuristique de la peur» (2002: 94) aboutirait à émouvoir les belligérants devant la perspective de la catastrophe. Il leur fournirait les moyens d'une «éthique séculière» capable de contrecarrer les pouvoirs extrêmes de destruction en leur possession en fixant des limites qu'ils doivent s'imposer à eux-mêmes.

Pour revenir à la question de départ, celle du risque et de sa perception «négative», on peut noter qu'un monde sans incertitude et sous total contrôle, un monde où le risque serait jugulé par un principe de précaution, apparaît comme une grande illusion qui prépare à de grands drames. La guerre du «zéro mort» fait partie de cette vision illusoire du monde. Elle devait éloigner de la scène le champ de bataille, puis l'homme du champ de bataille. Le théâtre des opérations devait ressembler à un système intégré de réseaux d'information et de frappes chirurgicales ciblées. Partis d'une telle vision, les stratèges ont vite vu leur utopie se lézarder. Malgré tous leurs efforts, ils continuent à buter sur le contingent, l'aléatoire, la labilité des comportements et les erreurs humaines.

La croyance dans un environnement parfaitement maîtrisé, duquel est exclu tout contact avec l'autre, toute relation dialogique quelconque, contribue paradoxalement à augmenter l'incertitude et à diversifier les risques de la guerre – il faut, à cet effet, rappeler à quel point les armées américaines en expérimentent aujourd'hui les conséquences en Irak, sous la forme de nombreux morts non souhaités dans leur rang et de l'intensification des attaques meurtrières contre les cibles innocentes civiles. Autrement dit, surgit ici un lien étroit entre le souci d'assurer le «risque zéro» et l'exclusion de la réciprocité avec l'autre. Ne plus vouloir risquer sa vie dans la guerre suppose ne plus vouloir prendre le risque d'une relation avec l'autre. Mais une telle exigence est trop forte pour qu'elle fonctionne sans ratés ni impasses. Elle nous enferme dans l'absence d'un choix autre que celui de la guerre à outrance contre un ennemi qui ne pourra jamais devenir un ami.

Références

BATAILLE Georges
1967   *La part maudite.* Paris: Seuil.

CLASTRES Pierre
1980   *Recherches d'anthropologie politique.* Paris: Minuit.

DOUGLAS Mary
1986   *Risk Acceptability According to the Social Sciences.*
            Londres: Routledge and Kegan Paul.

DUPUY Jean-Pierre
2002   *Pour un catastrophisme éclairé. Quand l'impossible
            est certain.* Paris: Seuil.

EVANS-PRITCHARD Edward
1968   *Les Nuer.* Paris: Gallimard.

GARCIA-ACOSTA Virginia
2002   «Conceptualization and Experiences in Mexican
            Disaster research». *In:* Christian Giordano et Andrea
            Boscoboinik (eds), *Constructing Risk, Threat,
            Catastrophe. Anthropological Perspectives.* Fribourg:
            Éditions Universitaires: 161-168.

REVAZ Françoise
2003   «Les catastrophes naturelles: entre explication
            scientifique et compréhension mythique». *In:*
            Andreas Dettwiller et Clairette Karakash (dir.),
            Mythe et science. Lausanne: Presses polytechniques
            et universitaires romandes: 95-113.

LA CONSTRUCTION SOCIALE DES CATASTROPHES DITES NATURELLES

Andrea Boscoboinik

Introduction

Il existe souvent une confusion entre la notion de «catastrophe» et celle de «phénomène naturel». Pourtant, un tremblement de terre qui se produit dans une zone désertique n'est pas une catastrophe. En eux-mêmes, un ouragan, un séisme, une éruption volcanique, ne sont pas des catastrophes. Par contre, nous les qualifions comme telles, s'ils touchent une population humaine. Et plus cette population est vulnérable, plus les effets dévastateurs du phénomène naturel seront catastrophiques. Cependant, même s'ils entraînent des dégâts, tous les faits naturels ne sont pas ressentis ou définis comme des catastrophes.

À partir de quel type de situation une société considère-t-elle qu'elle traverse une situation de catastrophe? Cette question comprend implicitement la notion que la catastrophe n'existe pas dans l'absolu, mais qu'elle est le fruit d'une représentation, le produit d'un discours et d'une construction. La catastrophe existe donc à partir du moment où on en parle. Cela revient à dire qu'il n'existe pas un seuil précis à partir duquel une situation est considérée comme une catastrophe. En outre, un même événement peut être considéré comme une catastrophe à une certaine époque ou dans une certaine région, et pas dans une autre période ou dans une autre région (voir BERLIOZ et QUENET 2000).

Anthony OLIVER-SMITH et Susanna HOFFMAN (1999: 4, 2002: 4), deux pionniers de l'approche anthropologique des désastres, proposent une notion de catastrophe en tant que processus qui se déclenche avec l'irruption d'un phénomène naturel, spécialement violent et destructeur, dans une population globalement vulnérable, c'est-à-dire démunie de ressources suffisantes pour lui faire face. Cette approche de la catastrophe en tant que processus et non pas en tant qu'événement ponctuel, telle qu'elle avait été longtemps considérée, a trouvé des partisans, particulièrement parmi les anthropologues et les historiens.

Les catastrophes résultent donc en principe de la conjonction d'une population humaine et d'un agent potentiellement destructeur, dont les phénomènes naturels font partie. Pourtant, la combinaison d'une population humaine et d'un agent potentiellement destructeur ne conduit pas forcément à une catastrophe. Celle-ci devient inévitable dans un contexte de vulnérabilité et dépend également de la manière dont la situation est interprétée, voire instrumentalisée. L'exploitation politique des catastrophes est bien connue et n'est certes pas nouvelle, comme ne l'est pas non plus l'interprétation religieuse des faits naturels en tant que messages envoyés par Dieu aux hommes pour les punir ou les convertir (voir BOSCOBOINIK 2002, ainsi que plusieurs contributions dans FAVIER et GRANET-ABISSET 2005).

En conséquence, pour comprendre l'origine d'une catastrophe, il faut prendre en considération des éléments autres que le phénomène naturel isolé. Les premiers travaux étaient centrés sur l'agent ou l'événement déclencheur, mais depuis une vingtaine d'années l'approche tenant compte du contexte – pas seulement géographique, mais aussi social, politique et économique –, de la vulnérabilité de la population et de l'instrumentalisation de l'événement, prend de plus en plus d'importance.

Les conditions de vulnérabilité invitent tout particulièrement à considérer le processus de catastrophe comme ayant une origine précédant l'impact du phénomène naturel. En toute rigueur, la catastrophe s'engendre dans la banalité du quotidien, dans les processus presque imperceptibles qui affaiblissent une communauté. L'impact d'un phénomène naturel n'agit que comme un détonateur faisant exploser à un moment donné ce qui se préparait tranquillement. Le déclenchement provoqué par l'irruption d'un aléa en dit beaucoup sur la relation de l'homme à la nature et sur la vulnérabilité croissante des communautés humaines. Les deux premiers chapitres du présent article sont consacrés à une réflexion concernant ces thèmes.

Une fois la situation de catastrophe avérée, les personnes touchées, directement ou indirectement, utiliseront des stratégies pour essayer de la comprendre et de l'intégrer à leur histoire. Une de ces stratégies consiste à désigner un coupable, ce qui montre également une manière possible d'instrumentaliser la catastrophe. Ce sujet est abordé dans le troisième chapitre.

Les éléments exposés ci-après ne forment pas un ensemble exhaustif, mais sont certains parmi d'autres qui montrent le caractère construit de la catastrophe.

Des catastrophes pas si naturelles

L'expression «catastrophe naturelle» est couramment utilisée. Pourtant, les réflexions menées à partir de recherches sérieuses poussent à contester la validité de l'adjectif «naturelle», habituellement associé à la catastrophe. Sans doute le déclencheur de ce que nous appelons couramment catastrophe peut-il être un agent naturel; mais les conséquences ne sont jamais indépendantes de l'activité humaine.

Même dans le cadre des phénomènes climatiques, les causes naturelles ne sont pas isolées des causes sociales. Le réchauffement de la planète, par exemple, que les scientifiques attribuent aux émissions de carbone dans l'atmosphère, constitue l'évidence d'un changement climatique provoqué par l'action humaine. Il serait irresponsable d'ignorer certains signaux, même si des agents naturels comme les ouragans ou les séismes ont depuis toujours existé. Ce qui constitue une différence est que, même si le nombre d'ouragans n'a pas augmenté (contrairement à ce que l'on pourrait croire), ils sont de plus en plus violents. Cette intensité accrue des ouragans est bien une conséquence du changement climatique de la planète.

Au-delà des menaces naturelles proprement dites, les processus de transformation rapide que subissent les écosystèmes locaux et régionaux (déforestation commerciale, agriculture et transformation du sol à des fins agricoles) ont conduit à une aggravation des processus d'érosion, de pertes de nutriments et de sédimentation fluviale. Ces processus ont notamment un impact particulier sur l'incidence et l'intensité des inondations, des glissements de terrain et de la sécheresse. Au niveau urbain, le processus accéléré de l'urbanisation, sans mesures adéquates de gestion de l'environnement, contribue à l'incidence croissante du type de menace «socionaturelle» dans plusieurs régions.

Le déclenchement des situations de catastrophe illustre ainsi la manière dont les pratiques matérielles (constructions, aménagements urbains, transports, commerce) transforment le monde naturel et créent un contexte écologique chaque fois plus vulnérable. Malgré la plasticité de la nature, certaines modifications ont des conséquences néfastes à long terme. Par conséquent, bien que les activités violentes de la nature soient inévitables, leurs effets peuvent être amplifiés ou mitigés par l'action de l'homme.

Dans le cas de certaines régions, comme l'Amérique centrale, soumise par sa géographie à l'effet d'un grand nombre de menaces naturelles, des facteurs tels qu'une urbanisation rapide et chaotique, la déforestation massive et la dégradation des sols due à des pratiques agricoles mal adaptées, ainsi que d'autres facteurs d'ordre économique, se sont conjugués pour développer une vulnérabilité qui fait que les phénomènes naturels sont encore plus destructeurs. Cela a été démontré par les conséquences funestes de l'ouragan Mitch en 1998 au Honduras et au Nicaragua. Un autre exemple est celui des conséquences du passage de l'ouragan Katrina au sud des États-Unis en 2005, plus particulièrement à La Nouvelle-Orléans, où le bétonnage des zones humides du Mississippi pour les besoins de l'industrie pétrolière dans le golfe du Mexique a fragilisé la protection naturelle que possédait la ville. Les effets provoqués par le tremblement de terre, suivi du tsunami dans la région de l'océan Indien en décembre 2004, auraient pu être limités par les mangroves[1] et les coraux. Or, les coupes de mangroves pour l'élevage des crevettes ont enlevé la protection naturelle qui existait contre l'érosion, les inondations et les raz-de-marée. De même pour les formations coralliennes asiatiques, menacées par la pêche à l'explosif, l'aménagement incontrôlé du littoral et l'utilisation de cyanure pour la capture de poissons tropicaux (DURAND 2005: 16). Bien souvent, les actions entreprises considèrent plus le profit à court terme que les risques à long terme...

La vulnérabilité globale

Le concept de vulnérabilité se base sur un ensemble de conditions sociales, fondées culturellement et économiquement, expérimentées matériellement et encadrées politiquement. La vulnérabilité d'une population est ainsi engendrée par des processus sociaux, économiques et politiques qui influencent la manière et le degré d'intensité avec lequel le phénomène naturel affecte la population (BLAIKIE *et al.* 1994: 5). Focaliser sur la vulnérabilité, c'est donc centrer l'attention sur les causes qui favorisent le déclenchement de la catastrophe. Pour expliquer la multiplication des catastrophes et des victimes, ce n'est donc pas seulement du côté de la nature qu'il faut regarder, mais aussi (et surtout) du côté des hommes et d'une vulnérabilité croissante.

---

1. La mangrove est une forêt littorale, qui sert d'interface entre la mer et les hommes. Elle est très utile pour la protection des terres, car constituée parfois de forêts impénétrables de palétuviers, supportant la salinité de la mer.

La définition opératoire que donnent Blaikie *et al.* de la vulnérabilité et qui est actuellement une des plus utilisées[2], permet de conceptualiser la manière dont les systèmes sociaux génèrent les conditions qui placent les différents groupes de personnes, généralement en fonction de leur classe sociale, de leur âge, de leur groupe ethnique ou de leur genre, à différents niveaux de risque face au même phénomène naturel. Cela revient à dire que la vulnérabilité est hautement différenciée: certaines personnes sont beaucoup plus vulnérables que d'autres. Le développement du concept de vulnérabilité globale nous permettra de revenir sur cet aspect.

Le caractère global de la vulnérabilité indique que celle-ci n'est pas seulement physique ou environnementale, mais qu'elle est aussi sociale, produite par des facteurs économiques et sociaux. Les formes de vulnérabilité d'une société se manifestent à travers la situation géographique, l'infrastructure, l'organisation sociopolitique, les systèmes de production et de distribution, ainsi que l'idéologie d'une société. Par ailleurs, la dépendance envers la technologie et la sécurité informatique augmente la vulnérabilité d'une société.

Lors d'une catastrophe, nous nous trouvons donc à la confluence de deux types de vulnérabilité: physique et sociale. La vulnérabilité physique concerne l'aspect matériel, les types de construction et les modèles d'occupation

---

2. «By ‹vulnerability› we mean the characteristics of a person or group in terms of their capacity to anticipate, cope with, resist, and recover from the impact of a natural hazard. It involves a combination of factors that determine the degree to which someone's life and livelihood is put at risk by a discrete and identifiable event in nature or in society» (1994: 9).

des terrains. La recherche focalisée sur la vulnérabilité physique essaie d'identifier la résistance des différents matériaux et structures dans différents endroits. Néanmoins, la vulnérabilité physique est la plupart de temps induite socialement. De tout temps, l'homme a tenté de domestiquer son environnement pour son confort, pour s'enrichir ou pour survivre. L'idéologie de conquête de la nature, la transformation humaine de l'environnement, le changement du cours des fleuves ou des rivières, la construction dans des zones dangereuses, les actes de corruption lors de la construction de ponts, de digues ou de bâtiments, entre autres, sont des actes humains qui favorisent le développement d'une vulnérabilité physique.

La vulnérabilité sociale, quant à elle, est le produit des inégalités sociales: des facteurs sociaux génèrent la susceptibilité de certains groupes à subir des dommages et affectent leur capacité à y répondre et à se rétablir après une situation de catastrophe. Par conséquent, même si certains chercheurs la confinent aux seuls aspects physiques ou d'emplacement, la notion de vulnérabilité devrait être comprise comme un concept global, comprenant non seulement le risque physique, mais également le degré auquel les individus sont exposés aux risques en fonction des conditions sociales, économiques et même culturelles. Le groupe ethnique, le genre, l'âge et même le statut social sont souvent des facteurs déterminants de cette vulnérabilité différenciée (García-Acosta 2002: 61). Mais il y a encore plus. La vulnérabilité sociale est en lien direct avec les indicateurs de la qualité de vie, comme la prestation des soins de santé, la condition des habitations, l'accès aux services et aux marchandises, la représentation politique, etc.

Finalement, une société devient vulnérable également quand elle dépend fortement de la haute technologie et des réseaux informatiques. Souvent, lorsque le sujet de la vulnérabilité est abordé, on ne fait pas référence aux grandes puissances mondiales. Pourtant, certains dysfonctionnements, que l'on ne considérerait pas en principe comme des catastrophes, montrent la fragilité et la profonde faiblesse des sociétés très dépendantes de la technologie qu'elles ont développée.

On se souvient de la peur du possible *bug* des ordinateurs lors du passage à l'an 2000, moment où les gens ont «découvert» que toute leur vie était régie par des machines et des ordinateurs et dépendait d'eux. Une panne électrique en août 2003 n'a pas seulement plongé les villes nord-américaines dans l'obscurité, mais toute la vie de la grande puissance s'est arrêtée. Plus d'électricité, les ordinateurs hors service, les transports arrêtés, les ascenseurs en grève entre deux étages, les distributeurs de monnaie en panne. Il n'en fallait pas plus pour paralyser le pays. Ce même été 2003, la France a frôlé la crise politique pour avoir découvert qu'il pouvait faire très chaud en été. Il a suffit de dix jours pour faire d'une canicule une tragédie. Les hôpitaux ont été débordés, les morts se sont comptés par milliers, la chaleur a provoqué une crise sanitaire suivie d'une crise politique.

Ainsi la vulnérabilité, qui favorise le développement d'une catastrophe, qu'elle soit induite par un phénomène naturel ou non, est le résultat soit d'une haute précarité de ressources, soit d'une dépendance excessive à l'égard de la technologie.

La désignation de coupables

La situation de catastrophe est aussi le résultat d'une interprétation et d'une mise en discours. Elle existe parce qu'un événement est désigné comme telle. Nous sommes ici dans le domaine de la perception et de l'explication d'une situation considérée comme extraordinaire. Tout d'abord, la quête d'explications et de significations de pertes tragiques et de changements radicaux est une préoccupation toujours présente chez les individus qui ont survécu à une catastrophe. Les gens cherchent à construire un sens à ce qui leur est arrivé afin de l'intégrer à leur histoire et, lors de cette quête, ils construisent une interprétation de l'événement. Chaque vécu en donnera une interprétation différente.

Les individus en quête d'explications empruntent des voies multiples et différentes afin de comprendre ce qui s'est passé, trouver les causalités et développer des stratégies pour reprendre un certain degré de contrôle sur leur existence. Parmi les différents types d'explications, l'un sera tenté d'invoquer des raisons «naturelles», un autre invoquera plutôt des raisons politiques, un troisième considérera que c'est le rapport à la nature qui est en cause, et un quatrième dira encore que les raisons sont idéologiques ou religieuses.

La quête d'une explication satisfaisante à une catastrophe se traduit souvent par la recherche d'un «coupable», étant donné que ce que l'on veut découvrir est le «qui» plutôt que le «quoi». Les victimes cherchent à personnaliser la faute. Le «coupable» est accusé, soit d'avoir provoqué la catastrophe, soit de ne pas avoir su gérer la situation.

La recherche du coupable, voire du bouc émissaire, est un trait constant dans le processus de catastrophe, dans toutes les contrées et à toutes les époques. C'est l'un des cas de comportement social dont il apparaît qu'il se produit de façon assez uniforme dans un grand nombre de pays et de situations différentes. Pour écarter le fléau, il faut découvrir le coupable et le traiter en conséquence.

Le mécanisme du «bouc émissaire» est bien connu: il consiste à accuser un individu ou un groupe, souvent minoritaire, d'être à l'origine des maux dont peut souffrir la société dans son ensemble. C'est par la désignation de cette victime, le bouc émissaire, que se refait l'unité du groupe et que la crise peut être évacuée. Il existe des exemples de bouc émissaire en rapport avec des catastrophes déjà dans l'histoire romaine et au Moyen Âge. Néron a désigné les chrétiens comme étant les responsables de l'incendie de Rome. Lors de l'épidémie de peste noire en Europe en 1348-1350, on a accusé les Juifs d'empoisonner les puits et les rivières et des massacres ont été perpétrés qui les ont chassés de la Rhénanie où ils étaient nombreux (NOHL 1986 [1924]). Dans des cas plus proches, ce sont souvent des organisations et représentants politiques qui sont accusés. Encore aujourd'hui, se produisent des explications d'ordre religieux qui identifient les catastrophes comme des châtiments divins, et désignent comme coupables les hommes qui se sont éloignés des valeurs chrétiennes (BOSCOBOINIK 2002). Parfois, ce sont les victimes elles-mêmes qui sont considérées comme coupables de la catastrophe ou responsables de leur sort (KOCHER SCHMID 2002). Pour certains secteurs de l'Amérique chrétienne, l'ouragan Katrina a été considéré comme un acte de Dieu pour punir le gouvernement Bush pour sa politique extérieure, en particulier pour la guerre en Irak.

Les raisons de désigner un «bouc émissaire» et les conséquences qui en découlent peuvent être multiples et variées. Lorsqu'il y a identification d'une personne ou d'un groupe de personnes (réelles ou imaginaires) supposées être à l'origine du désastre, celles-ci sont considérées comme des ennemis attaquant la communauté. D'un côté, cette situation peut avoir une influence sur les liens sociaux, par la création, parmi les différents groupes, de solidarités d'une part et de suspicions et méfiances de l'autre. Le fait d'identifier un ennemi (le «coupable»), qu'il soit un individu ou un groupe, externe ou à exclure du groupe, peut renforcer la cohésion à l'intérieur d'un groupe donné, mais aussi affaiblir la cohésion parmi les groupes opposés.

D'un autre côté, chercher une explication et désigner un coupable peuvent être compris comme des actions servant à rassurer, en déléguant la responsabilité aux autres, en signalant une faute externe. De manière générale, rejeter la faute sur les victimes qui sont mortes lors du désastre empêche de blâmer les survivants; rendre la nature responsable libère de toute faute l'action humaine; et mettre la culpabilité sur les acteurs politiques décharge les acteurs civils de toute responsabilité.

Le «coupable» est toujours recherché chez l'adversaire. Chaque groupe a un intérêt particulier à favoriser une explication et à désigner un coupable. Au Honduras, par exemple, suite au passage de l'ouragan Mitch, les dirigeants des églises néochrétiennes ont favorisé l'explication de la punition divine, rejetant la faute sur les hommes vivant dans le péché. Leur intention était d'attirer des fidèles, afin de leur assurer le salut. Certains secteurs de la population hondurienne ont désigné les acteurs politiques comme responsables de la situation.

Ils ont ainsi profité de l'occasion pour exprimer leur désapprobation quant à la politique nationale, économique ou écologique.

De manière générale, les groupes ou partis de l'opposition peuvent essayer de tirer bénéfice de la situation pour se profiler sur la scène du pouvoir. S'ils n'accusent pas le pouvoir en place d'être le coupable de la catastrophe, ils le désignent comme responsable d'une mauvaise gestion de la situation. L'action de désigner un coupable devient ainsi un acte politique.

Une autre raison plus prosaïque est que le fait d'identifier un coupable, sous la forme d'un responsable, permet éventuellement de demander une compensation pour dommage et préjudice, ou de pouvoir accéder aux remboursements des assurances, lorsqu'il en existe.

Ce processus d'identification d'un coupable nous montre ainsi différentes facettes de l'utilisation d'un malheur.

Conclusion

À travers une brève exploration de certaines pistes, nous avons essayé de montrer qu'une catastrophe n'est pas le résultat automatique de l'impact d'un phénomène naturel. Celui-ci n'est que le déclencheur d'une situation qui expose le long processus dans lequel se préparait la catastrophe. En outre, la catastrophe existe parce qu'on la nomme, parce qu'on essaie de l'expliquer et de lui donner un sens. Une des stratégies d'explication est la quête d'un coupable. Que pouvons-nous en tirer comme conclusion?

Le degré d'impact d'un phénomène naturel est moins fonction de son degré sur l'échelle de Richter ou de la catégorie de force d'un ouragan, qu'en rapport avec la situation économique et sociopolitique de la population, de la région ou du pays qu'il affecte. La marginalisation économique ainsi que les conditions précaires d'emploi et de santé constituent des composantes importantes d'une forte vulnérabilité sociale. La précarité du logement, du travail, de la vie (santé et violence), liée à une situation économique défavorable, a une influence néfaste sur les conséquences d'un phénomène naturel. Cependant, comme le montrent les exemples de catastrophes dans des pays «riches», mais affectant des populations socialement vulnérables, comme l'ouragan Katrina aux États-Unis en 2005 ou la canicule en France en 2003, ce n'est pas seulement la fragilité économique qui explique l'ampleur des dégâts. D'autres facteurs doivent entrer en considération pour comprendre par exemple pourquoi la première puissance industrielle et militaire mondiale n'a pas été en mesure d'évacuer La Nouvelle-Orléans, ou pourquoi, si les températures ont grimpé dans une grande partie de l'Europe en été 2003, c'est seulement en France que la vague de chaleur a pris une ampleur si dramatique, où elle a fait des milliers de morts plus particulièrement parmi les personnes âgées.

Les différents types d'explication concernant la raison d'une catastrophe, qui correspondent à diverses interprétations du monde, ainsi que la reconnaissance d'un type de coupable, peuvent avoir un effet sur les liens sociaux et la cohésion d'un groupe. L'attitude consistant à désigner un coupable est souvent comprise comme une stratégie pour créer un consensus et raffermir les liens sociaux et la solidarité à l'intérieur d'une communauté donnée. De même, l'analyse de la désignation d'un coupable peut nous permettre de mieux comprendre certains enjeux qui sont à l'œuvre, comment ce «coupable» peut être utilisé et à quelles fins. Autrement dit, comment certains groupes peuvent instrumentaliser la situation de catastrophe. La colère est parfois dirigée dans des directions qui ne sont pas toujours en relation avec la crise présente, mais qui reflètent des hostilités et des conflits préexistants.

Les chercheurs en sciences sociales soutiennent depuis longtemps que les phénomènes naturels ne sont pas «naturels» dans leurs conséquences sociales. En revanche, les vents violents des ouragans et les pluies des orages dévoilent les effets de causes profondes et structurales: la marginalisation, l'exclusion sociale des laissés pour compte. Ainsi, la distribution des dégâts met à nu les fractures sociales préexistantes dans une communauté. Ce qui explique le refus de «naturaliser» la catastrophe, afin de ne pas la dépouiller de sa logique sociale, ethnique et politique. Attribuer les causes des dégâts et des morts uniquement à un acte de la nature constitue un acte politique de déresponsabilisation. La supposée «naturalité» des catastrophes devient un camouflage idéologique pour les dimensions sociales (donc évitables) de la situation, qui cachent des intérêts sociaux, politiques et économiques spécifiques.

Des phénomènes naturels comme les tsunami ou les ouragans ne doivent pas nécessairement causer un nombre élevé de victimes. Il est utopique de vouloir changer du jour au lendemain le rapport de l'homme à la nature ou de vouloir modifier les enjeux socio-économiques mondiaux qui produisent la vulnérabilité des populations entières, néanmoins il est possible d'aborder les situations à risque d'une autre manière, en donnant plus d'attention à la prévention, à la préparation de la population et au sauvetage de vies humaines. Les relativement moindres dégâts des séismes au Japon et l'absence de victimes des ouragans à Cuba en sont la preuve.

Références

BERLIOZ Jacques et Grégory QUENET
2000   «Les catastrophes: définitions, documentation». *In:*
            René Favier et Anne-Marie Granet-Abisset (dir.),
            Histoire et mémoire des risques naturels. Grenoble:
            Publications de la MSH-Alpes: 19-37.

BLAIKIE Piers, Terry CANNON, Ian DAVIS, and Ben WISNER
1994   *At Risk. Natural hazards, people's vulnerability, and
            disasters.* London and New York: Routledge.

BOSCOBOINIK Andrea
2002   «Le Honduras dans l'œil du cyclone». *In:* Christian
            Giordano et Andrea Boscoboinik (eds), *Constructing
            Risk, Threat, Catastrophe. Anthropological
            Perspectives.* Fribourg: University Press Fribourg:
            169-178.

DURAND Frédéric
2005   «Tsunamis, cyclones, inondations, des catastrophes
            si peu naturelles...». *Le Monde Diplomatique*, février
            2005: 14-15.

FAVIER René et Anne-Marie GRANET-ABISSET (dir.)
2005   *Récits et représentations des catastrophes depuis
            l'Antiquité.* Grenoble: Publications de la MSH-Alpes.

GARCIA-ACOSTA Virginia
2002   «Historical Disaster Research». *In:* Susanna
            Hoffman and Anthony Oliver-Smith (eds),
            *Catastrophe and Culture. The Anthropology of
            Disaster.* Santa Fe: School of American Research
            Press, Oxford: James Currey: 49-66.

HOFFMAN Susanna and Anthony OLIVER-SMITH
1999   «Anthropology and the Angry Earth: An Overview».
            In: Oliver-Smith, Anthony and Susanna Hoffman
            (eds), *The Angry Earth. Disaster in Anthropological
            Perspective.* London and New York: Routledge: 1-16.

KOCHER SCHMID Christin
2002   «Sissano: the Impact of a Tidal Wave». *In:* Christian
            Giordano et Andrea Boscoboinik (eds), *Constructing
            Risk, Threat, Catastrophe. Anthropological
            Perspectives.* Fribourg: University Press Fribourg:
            179-190.

NOHL Johannes
1986 [1924] *La mort noire: chronique de la peste d'après les sour-
            ces contemporaines.* Trad. de l'anglais. Paris: Payot.

OLIVER-SMITH Anthony and Susanna HOFFMAN
2002   «Introduction. Why Anthropologists Should Study
            Disasters?». *In:* Susanna Hoffman and Anthony
            Oliver-Smith (eds), *Catastrophe and Culture.
            The Anthropology of Disaster.* Santa Fe: School of
            American Research Press, Oxford: James Currey:
            3-22.

LE GRAND DÉLUGE

Pour une économie providentielle de la catastrophe

Serge Margel

Pour Alessandra Lukinovich

Elohim parla à Noé et à ses fils avec lui, en
disant: «Voici que, moi, j'établis mon Alliance
avec vous et avec votre race après vous:
oiseaux, bestiaux, tous les animaux de la terre
qui sont avec vous, d'entre tous ceux qui sortent
de l'Arche et font partie des animaux de la terre.
J'établirai donc mon Alliance avec vous pour
que toute chair ne soit plus retranchée par les
eaux du Déluge et qu'il n'y ait plus de Déluge
pour détruire la terre.»
Genèse, IX, 8-11

Devant l'événement d'une catastrophe, on peut se poser
deux questions différentes. Comment définir une catastrophe, aujourd'hui, en considérant d'un côté, l'immense
bagage théorique que nous aura légué le discours anthropologique des sciences humaines, de l'autre ce qui se
joue de ce discours dans une telle définition? La première question concerne la positivité du discours, ou

la construction d'une typologie entre un genre et ses espèces: une catastrophe type et sa déclinaison en avalanche, incendie, inondation, mais aussi en famine, épidémie, ou encore en guerre et en attentat. La seconde concerne l'historicité du discours, non pas l'histoire successive d'un fait ou l'évolution d'un terme, mais, comme l'écrit Foucault, «le mode d'être des empiricités», c'est-à-dire la manière pour un événement empirique de se rapporter au discours qui le représente. À première vue, on pourrait dire que ces deux questions, finalement, n'en font qu'une. Il n'y a pas d'événement sans discours, ni de phénomène sans représentation. En d'autres termes, il n'y a pas de catastrophe qui ne soit déjà la construction, voire la reconstruction de tout un ensemble de pratiques discursives, qui en inscrit l'événement dans le champ épistémologique d'un savoir.

Or, j'aimerais ici, par ces quelques remarques, montrer au contraire que ces deux questions sont radicalement distinctes, bien que confondues dans la définition anthropologique de la catastrophe. À vrai dire, lorsque l'anthropologie énonce une définition, elle parle davantage de son propre discours, de ses intentions, de sa formation, de son historicité que de l'événement empirique défini, devenu quasi indiscernable, sinon insignifiant. Toute la question, et l'enjeu principal du discours, s'articulent autour de l'opposition ou de la distinction, assez récente – à peine deux siècles –, entre nature et culture. Faut-il ou peut-on encore aujourd'hui distinguer une catastrophe naturelle d'une catastrophe culturelle, un tsunami d'un attentat? Une définition anthropologique digne de ce nom ne doit-elle pas être suffisamment large et abstraite pour englober sous une même classe de concepts ces deux types de catastrophes? La réponse positive est évidente, mais la question décisive n'est pas là. Certes, la catastrophe fait partie des événements que l'anthropologie aura défini comme une construction discursive, donc comme une production sociale. Tout événement naturel qui frappe une société est toujours déterminé, interprété, représenté, par le système des institutions culturelles de cette société. La catastrophe en est un exemple parmi d'autres. Mais elle est encore autre chose, qui ne concerne plus la seule construction culturelle d'une société, quelle qu'elle soit, mais, pour nous, l'horizon historique de «notre propre culture», occidentale et judéo-chrétienne.

De Rousseau à Lévi-Strauss en effet, on aura pensé la catastrophe, non seulement comme une production sociale, mais encore et surtout comme le passage de la nature à la culture, de l'animalité à l'humanité, et même du hasard à l'organisation, du non-sens à la signification[1]. C'est le grand mythe du Déluge biblique redéfini par l'*épistémè* rationnelle de la modernité, et en particulier par le discours anthropologique des sciences humaines, comme le moment d'une transfor-

---

1. Pour Lévi-Straus, c'est la fonction même de toute culture. «Le rôle primordial de la culture est d'assurer l'existence du groupe comme groupe; et donc de *substituer*, dans ce domaine comme dans tous les autres, l'organisation au hasard.» (1967 [1947]: 37, souligné par l'auteur).

2. «Quels qu'aient été le moment et les circonstances de son apparition dans l'échelle de la vie animale, le langage n'a pu naître que *tout d'un coup*. Les choses n'ont pas pu se mettre à signifier progressivement. À la suite d'une transformation dont l'étude ne relève pas des sciences sociales, mais de la biologie et de la psychologie, un *passage* s'est effectué, d'un stade où rien n'avait de sens, à un autre où tout en possédait.» (Lévi-Strauss 1950: XLVII, souligné par l'auteur).

mation, discontinue, abrupte[2], entre un état de nature et un état de société. C'est un saut tout à la fois qualitatif et substitutif. C'est une véritable rupture, un bouleversement de la nature, par lequel, écrit Lévi-Strauss (1947: 29), la nature «se dépasse elle-même»[3]. En suivant ses propres lois, la nature se bouleverse elle-même[4], pour à la fois produire «un ordre nouveau», «une structure d'un nouveau type» (LÉVI-STRAUSS 1967: 29), donc recomposer et reconduire de nouvelles lois proprement sociales ou culturelles, et réinscrire ce nouvel ordre de lois dans l'ensemble de la vie naturelle, ou comme l'écrit encore LÉVI-STRAUSS: «réintégrer la culture dans la nature, et finalement, la vie dans l'ensemble de ses conditions physico-chimiques» (1962a: 327). C'est la double fonction économique de la catastrophe: d'un côté, faire émerger un ordre culturel d'un ordre naturel, de l'autre, réinscrire la culture dans la nature. En se bouleversant elle-même, la nature aura produit sa propre altérité, la culture, la société, pour se réintégrer à elle-même. Elle aura engendré une *rupture pour se révéler à elle-même* sa

---

3. Bien que Lévi-Strauss n'emploie pas ici le terme de catastrophe, il s'agit néanmoins d'une logique de la rupture, qui s'exprime concrètement, ou qui s'inscrit culturellement dans toute société, par la célèbre et peut-être universelle «prohibition de l'inceste».

4. Après un long commentaire du texte de Rousseau, DERRIDA (1967: 364) décrira le *jeu* complexe de la catastrophe: «Qui dira jamais si le manque dans la nature est dans la nature, si la catastrophe par laquelle la nature *s'écarte d'elle-même* est encore naturelle? Une catastrophe naturelle se conforme aux lois pour bouleverser la loi.»

propre «nature»[5]. Or, ce cercle substitutif de la catastrophe, de la nature à la nature, ne relève pas du seul mythe du Déluge – qui, comme on le sait, devait aboutir à la première Alliance, au premier contrat entre Dieu et l'homme, véritable «contrat social» –, mais ce jeu circulaire détermine encore l'horizon historique, ou l'univers de sens d'une définition anthropologique de la catastrophe.

On pourra donc désormais inscrire cette définition dans le contexte élargi de «notre propre culture». Autrement dit, il faudra engager l'analyse en fonction de deux principes. Le premier concerne le passage de la nature à la culture, conçu comme un «auto-dépassement» ou un auto-bouleversement de la nature elle-même. Le second porte directement sur la détermination culturelle de nature, énoncé par LÉVI-STRAUSS (1962a: 155) de la manière suivante: «la conception que les hommes se font des rapports entre nature et culture est fonction de la manière dont se modifient leurs propres rapports

---

5. Dans une note philologique passionnante sur l'étymologie du mot grec *katastrophê* et son usage dans la tragédie, Alessandra LUKINOVICH (1982: 39) écrit: «La conclusion de l'action tragique, un simple expédient apte à résoudre une situation scénique confuse, comme le suggère H. Estienne, ou renvoie-t-il plutôt à l'enjeu éthique et religieux constitutif de la représentation tragique, à l'instant du retournement irréversible, d'où vont émerger une vérité et une force s'imposant comme des évidences désormais inéluctables? Toujours est-il que le sens le plus général des emplois grecs de *katastrephô* et de *katastrophê* est celui de destruction, d'aboutissement et de conclusion. Le verbe et le substantif renvoient à un point de rupture et à un revirement, sans que l'on considère nécessairement ce point de rupture ou ce revirement en relation avec ce qui va en naître et s'en suivre.»

sociaux». Toute la difficulté va consister à rapporter, sans les confondre, ces deux principes dans une seule et même définition de la catastrophe. D'un côté, la nature produit la culture en se bouleversant elle-même, de l'autre tout événement naturel fait déjà l'objet d'une représentation collective, donc d'une production culturelle. D'où la nécessité de penser ici les relations entre nature et culture, non pas en termes de causalité, comme un certain fonctionnalisme physique, ni en termes d'opposition, comme un pur relativisme culturel, mais selon une véritable économie de la catastrophe. Une économie providentielle, dira Rousseau, régulatrice ou rectifiante, selon Lévi-Strauss, une économie en tout cas structurellement *religieuse*, qui permet à la nature de réparer, par la culture, ses propres défauts, ses défaillances, ses accidents ou son dysfonctionnement.

Dans un article qui a déjà valeur de référence, Jacques BERLIOZ et Gregory QUENET (2000) énoncent une définition anthropologique de la catastrophe. Mais avant toute chose, ils rappellent justement qu'une catastrophe relève toujours d'une représentation: «Cette acception originelle indique que la catastrophe relève d'abord des représentations plus que de la réalité, qu'elle est le produit d'un discours, d'une construction. Elle ne peut donc être étudiée de façon isolée, elle s'insère dans un récit, une évolution. Elle est un discours de l'après, car il n'y a pas de catastrophe perçue comme telle au moment où elle fait irruption» (*Idem*: 25). Dès lors qu'une catastrophe est toujours déterminée par un certain discours, donc représentée par un ensemble de pratiques propres à une culture donnée, on ne pourra ni en comprendre le sens, ni l'étudier ou l'analyser, sans l'inscrire dans le système des institutions symboliques de cette culture. Autrement dit, c'est ce système, ou les rapports sociaux de cette culture, qui déterminent si oui ou non un événement peut se concevoir comme une catastrophe et, si oui, quel sens il faut lui attribuer en propre. Un événement n'est donc *catastrophique* qu'en fonction des rapports sociaux que représentent les institutions d'une certaine société.

«Au sens fort, poursuivent BERLIOZ et QUENET (*Ibid*: 26, souligné par l'auteur), la catastrophe est une *menace radicale contre l'ordre culturel et social* à la fois dans son existence et sa signification: dans sa dimension spatiale (lieux qui servent à la fois de référence naturelle et de support matériel à l'ordre spatial construit par les hommes) et dans sa dimension temporelle». Je soulignerai deux points, qui me semblent décisifs dans cette définition. Tout d'abord, la catastrophe se définit comme une menace, une menace radicale, donc un danger qui menace à la racine, à la base, au fondement, ou une menace qui met en danger les fondements. Une catastrophe au sens strict, «au sens fort», n'est pas une destruction, un anéantissement. Dans un incendie, bien que des arbres, des plantes, des animaux, des habitations aussi et même des vies humaines soient détruits, la catastrophe ne porte pas sur les choses ou les êtres qui en subissent la destruction. Autrement dit, ce qui fait d'un incendie ou d'un tsunami une *catastrophe* ne relève pas des pertes réelles, matérielles ou humaines, que l'on prétend pouvoir estimer, compter, tantôt prévoir et même réparer. Ce ne sont pas les *dégâts effectifs* qui rendent un événement catastrophique, mais le *degré de menace* que représente cet événement pour l'ordre culturel d'une société, d'un groupe, d'une famille, d'un individu.

Et ce sera mon second point. Lorsqu'on dit d'un incendie qu'il ne met pas en danger la forêt, on affirme qu'il n'y a pas de catastrophe naturelle qui menace la nature elle-même. En somme, jamais la nature n'aura menacé la nature. Par contre, cette menace, qui met en danger les fondements, sera toujours dirigée «contre l'ordre culturel et social». Autrement dit, un incendie *devient* une catastrophe dès lors qu'un ordre culturel est menacé, ou plus exactement, pour reprendre le langage de l'anthropologie, dès lors que l'ordre systématique des institutions qui composent une société est menacé dans son équilibre et son intégrité. C'est donc *en fonction* de cet ordre social, ou «du type particulier d'équilibre qui lui [est] être propre», selon les mots de LÉVI-STRAUSS (1950: XXI), qu'on pourra attribuer à l'événement d'un incendie une dimension catastrophique. Et toute la difficulté, bien entendu, va consister à définir un certain rapport ou une proportion *mesurable* et *quantifiable* entre le degré de menace d'un événement et le type d'équilibre d'une société. Qu'un événement puisse se représenter ou non comme une menace, donc se transformer en catastrophe, cela dépend d'abord et avant tout, comme l'écrit François WALTER (2006: 2), «du seuil de vulnérabilité des sociétés». Et ce seuil est une *capacité*, non seulement à prévoir et à anticiper des événements naturels, donc à construire tout un système de *protection* efficace contre les risques qu'ils engendrent, mais encore à surmonter l'impact et à *rétablir* l'équilibre ou l'ordre social, après le choc d'une destruction[6].

---

6. Voir BLAIKIE et al. (1994: 4 ss), ainsi que DAUPHINÉ (2001: 19-24). Un concept de vulnérabilité, qui permet de renverser l'ancienne opposition entre «catastrophe naturelle» et «catastrophe culturelle», comme on peut le lire dans ce texte de présentation qui

En somme, on peut dire qu'un événement devient une catastrophe, pour une société, en fonction de sa capacité à rétablir son propre équilibre. Or, selon cette définition, une «catastrophe» n'est donc pas une simple production sociale, une construction ou une représentation culturelle. C'en est une, certes, mais c'est d'abord et avant toute une représentation qui *révèle* à la société sa propre vulnérabilité, ou son type d'équilibre qui lui est propre et qui la fonde ou la constitue comme telle ou telle société. Et si, dans une certaine société, un événement se représente comme une catastrophe, c'est justement pour cette seule et unique raison qu'il lui révèle concrètement, en chacune de ses institutions, les limites mêmes de son intégrité, entre son propre fonctionnement et son dysfonctionnement. Et en ce sens, la catastrophe, c'est la *limite*. Mais une limite à double face. D'un côté, c'est le *seuil* à partir duquel une société ne peut plus se réintégrer à elle-même, donc se symboliser

---

ouvre un colloque organisé récemment par l'association 4D, *Dossiers et Débats pour le Développement Durable*: «Un risque naturel se caractérise par la combinaison de l'aléa (c'est-à-dire le phénomène géologique générateur) avec la vulnérabilité (l'effet sur les installations humaines). Beaucoup de séismes importants passent inaperçus lorsqu'ils frappent des régions inhabitées. Ce qui caractérise un risque aujourd'hui, au plan de son impact, ce qui en fait une catastrophe, c'est bien l'*exposition des hommes*. Au point que l'une des conclusions de la décennie internationale pour la prévention des catastrophes (DIPCN), qui s'est achevée en 2000, a été de considérer qu'il ne fallait plus parler de «catastrophe naturelle». *Si l'aléa naturel existe, qu'on ne peut empêcher, c'est bien la vulnérabilité sociale qui transforme le phénomène en catastrophe*». Ce texte, qui mériterait à lui seul de longs commentaires, est cité par J.-P. DUPUY (2005: 29).

elle-même, accéder à elle-même dans sa totalité, ou se représenter elle-même dans son intégrité, au travers des institutions ou des pratiques sociales qui la constituent. De l'autre, cette limite ou ce seuil représente aussi un *moyen* par lequel une société pourra se dépasser elle-même, donc développer tout un système de contrôle, de réparation, de protection, qui lui permet de surmonter la catastrophe, de gérer le risque et le danger[7], et par là d'opérer une véritable stratégie de survie devant les «forces de la nature», pour l'intégrer, l'assimiler, la maîtriser.

La catastrophe: entre nature et culture

Pour chaque société, la «catastrophe» est la représentation d'une menace, qui révèle un certain rapport, un équilibre ou une économie entre nature et culture, réalité physique et réalité sociale. Elle constitue comme un indicateur ou un révélateur du type de rapport qu'une société entretient avec la nature. En d'autres termes, elle révèle l'ensemble des modalités pratiques (rites, images, récits) selon lesquelles une société se définit dans son opposition, sa différence ou son altérité envers l'ordre naturel. Un ordre d'«aléas» et de «hasards», qui, d'un côté, constitue pour elle autant de catégories immaîtrisables, ou de l'immaîtrisable, voire de l'imprévisible

---

7. À la suite de N. Luhmann (1991: 22 sq), on a tendance à distinguer aujourd'hui un *risque*, lorsqu'on s'expose plus ou moins consciemment aux aléas d'un événement, d'un *danger*, lorsque cette exposition se fait sans connaissance de cause. Voir Pfister (2002: 16) et encore Granet-Abisset (2000: 39-69) et Dauphiné (2000: 24-36).

et donc de l'*irreprésentable*, et d'un autre côté, qui la constitue dans sa propre *représentation*, donc dans sa possibilité de se symboliser elle-même au travers des institutions qui la composent. Et c'est pourquoi justement l'on peut dire d'une catastrophe, ou du devenir catastrophique d'un événement, qu'il rejoue à lui seul ou représente pour une société une certaine «conception» du passage entre nature et culture. Et si le discours anthropologique peut affirmer aujourd'hui d'une catastrophe qu'elle est une production culturelle, et donc la définir comme une «menace radicale contre l'ordre culturel et social», c'est pour avoir finalement déjà conçu le passage ou la transformation entre un état de nature et un état de société, sur le mode substitutif de la catastrophe, de la rupture qui bouleverse au danger qui révèle. Comme on l'a vu, LÉVI-STRAUSS (1967: 29, souligné par l'auteur) définit cette rupture comme un autodépassement, par lequel la nature produit une nouvelle structure, ou «*allume l'étincelle*» sous l'action de laquelle une structure d'un nouveau type, et plus complexe, se forme, et se superpose, en les intégrant, aux structures plus simples de la vie psychique, comme ces dernières se superposent, en les intégrant, aux structures, plus simples qu'elle-même, de la vie animale. Elle opère, et par elle-même constitue, l'avènement d'un ordre nouveau».

C'est l'énoncé d'une véritable économie de substitution, que je nommerai *économie providentielle de la catastrophe*, entre production, superposition et intégration, ou déplacement, synthèse et assimilation. Mais c'est aussi un double mouvement de rupture interne, qui révèle la nature à elle-même: d'un côté, la nature se sépare d'elle-même, en produisant la culture; mais d'un autre côté, elle se réintègre à elle-même par les institutions et les pratiques sociales de cette culture. Et c'est pourquoi, après avoir compris comment s'opère le passage de la nature à la culture, on peut décrire comment la culture se réintègre à la nature, et la vie sociale à la vie chimique ou biologique. Or, cette économie, c'est la logique du grand Déluge, redéfinie par le rationalisme moderne, ou le discours anthropologique des sciences humaines, en termes d'*équilibre*. Rousseau, «le fondateur de l'ethnologie moderne» selon Lévi-Strauss, met le doigt au coeur du problème: «Les associations d'hommes sont en grande partie l'ouvrage des accidents de la nature: les déluges particuliers, les mers extravasées, les éruptions des volcans, les grands tremblements de terre, les incendies allumés par la foudre et qui détruisaient les forêts, tout ce qui dut effrayer et disperser les sauvages habitants d'un pays, dut ensuite les rassembler pour réparer en commun les pertes communes: les traditions des malheurs de la terre, si fréquents dans les anciens temps, montrent de quels instruments se servit la Providence pour forcer les humains à se rapprocher. Depuis que les sociétés sont établies, ces grands accidents ont cessé et sont devenus plus rares: il semble que cela doit encore être; les mêmes malheurs qui rassemblèrent les hommes épars disperseraient ceux qui sont réunis» (Rousseau 1974: 131).

Les catastrophes, ici les «accidents de la nature», sont nanties d'une fonction bien précise. Une fonction sociale, à vrai dire: «les associations humaines sont en grande partie l'ouvrage des accidents de la nature». Les catastrophes naturelles produisent de la société humaine, ou engendrent des productions culturelles, mais selon une certaine économie, entre l'effroi et le rassemblement, la dispersion et la réparation: «tout ce qui dut effrayer et disperser les sauvages habitants d'un pays, dut ensuite les rassembler pour réparer en commun les pertes communes». C'est un seul et même mouvement qui sépare et rassemble, c'est un seul et même accident qui détruit et répare, qui détruit les fondements pour réparer les pertes communes. La fonction économique des catastrophes n'est donc pas de détruire pour détruire, ni même d'anéantir pour punir, mais de détruire pour réparer, pour soigner ou sauver. La raison ou le destin d'une catastrophe, le devenir catastrophique d'un événement, c'est toujours *finalement* de produire du social, de l'association, de l'alliance, des contrats, comme dans le récit biblique cité en exergue, de la fin du Déluge à la première Alliance entre l'homme et Dieu. Un accident de la nature, c'est à la fois, selon le mot de Paul Virilio, «ce qui arrive» à la nature, ce qui l'interrompt ou la sépare d'elle-même. Un incendie «arrive» à la nature, détruit les arbres et la forêt, certes, mais la nature va surtout transformer cet événement en instruments ou en moyens pour réparer l'accident.

«Les traditions des malheurs de la terre, si fréquents dans les anciens temps, montrent de quels instruments se servit la Providence pour forcer les humains à se rapprocher». Les accidents de la nature, tout ce que la nature se fait à elle-même pour se dépasser elle-même, pour s'interrompre ou pour sortir d'elle-même, constitueraient autant d'instruments providentiels de substitution pour rapprocher les hommes, les associer, les lier ou les allier, *en vue* de réparer en commun les pertes communes[8].

---

8. Rousseau (1974: 129) écrit: «Celui qui voulut, que l'homme fût sociable toucha du doigt l'axe du globe et l'inclina sur l'axe de l'univers. À ce léger mouvement, je vois changer la face de la terre et décider la vocation du genre humain».

Autrement dit, la nature produit de la société, engendre des institutions, dans le but de réparer ses propres dégâts, ses pertes, ses accidents. En ce sens, la société représente un grand système de contrôle ou de protection, comme dernier bastion du religieux, en modernité. Elle constitue une organisation contractuelle qui protège la nature contre ses propres accidents. «Depuis que les sociétés sont établies, ces grands accidents ont cessé et sont devenus plus rares». Tous les grands récits de catastrophe, toutes les traditions mythiques et légendaires, attestent la main providentielle de Dieu et le génie des sociétés bien établies, pour conjurer le malheur. Mieux une société s'établit, selon cette logique, rationnelle et religieuse tout à la fois, et plus la nature se rétablit. Mais le malheur des malheurs, la catastrophe des catastrophes, c'est qu'à vrai dire il n'en est rien: «ces mêmes malheurs qui rassemblèrent les hommes épars disperseraient ceux qui les ont réunis». Le bouleversement est infini et le malheur sans limite. Ce qui disperse rassemble, certes, mais en même temps ce qui rassemble disperse. La société peut réparer la nature, la contrôler, la protéger; mais son propre système de protection peut aussi produire à son tour de nouvelles catastrophes, des catastrophes de protection, de société ou de culture[9].

---

9. C'est d'ailleurs autour de cette logique de l'autoprotection, que DERRIDA (1996: 58-59) élabore la question du religieux: «Nous sommes là dans un espace où toute autoprotection de l'indemne, du sain(t) et sauf, du sacré (*heilig, holy*) doit se protéger contre sa propre protection, sa propre police, son propre pouvoir de rejet, son propre tout court, c'est-à-dire contre sa propre immunité. C'est cette terrifiante mais fatale logique de l'*auto-immunité de l'indemne* qui associera toujours la Science et la Religion».

Dans sa *Lettre à Voltaire*, Rousseau répond en ces termes au *Poème sur le désastre de Lisbonne*: «Sans quitter votre sujet de Lisbonne, convenez, par exemple, que la nature n'avait point *rassemblé* là vingt mille maisons de six à sept étages, et que si les habitants de cette grande ville eussent été dispersés plus également, et plus légèrement logés, le dégât eût été beaucoup moindre, et peut-être nul» (ROUSSEAU 1969: 1061, souligné par l'auteur). C'est un mouvement inverse, mais un mouvement qui appartient en propre à l'économie providentielle de la catastrophe. D'un côté, les accidents de la nature, qui dispersent les hommes, les rassemblent en société, produisent de la communauté et de l'alliance, pour réparer les pertes et pour se protéger contre tout ce qui en menace l'équilibre et l'intégrité. Mais, d'un autre côté, ce rassemblement peut devenir le lieu ou l'occasion, la cause ou la raison, d'une nouvelle catastrophe, ou d'un nouveau *type* de désastre, directement lié cette fois à l'ordre culturel des sociétés, donc au système de protection *lui-même*, que produit toute société, ou tout rassemblement, pour lutter justement contre la menace de sa propre désintégration. Autrement dit, de même que la nature produit la culture, pour se protéger contre ses propres pertes ou ses accidents, de même la culture devra se protéger contre la menace et le danger que représentent ses propres systèmes de défense, de protection, ou ses institutions sociales: le développement de l'urbanisme, le perfectionnement technique et le progrès des sciences.

Mais ce mouvement aussi aura été *prévu* par la main bienfaisante de la Providence, en nous donnant les moyens, l'intelligence et la sagesse, de corriger nos propres institutions: «En considérant ce que nous serions devenus, abandonnés à nous-mêmes, nous devons apprendre à bénir celui dont la main bienfaisante, *corrigeant* nos institutions et leur donnant une assiette inébranlable, a *prévu les désordres* qui devraient en résulter, et fait naître notre bonheur des *moyens* qui semblaient devoir combler notre misère» (ROUSSEAU 1964: 127, souligné par l'auteur). La Providence, non seulement aura voulu se servir des accidents de la nature pour rassembler les hommes en société, donc pour produire de la société, mais de plus elle a prévu «les désordres qui devraient en résulter». Elle aura vu à l'avance les nouvelles catastrophes, désastres et dangers, que devait produire la société pour réparer les accidents de la nature. Elle aura vu le danger et prévu des mesures appropriées pour y contrer. Cette économie providentielle, c'est ce que Rousseau aura nommé l'*économie politique du contrat social*: un pacte qui préserve l'état naturel des libertés dans l'ordre collectif d'une société, et par là qui permet à toute société de survivre et de se reproduire, donc de reproduire ses propres conditions d'existence et de possibilité.

Comme on l'a vu, la manière dont les individus conçoivent les rapports entre nature et culture est déterminée par leurs propres rapports sociaux, mais, en même temps, ces rapports sociaux sont eux-mêmes déjà agencés par le mouvement d'une nature qui se dépasse ou se bouleverse elle-même. C'est un bouleversement qui révèle une nouvelle nature, une «seconde nature», ou une rupture qui instaure «une structure d'un nouveau type», mais dont il faudra désormais distinguer clairement les deux plans de constitution. Dans son autodépassement, en effet, la nature produit des institutions culturelles ou des pratiques sociales, comme autant d'instruments qui constituent un double système de protection. D'un côté, ce bouleversement protège la nature contre elle-même par la culture, c'est la *production du social*, mais d'un autre côté, ce même mouvement de rupture doit encore protéger la culture contre elle-même et par elle-même, c'est l'*établissement du politique*. En d'autres termes, ce qu'on aura nommé naguère l'*art politique*, ou du gouvernement, c'est ce que la Providence devait inventer de mieux pour protéger la société contre elle-même. Et en ce sens, on peut dire que le politique constitue une protection sociale contre l'autodestruction. Bien ordonné, bien établi, c'est lui, et lui seul, qui permet à la société de lutter contre elle-même, et donc de se protéger contre la menace qu'elle produit *d'elle-même* à l'endroit de son propre équilibre et son intégrité, et par là, finalement, d'estimer, de mesurer ou quantifier son seuil de vulnérabilité. L'art politique représente donc pour chaque société la *possibilité de se reproduire*, donc de survivre à son autodestruction, de surmonter, de contrôler, de prévoir tous les dangers qu'elle aura produit d'elle-même et contre elle-même, pour réparer les accidents de la nature.

Or, l'art politique ferait encore partie d'un plan de Providence, un «plan catastrophe», pourrait-on dire, mais un plan dont la catastrophe est à la fois la source, le moyen, et peut-être même le destin. Un plan, en tout cas, que le discours anthropologique de la modernité a du mal à penser comme l'horizon d'une culture dans lequel s'inscrit son propre savoir. C'est un horizon d'historicité, qui détermine le champ épistémologique des sciences humaines. Là où Lévi-Strauss, après avoir distingué la nature de la culture, voulait «réinscrire» la culture dans la nature et réarticuler l'ordre des institutions sociales aux lois biologiques du vivant, en particulier du cerveau (voir 1973: 24, 1962a: 349, 1962b: 134)[10], comme on le fait actuellement dans le cadre du programme des neuro-sciences, il s'agirait surtout à mon sens de repenser cette «inscription» en fonction justement d'une certaine *historicité*, ou d'un rapport déterminé entre des phénomènes, empiriques ou mentaux, et le discours qui les représente dans le champ d'un savoir. En d'autres termes, il faut interpréter *politiquement* ce néo-naturalisme du savoir, que circonscrit encore aujourd'hui «notre propre culture». Il faudrait dire, aujourd'hui plus que jamais. Notre monde est de plus en plus fragile, fragilisé, vulnérabilisé par l'ensemble des déploiements techniques, scientifiques, bientôt neurologiques, qu'il produit lui-même pour se protéger contre les catastrophes, pour réduire les risques, résorber les menaces et résoudre la peur du danger. C'est une véritable *politique des catastrophes*, qui se joue ici. Une politique qui veut tout à la fois gérer et contrôler les catastrophes et qui reste néanmoins toujours soumise et dominée par une logique des catastrophes. Plus elle prétend résorber la menace, donc libérer le monde des catastrophes qu'il produit, et plus elle menace d'engendrer une catastrophe mondiale, totale, peut-être même définitive, à la mesure d'un monde, ou d'une nature, conçu dans sa médiatisation intégrale, dans sa globalité ou sa

---

10. «... l'émergence de la culture restera pour l'homme un mystère tant qu'il ne parviendra pas à déterminer, au niveau biologique, les modifications de structure et de fonctionnement du cerveau, dont la culture a été simultanément le résultat naturel et le mode social d'appréhension» (1973: 24).

totalité. C'est un art nouveau mais nécessaire, afin de reconduire ou de recomposer, en modernité, l'économie providentielle et la dimension la plus éminemment «religieuse» du destin d'une nature bouleversée, déchirée, éventrée, par la culture qu'elle n'aura cessé de produire pour réparer ses accidents, pour se protéger contre ses pertes et pour survivre aux destructions de son propre déluge.

Références

BERLIOZ Jacques et Grégory QUENET
2000   «Les catastrophes: définitions, documentation». *In:*
            René Favier et Anne-Marie Granet-Abisset (dir.),
            Histoire et mémoire des risques naturels. Grenoble:
            Publications de la MSH-Alpes: 19-37.

BLAIKIE P., T. CANNON, I. DAVIES and B. WISNER
1994   *At Risk. Naturals hazards, people's vulnerability, and
            disasters.* London and New York: Routledge.

DAUPHINÉ André
2001   *Risques et catastrophes.* Observer-Spatialiser-
            Comprendre-Gérer. Paris: Armand Colin.

DERRIDA Jacques
1967   «Genèse et structure de l'*Essai sur l'origine des lan-
            gues*». *In: De la grammatologie.* Paris: Éditions de
            Minuit.

1996   «Foi et savoir. Les deux sources de la ‹religion› aux
            limites de la raison». *In:* Jacques Derrida et Gianni
            Vattimo (dir.), *La religion.* Paris: Seuil.

DUPUY Jean-Pierre
2005   *Petite métaphysique des tsunamis.* Paris: Seuil.

GRANET-ABISSET Anne-Marie
2000   «La connaissance des risques naturels: quand les
            sciences redécouvrent l'histoire». *In:* René Favier et
            Anne-Marie Granet-Abisset (dir.), *Histoire et
            mémoire des risques naturels.* Grenoble: Publications
            de la MSH-Alpes: 39-69.

LÉVI-STRAUS Claude
1950   «Introduction à l'œuvre de Marcel Mauss». *In:*
            Marcel Mauss Sociologie et anthropologie. Paris: PUF.

1962a   *La pensée sauvage.* Paris: Plon.

1662b   *Le totémisme aujourd'hui.* Paris: PUF.

1967 [1947] *Les structures élémentaires de la parenté.* Paris: Mouton.

1973   *Anthropologie structurale deux.* Paris: Plon.

LUHMANN Niklas
1991   *Soziologie des Risiko.* Berlin: Walter de Gruyter.

LUKINOVICH Alessandra
1982   «KATASTROFH, mot grec. Les articles *katastrephô* et
            katastrophê du Thesaurus Graecæ Linguæ d'Henri
            Estienne (1572). Traduction et note». *In: De la
            catastrophe.* Genève: Centre d'art contemporain.

PFISTER Christian
2002   «Catastrophes et dangers naturels dans une pers-
            pective historique». *In: Le jour d'après. Surmonter
            les catastrophes naturelles: Le cas de la Suisse entre
            1500 et 2000.* Berne: Haupt Verlag.

ROUSSEAU Jean-Jacques
1974   *Essai sur l'origine des langues,* IX. Introduction et
            notes par A. Kremer-Marietti. Paris: Aubier-
            Montaigne.

1969   *Lettre de J. J. Rousseau à Monsieur de Voltaire. In:
            Œuvres complètes,* tome IV. Éd. publiée par B.
            Gagnebin et M. Raymond. Paris: Gallimard.

1964   *Discours sur l'origine et les fondements de l'inégalité
            parmi les hommes,* Préface. *In: Œuvres complètes,*
            tome III. Éd. publiée par B. Gagnebin et M.
            Raymond. Paris: Gallimard.

WALTER François
2006   «Pour une histoire culturelle des risques naturels».
            In: François Walter, Bernardino Fantini et Pascal
            Delvaux (dir.), *Les cultures du risque (XVIe-XXIe siècle).*
            Genève: Presses d'histoire suisse.

LA COLÈRE DES DIEUX OU LE SENS DONNÉ AUX CATASTROPHES

Didier Grandjean, Anne-Caroline Rendu
et Klaus R. Scherer

Le divin, la nature et l'homme

Le présent article traite de la réponse humaine aux catastrophes, des points de vue de la psychologie et de l'histoire des religions. Par son ampleur et sa rareté, la catastrophe, extraordinaire, inacceptable, est un cas intéressant pour l'étude des émotions. L'être humain a besoin d'explications, il a besoin de donner du sens à ce qu'il vit de façon soudaine et souvent dramatique. Dans les mondes anciens, ce type d'événement ne pouvait que relever d'une intention divine, le courroux des dieux étant à l'origine du fléau. L'exemple du déluge de la tradition mésopotamienne permet de suivre les diverses étapes d'une catastrophe naturelle et les réactions humaines qu'elle suscite.

L'esprit humain est une formidable machine à donner du sens aux événements de la vie quotidienne. Les informations venant continuellement stimuler nos récepteurs sensoriels sont reliées aux traces mnésiques, aux différentes mémoires stockées lors d'expériences antérieures et reliées à notre connaissance du monde, ce qui nous permet de construire des représentations pleinement significatives. La construction de ces significations est une avancée extraordinaire dans l'évolution de l'intelligence, car elle rend possible la prévision et la planification, le dépassement de l'ici et du maintenant. Les animaux sont également capables d'évaluer la signification des événements et d'en prévoir les conséquences, mais leurs prévisions restent rudimentaires et basées de manière plus marquée sur des apprentissages; chez la plupart d'entre eux, ces mécanismes sont assez rigides et fortement dépendants du contexte présent. L'esprit humain est probablement la seule construction biologique capable d'aller aussi loin au-delà de l'expérience antérieure et des contextes connus, par sa capacité d'extrapolation et d'invention permettant l'initiation de comportements originaux. L'évidence principale de cette capacité humaine est la construction de systèmes religieux et de croyances complexes qui élaborent des narrations sur l'origine du monde et sur le rôle de l'homme dans la création, des mythes et des croyances dans le surnaturel.

Le mythe vient expliquer une situation vécue, un comportement social, un acte religieux (RUDHARDT 1981). Qu'importe le fondement historique, la valeur du récit ne réside pas dans son contenu objectif, mais dans l'expérience subjective qu'il illustre. Le mythe signifie le présent (l'intemporel) et décrit surtout l'homme dans ses rapports avec l'objet du récit. Sa fonction première est de donner du sens, tout en unissant le divin, la nature et l'homme (RUDHARDT 2006), de répondre aux grandes interrogations de la pensée et de comprendre les rapports que l'homme établit avec son environnement. Le meilleur exemple reste peut-être la question de la raison d'être de l'humanité dans l'univers. Pourquoi a-t-elle été créée? Par qui? Pour qui? En Mésopotamie, la création de l'homme par les dieux est racontée dans le récit du Déluge, un texte rédigé au XVIIe

siècle av. J.-C en écriture cunéiforme akkadienne. Ce récit
se déroule en deux temps: le premier décrit la situation du
monde avant et jusqu'à la création de l'homme; le second
la croissance exponentielle de l'humanité et le déroulement du Déluge, avant la restauration d'un équilibre entre
les dieux et les hommes.

Titre et premier vers du texte mésopotamien: «Lorsque
les dieux [faisaient] l'homme». L'être humain n'était pas
encore créé et le monde céleste était réparti entre les
Anunnaki, avec Enlil, le grand dieu, et les Igigi chargés
de travailler pour les Anunnaki. Mais lassés par cette
injustice, les Igigi se révoltèrent. À la demande d'Enlil,
le grand dieu, les autres dieux se réunirent pour trouver
une solution. Enki/Ea, dieu des techniques et de l'intelligence, plaida en faveur des Igigi, les révoltés. Dans sa
sagesse, il proposa de créer l'humanité comme substitut
aux Igigi. L'homme est issu d'un mélange d'argile et du
sang d'un des dieux révoltés. Ainsi fut créée l'humanité et le monde sembla vivre en parfaite harmonie. Cette
première partie du texte vient justifier la présence des
hommes sur terre: l'homme, en tant que création, est
directement issu de la volonté des dieux et s'intègre dans
le maintien de l'ordre cosmique; le labeur humain doit
nourrir les êtres divins à travers les offrandes accom-
plies lors des rituels. Pour survivre dans le monde, les
hommes doivent nourrir et révérer les dieux. Cet exemple illustre le désir des hommes de donner du sens à leur
existence sur la terre et de disposer d'un ensemble de
narrations cohérent permettant d'expliquer non seulement la genèse de l'humanité mais également sa fonction.

Un élément central dans la quête de sens est constitué par les mécanismes à l'oeuvre dans les processus
d'inférences et donc de prédictions des conséquences

en lien avec des intentions ou avec des événements. Ainsi, à travers l'histoire et les différentes cultures, des mythes ont-ils codifié les mécanismes censés expliquer le monde en termes d'intentions et d'actions des dieux et/ou des humains. L'exemple le plus répandu dans les mondes anciens est peut-être la tentative d'explication du retour annuel de la végétation, du cycle des saisons. Par exemple, *L'hymne homérique à Déméter* montre comment, dans la littérature grecque, on expliquait ce phénomène. La fille de Déméter, Perséphone, était en train de cueillir des fleurs quand la Terre s'ouvrit et en surgit Hadès, souverain des morts. Malgré ses cris, il l'emmena dans le monde souterrain et en fit son épouse. Déméter, qui avait entendu les cris de sa fille, partit à sa recherche. Après de nombreuses péripéties, et sous la pression exercée par Déméter, Zeus, souverain des dieux, intervint, envoyant Hermès, messager des dieux, auprès d'Hadès pour le prier de laisser Perséphone revenir auprès de sa mère. Hadès consentit à la laisser partir mais il affirma ses droits d'époux. Un partage fut alors décidé et accepté par Zeus:

> «Zeus, dont la vaste voix gronde sourdement [...] Il a bien voulu que du cycle de l'année ta fille passât le tiers dans l'obscurité brumeuse, et les deux autres auprès de toi et des Immortels.»[1]

Le retour annuel sur terre de Perséphone caractérise le printemps et le renouveau de la végétation. Cette tentative d'expliquer la succession des phénomènes natu-

---

1. *L'hymne homérique à Déméter,* vers 460-465.

rels n'est pas le propre des mythes de la Grèce antique. Par exemple, dans l'ancienne Mésopotamie, la sécheresse estivale est expliquée par le récit suivant: alors qu'elle rend visite à sa sœur Ereshkigal, souveraine des enfers, la déesse Inana/Ishtar est retenue captive. Ereshkigal consent à la libérer à condition qu'elle se trouve un remplaçant. Ce sera Dumuzi, l'époux d'Inana/Ishtar, car, en remontant du monde des morts, au lieu de le trouver en deuil, Inana/Ishtar le voit en train de prendre du bon temps. Dumuzi passera six mois dans le monde des morts, les autres six mois seront occupés par sa sœur Geshtinanna. La période de mort de Dumuzi correspond ainsi en Mésopotamie au cœur de l'été, moment où la végétation est desséchée et brûlée par le soleil.

Perception, attribution de causalités, attentes

La perception des catastrophes et les réactions qu'elles suscitent doivent être comprises à la lumière de cette caractéristique fondamentale de l'esprit humain qu'est la tendance à l'inférence et à la construction de signifiants gouvernant les événements naturels et établissant un lien entre le comportement des dieux et celui des hommes. Un premier point à souligner est l'importance de la perception et l'attribution de causalités, qui produit des effets sur le sentiment de responsabilité et déclenche des attentes liées à des actions. La psychologie moderne a pu démontrer d'une façon convaincante que l'attribution automatique de causalités est l'un des facteurs déterminants les plus puissants de ce que peut ressentir un humain. HEIDER (1944) et MICHOTTE (1946) ont démontré expérimentalement que les humains ont une forte tendance à interpréter des mouvements d'objets inanimés en attribuant à ces objets des causalités et de l'intentionnalité malgré le caractère logiquement aberrant de telles attributions. Ces recherches ont ouvert un nouveau domaine de la psychologie. Leurs résultats, ainsi que les élaborations théoriques concernant la perception, l'attribution de causalités et son influence puissante sur la formation d'impressions, les jugements, les prises de décision et les comportements remplissent maintenant des volumes entiers (par exemple FISKE et TAYLOR 1984, HARVEY, ICKES et KIDD 1981, HEWSTONE 1983). Il semble tout à fait raisonnable de supposer que cette forte propension humaine à l'analyse causale, qui a pour but de rendre le monde plus prévisible et de conférer ainsi aux humains une impression de contrôle des événements ou des actions, joue un rôle important dans la perception de «l'ordre logique des choses» et de la justesse des conséquences des comportements et des interactions.

L'argument est le suivant: que la propension en soit innée ou non, l'enfant en bas âge apprend rapidement que presque tous ses comportements ont des effets immédiats. De même, les enfants apprennent très vite à percevoir et à construire des modèles de causalité qui sous-tendent les effets produits par d'autres personnes ou des forces inanimées (PIAGET 1927). Il existe, en fait, très précocement chez l'enfant une représentation développée et sophistiquée du lien de cause à effet, y compris la notion qu'un certain comportement produira de manière relativement systématique des résultats similaires sur le monde inanimé aussi bien qu'en interaction avec des pairs ou des adultes. Tandis qu'il existe peu de formalisation systématique de ces relations (quoiqu'on en trouve déjà l'idée chez Aristote, dans l'*Éthique à*

Nicomaque), il est raisonnable de supposer que ce lien de cause à effet est soumis à une règle d'équivalence ou de proportionnalité (voir SCHERER 1992); c'est-à-dire que les types de comportements ou de faits initiateurs devraient être proportionnels aux types et à l'importance des effets produits, quoique transformés (dans un sens, une prolongation de la conservation du principe d'énergie dans le domaine perceptuel). Si l'enfant frappe son jouet avec des coups forts, il s'attend non seulement à voir se produire un plus grand nombre de bosses, mais également à ce que celles-ci soient plus marquées que s'il le frappait légèrement. Ce principe mériterait évidemment d'être discuté de manière plus développée; nous nous limitons ici à décrire ce qui serait la forme la plus primitive d'une «règle des attentes»: la tendance à s'attendre à un effet proportionnel entre l'action et les conséquences de celle-ci, cette relation pouvant d'ailleurs constituer le préalable d'une «perception de justice»[2]. De manière intéressante, même à ce niveau très rudimentaire, nous trouvons une relation entre l'action du sujet et les émotions qu'il ressent, induisant des réactions comportementales puissantes, partie de l'émotion elle-même, en jeu dans les sentiments d'injustice ressentis dans les interactions interpersonnelles, par exemple dans la frustration et la déception (MIKULA 1986, 1987, MIKULA, PÉTRI et TANZER 1990). Pour des animaux ayant un système nerveux central suffisamment développé et pour les êtres humains, l'absence d'occurrence des effets prévus, en particulier si un investissement comportemental important a été réalisé,

---

2. Pour une discussion du rapport entre ces concepts, voir COHEN 1979.

produit une forte contrariété, parfois même des comportements d'agression (BARON 1977, MIKULA, SCHERER et ATHENSTAEDT 1998). La transposition et la prolongation de ce mécanisme dans les interactions interpersonnelles est évidente: n'importe quelle action dont on attend un effet sur une autre personne peut être considérée comme un investissement associé à des éléments causaux, pour lesquels l'effet proportionnel (dans sa forme et son amplitude) est attendu ou tout au moins l'objet de prédictions souvent implicites. Si je frappe mon frère fortement, je m'attends en retour à des coups forts, de même que si je lui donne plusieurs de mes bonbons, je m'attends, par exemple, à ce qu'il me donne plusieurs de ses billes. Nous sommes ici en terrain familier depuis que les anthropologues et les sociologues (MAUSS 1950, GOULDNER 1960) ont proposé des normes fondamentales de réciprocité dans l'interaction humaine[3]. De même, la théorie de l'échange (par exemple HOMANS 1961) et la théorie de l'équité (ADAMS 1965, WALSTER, WALSTER et BERSCHEID 1978), toutes deux discutées en détail par ARTS et VAN DER VEEN (1992) ont tenté de spécifier les dynamiques psychologiques sous-tendant les attentes liées à la notion de proportionnalité de l'investissement et de ses résultats et de réciprocité dans les échanges humain. Ces théories ont proposé des facteurs motivationnels sous-jacents, comme les notions en lien avec les théories d'apprentissage des encouragements/stimulants de Homans ou les notions de réactions à tonalité affective en réponse

---

3. Une idée récurrente dans différents travaux sur les rapports entre les différents membres de la race humaine et exprimée dans la locution latine: *do ut des*.

à l'absence d'équité de Adams. Ainsi des attentes ou ce que l'on pourrait appeler des «droits» sont inférés lors d'événements ou d'actions, c'est-à-dire que, d'après nos expériences antérieures, nous sommes en droit d'avoir des attentes précises sur les conséquences d'un événement ou d'une action. Des violations de ces «droits» ou attentes peuvent être définies comme de l'injustice perçue qui provoquera très probablement de fortes réactions émotionnelles négatives.

Tandis que les mécanismes proposés brièvement ci-dessus semblent très raisonnables, les tester systématiquement avec une approche scientifique n'est pas du tout aisé, pour au moins deux raisons majeures: la première relève de la variabilité extrême des situations initiales (par exemple l'origine des relations entre attentes et actions, fortement dépendantes de l'histoire même de l'individu), la deuxième de la subjectivité de l'évaluation des situations initiales et de leurs effets, ces deux raisons n'étant bien sûr pas orthogonales mais liées de façon complexe. Malheureusement, la faiblesse prédictive des modèles permettant de rendre compte de ces relations complexes entre évaluation des situations initiales et leurs effets est une conséquence directe de la nature du phénomène: le droit perçu est en fait un espoir ou une attente, et est donc forcément lié à une grande subjectivité.

Les processus émotionnels comme résultantes d'un ensemble d'évaluations cognitives

Nous sommes donc maintenant en mesure de développer une analyse des réactions émotionnelles aux événements catastrophiques. En conformité avec les propositions récentes de nombreux théoriciens de l'émotion[5], nous proposons une vision des processus émotionnels comme étant les résultantes d'un ensemble d'évaluations cognitives. La recherche en psychologie a développé un ensemble théorique et empirique permettant d'expliquer et de tester la genèse et la différenciation des émotions. Ainsi, les processus émotionnels et leurs déterminants sont-ils conceptualisés par les théoriciens de l'*appraisal* (ou évaluation cognitive), comme des résultantes d'un ensemble de dimensions déterminantes, au sein d'un processus d'évaluation subjectif, plus ou moins complexe selon les auteurs, et lié à une situation ou à un événement donné. C'est Magda ARNOLD (1960) qui, la première, mentionne le terme d'*appraisal* en référence à un processus d'évaluation cognitif générateur d'émotion. Pour elle, c'est le premier processus, dans une séquence temporelle déterminée, pouvant déboucher sur une émotion. Ses travaux ont permis la mise en relation progressive des données psychobiologiques et de l'expérience psychologique subjective. Elle a montré que la genèse d'une émotion était la résultante d'un processus d'évaluation cognitif complexe. Cette notion a ensuite évolué grâce aux travaux de Richard S. LAZARUS (1966), qui a proposé un modèle interactionniste, mettant en lien la personne et la situation ou l'événement. Ses travaux, centrés essentielle-

---

5. En voir la revue dans ELLSWORTH et SCHERER 2003.

ment sur le phénomène de stress, ont permis d'étayer sa théorie décrivant le processus d'*appraisal* en deux composantes essentielles: un processus primaire, lié à la signification d'une information, d'un événement ou d'une situation, pour les besoins ou selon les désirs de l'organisme considéré, et un processus secondaire évaluant la capacité de l'organisme à faire face à cet événement ou à ses conséquences. Il a également décrit le *reappraisal* (ou réévaluation), consécutif aux deux premières évaluations. Les travaux plus récents de ROSEMAN (1984), SCHERER (1984) et FRIJDA (1986) ont étudié plus en détail ce processus, en proposant des modèles plus complexes pouvant rendre compte d'une manière plus précise de la différenciation des émotions et des différences interindividuelles. L'*appraisal* primaire de Lazarus a été fragmenté en plusieurs sous-dimensions: ROSEMAN (2001) a précisé les notions d'attente (inattendu/attendu), de recherche de situations ou d'éléments spécifiques (recherché/non recherché), d'état motivationnel (minimisation d'aspects négatifs/augmentation d'aspects positifs), ces différentes évaluations pouvant être regroupées sous le terme d'*appraisal* primaire. Il a distingué les processus d'attribution causale (circonstances/soi-même/autres personnes), de potentiel de contrôle (haut/bas) et le type de problème (instrumental/intrinsèque) pouvant être regroupés sous le terme d'*appraisal* secondaire.

L'ensemble des théoriciens de l'*appraisal* sont en accord sur plusieurs points; l'évaluation cognitive comme facteur déterminant dans la différenciation des émotions, l'interprétation singulière et subjective de la personne, l'importance du décours temporel dans la genèse ou le devenir d'une émotion, l'antériorité des processus d'évaluation cognitive. La notion d'évaluation cognitive comme processus déclencheur d'émotions est aujourd'hui soutenue par les résultats de nombreuses études de type «rapport verbal» ou questionnaire aussi bien que par des mesures physiologiques périphériques. Le nombre de dimensions d'évaluation prises en compte dans les modèles d'*appraisal* devrait permettre de maximiser la différentiation des labels émotionnels tout en minimisant, dans un souci de parcimonie, ce même nombre afin de ne pas introduire dans ces modèles des dimensions redondantes ou non pertinentes. Scherer propose un ensemble d'évaluations ou *checks* séquentiels, où chacun contribue à la différenciation des émotions, de manière plus ou moins marquée selon les organismes, circonstances, événements ou situations. Quatre grandes classes d'évaluations cognitives sont décrites, elles-mêmes composées de sous-processus d'évaluation: l'évaluation de la pertinence d'un événement, l'évaluation des conséquences d'un événement, la détermination du potentiel de contrôle de l'événement et sa signification par rapport aux normes ou règles de l'individu et de son contexte social (SCHERER 2001).

Les réactions émotionnelles aux catastrophes

C'est donc l'ensemble de ces évaluations qui sous-tendrait les constructions et narrations nécessaires à la suite de catastrophes ou d'événements majeurs. Ainsi le besoin de signifiants et de cohérence de l'esprit humain, par exemple en termes de causalité, induirait ces narrations, donnant ainsi un sens à ce qui est largement inexplicable avec les informations à disposition. En nous fondant sur cet appareil conceptuel, nous pouvons maintenant analyser plus en détail les réactions émotionnelles liées aux catastrophes. Étant donné l'utilisation de plus en plus large et souvent exagérée du mot «catastrophe» dans le langage moderne, nous limiterons notre attention à des catastrophes naturelles telles que des inondations, des incendies importants et des tremblements de terre. L'apparition de tels événements induit immédiatement et automatiquement des évaluations: la situation est nouvelle, intrinsèquement désagréable, et fortement obstructive aux besoins fondamentaux de l'organisme notamment en terme de survie. Cette évaluation peut être en grande partie non consciente et se dérouler automatiquement (SANDER, GRANDJEAN et SCHERER 2005); elle peut se produire très rapidement au niveau cérébral, par exemple en moins d'une seconde; un grand nombre d'évaluations peut être réalisé par notre système nerveux central et construire une représentation de l'événement et de ses conséquences (SCHERER 2005). Ces évaluations cognitives sont organisées de manière séquentielle au niveau cérébral (GRANDJEAN 2005); l'information serait donc traitée d'abord à un niveau non conscient, induisant des réactions rapides au niveau cérébral, au niveau périphérique, puis, par un processus de capture attentionnelle, de manière plus approfondie et à des niveaux de représentations plus complexes (SANDER, GRANDJEAN et SCHERER 2005, VUILLEUMIER 2005); autrement dit à un plus haut niveau du système cognitif, impliquant des réseaux associatifs du néocortex temporal et des régions antérieures, des processus permettant d'établir des relations de cause à effet en lien avec l'évaluation de la causalité, des attentes, de la capacité de faire face à la situation et ses conséquences, ainsi qu'à l'équité et/ou la moralité, par exemple en ce qui concerne le «droit» perçu. Toutes ces évaluations permettent d'inférer et de construire un ensemble de représentations donnant un sens à la situation présente et guidant, par la suite, l'initiation de préparations à l'action puis de comportements adéquats permettant de réagir à l'événement et, éventuellement, d'empêcher de futures occurrences d'événements semblables.

Pour donner un exemple plus trivial, imaginez une situation dans laquelle un pot de fleurs vient vous frapper soudainement à la tête. Après une réaction immédiate de défense, vous allez rechercher dans l'environnement des informations permettant de déterminer la cause de la chute du pot. Le responsable de la chute est-il le vent ou une personne? Si c'est la deuxième option, la chute a-t-elle été intentionnelle ou accidentelle? Vous allez également évaluer votre potentiel à faire face à la situation. Si c'était le vent, comment pouvez-vous éviter dorénavant de vous exposer à la chute de pots? Si c'était une personne malveillante, êtes-vous assez fort pour affronter de nouvelles attaques et réagir à celles-ci? Vous allez évaluer à quel point cet événement est équitable et se justifie moralement. Par exemple: auriez-vous mérité d'être agressé par cette personne suite à quelque mal que vous lui auriez fait?

Restaurer l'équilibre entre les dieux et les hommes

Un des problèmes spécifiques de l'explication scientifique des processus émotionnels et de prédiction des réactions humaines face aux catastrophes, comme des évaluations automatiques et implicites qui leur sont liées, c'est que justement les causes de catastrophes ne sont pas directement déductibles de la situation ou des protagonistes en jeu. Il y a donc ici un *hiatus* cognitif, c'est-à-dire une difficulté à donner sens à ce qui est en train d'arriver, aussi bien en termes de causalités et d'équité qu'en termes de conséquences. Naturellement, l'être humain ne peut être directement en cause dans l'avènement de catastrophes naturelles majeures. Le système cognitif humain ayant besoin de comprendre et de donner sens aux événements, il va chercher des explications afin de conserver une part de contrôle ou l'impression d'un contrôle de la situation. Ces besoins d'attribution de causalités et d'intentionnalités aux événements seraient donc le substrat de l'émergence de croyances et/ou d'explications surnaturelles permettant de donner un sens aux catastrophes et donc de se donner une forme de contrôle (par exemple en essayant d'apaiser les dieux par différents moyens). Si l'on reprend le texte mésopotamien du Déluge, après la création de l'humanité, le monde avait semblé vivre en parfaite harmonie, les hommes assurant, par leur travail et leurs offrandes, la survie des dieux.

> «Il ne s'était pas encore écoulé 1200 ans, que le pays augmenta, et le peuple devint trop nombreux. Comme un bœuf, le pays mugissait. Par leur vacarme, le dieu fut troublé. Enlil, ayant entendu leur tapage, déclara aux grands dieux: ‹le tapage de l'humanité est devenu trop lourd pour moi. Par leur vacarme, je suis privé de sommeil [...] qu'il y ait une peste/fièvre›.»[6]

---

6. *Atra-Hasis* II, vers 352-360.

Trois épisodes précèdent celui du Déluge. Chaque fois, par leur bruit, les hommes ont empêché le dieu Enlil de dormir. Troublé et agacé, il a voulu réduire leur nombre par une sentence de destruction catastrophique (famine, maladie). Pour empêcher ces fléaux, les hommes n'ont pourtant pas cherché à apaiser le grand dieu Enlil ou à réduire leur bruit. Avec d'abondantes offrandes, ils se sont directement adressés au dieu chargé du malheur. La manœuvre a eu l'effet escompté; la maladie ou la famine ont cessé, et une nouvelle ère d'équilibre s'est instaurée. Cependant, le schéma s'est reproduit une dernière fois: à cause du vacarme des hommes, Enlil ne pouvait toujours pas dormir. À bout de force, il laissa libre cours à sa colère. Sa fureur était légitime. Le Déluge est alors ressenti comme la conséquence de la colère divine et la taille de la destruction est fonction de l'intensité du courroux. Le Déluge, véritable arme de destruction massive divine, est programmé par une décision commune de l'assemblée des grands dieux. Enfin le Déluge arrive:

«Le jour changea d'aspect, Adad retentit dans les nuages. On entendit le dieu, sa voix et une fois le bitume apporté, il scella sa porte. Dès lors qu'il eut scellé sa porte, Adad retentit dans les nuages et le vent redoubla de fureur pendant qu'il se levait.»[7]

Ironie du sort, le bruit à l'origine du cataclysme en est aussi la caractéristique principale: la colère devient un rugissement féroce, un mugissement de taureau.

---

7. *Atra-Hasis* IIIii, vers 48-54.

De telles attributions en termes surnaturels ne renforcent pas seulement les besoins d'inférer et de construire des représentations permettant d'expliquer pourquoi les catastrophes arrivent, mais confèrent également un sentiment de contrôle permettant l'élaboration de comportements en réaction à la catastrophe pour y remédier ou tout au moins pour diminuer son impact. Les divers types de sacrifices ou de rites pour apaiser la colère des dieux constituent de bons exemples de tentatives de contrôle des catastrophes et de prévention de leur répétition. Des événements inévitables comme la mort font également l'objet de récits. Dans celui du Déluge mésopotamien, un humain et son épouse ont survécu au cataclysme. Averti en songe de la décision divine par Enki/Ea, dieu des techniques, l'homme en question construit une embarcation. Lors du retrait des eaux, il fait une offrande aux dieux qui, affamés, accourent auprès de lui (rappelons que les hommes ont été créés pour nourrir les dieux). D'abord apaisés, les dieux se rendent alors compte qu'un humain a survécu. Mais cette nouvelle ne les réjouit pas. Ils cherchent plutôt à savoir qui, parmi eux, a trahi le serment. Enki/Ea se justifie alors. Les dieux en arrivent à la conclusion que les hommes leurs sont trop précieux pour leur survie, mais qu'il faut à tout prix limiter leur bruit. Pour empêcher à la fois l'inconvénient d'une multiplication gênante des hommes et celui de leur disparition, les dieux songent à diminuer la durée de la vie humaine, ils instaurent la stérilité naturelle et culturelle de certaines femmes ainsi que la mortalité infantile.

Évidemment, la nature des réactions à de tels événements, dans le but de diminuer ou d'alléger leurs conséquences ou de prévenir leur répétition, dépend largement de l'attribution de l'agent causal, des motivations sous-jacentes et de la perception de l'adéquation ou de la «justesse» de l'événement catastrophique. Dans la narration du Déluge mésopotamien, la colère du dieu est perçue comme moralement justifiée, l'humanité méritant ainsi son destin, à cause de comportements inadéquats et répréhensibles. Dans ce cas, le repentir et l'expiation sont indiqués et réalisés à travers une série de rites et de sacrifices. Dans d'autres cas, une catastrophe peut être ressentie comme moralement injuste, en lien avec de la malveillance. Dans une étude interculturelle portant sur 39 pays répartis à travers le monde, nous avons démontré que certains types d'attribution dépendaient de facteurs culturels (SCHERER 1997). Il est apparu que les différences les plus importantes et les plus constantes étaient associées à des évaluations portant sur l'immoralité, l'injustice et des attributions causales extérieures. Ainsi, les Africains (de différents pays) avaient-ils tendance, davantage que d'autres populations, à attribuer l'origine d'événements de vie négatifs à des agents extérieurs mal intentionnés ou injustes.

Des anthropologues (par exemple MARWICK 1965: 281, GRAY 1969) ont discuté de l'impact des croyances liées à la sorcellerie sur les liens entre moralité et explications causales. En somme, le fait d'avoir des croyances associées à la sorcellerie entraînerait une tendance à l'attribution externe, et ce particulièrement pour les événements négatifs tels que la maladie et le décès de proches (ANDERSON et KANYANA 1996). Même si ces croyances sont aujourd'hui en diminution en Afrique, il n'en reste pas moins que leur impact sur l'organisation des liens entre causalité, moralité et événement négatifs pourrait rester important dans les générations actuelles. En d'autres termes, même si les croyances sont sujettes à des modifications profondes, les biais d'évaluation pourraient persister en lien avec l'importance de ces systèmes de pensée sur l'organisation des liens sociaux. Cette illustration des liens entre croyances et biais d'évaluation (voir aussi DOUGLAS 1970, MIDDLETON 1989) est une démonstration de l'intérêt de l'approche interdisciplinaire de ces phénomènes, notamment par une collaboration entre psychologie, anthropologie, sociologie et histoire des religions.

Évidemment, l'attribution de la responsabilité des catastrophes à des esprits mal intentionnés (ELIADE 2002[1969]) génère des tendances à l'action et des réponses comportementales différentes de celles des cultures monothéistes où la colère de Dieu est perçue comme légitime, causée par la conduite répréhensible des humains.

La notion de biais d'évaluations cognitives est à cet égard un concept important permettant l'étude de l'émotion à différents niveaux, aussi bien au niveau neurologique que culturel. Ainsi des croyances monothéistes, polythéistes ou animistes induisent-elles des biais d'évaluations cognitives entraînant des tendances à l'attribution soit externe, soit interne et donc des réactions comportementales très différentes à des événements similaires (VAN REEKUM et SCHERER 1997, WRANIK et SCHERER, à paraître). L'exemple d'une croyance en un dieu juste et irréprochable pourrait induire des tendances à une sur-attribution interne en terme de responsabilité. Si un événement catastrophique intervient alors, c'est parce que les humains ont fait quelque chose de moralement répréhensible. Le lien existant entre l'ouragan Katrina et une punition de Dieu est éloquent: il démontre que croyances religieuses et représentations d'une catastrophe ont toujours encore partie liée dans nos sociétés modernes.

> «Alors que les prières affluent en faveur des victimes de l'ouragan Katrina, des chrétiens fondamentalistes américains ont formulé l'hypothèse que cette catastrophe naturelle a été voulue par Dieu pour signifier sa colère à un peuple pécheur. – Dans des communiqués diffusés aux médias et sur les sites de discussion du web, certains affirment en effet que l'ouragan était destiné à punir La Nouvelle Orléans, connue pour son Mardi gras et autres festivals païens. – Autre théorie sur l'ouragan, qui a peut-être fait des milliers de morts en Louisiane et dans le Mississipi: c'est une réponse vengeresse au soutien apporté par Washington à l'évacuation forcée des colons juifs de la bande de Gaza.»[8]

Au Vietnam (LE OC MACH 1981), des fragments de mythologie lunaire et solaire (tirés de légendes de différentes localités) présentent Lune et Soleil comme deux sœurs, qui auraient un ours comme époux commun. Les éclipses sont interprétées comme les rapports sexuels établis entre l'ours et une de ses épouses. L'éclipse constitue un présage néfaste annonçant la disette et la destruction des récoltes. Les gens essaient de séparer l'ours de ses épouses en faisant résonner des gongs, des tambours et en frappant des mortiers à riz avec des pilons. Ces manifestations de danse et de tapage à l'arrivée d'une éclipse se retrouvent aussi sur le continent américain

---

8. *L'Express*, 3 septembre 2005.

(Lévi-Strauss 1964). Un phénomène tout à fait naturel se trouve ainsi associé à un mythe selon lequel l'action des humains (ici séparer l'ours de ses épouses) va pouvoir modifier le cours des événements et conférer aux hommes un semblant de contrôle de la situation.

Dans les mondes anciens, la punition divine est l'explication la plus employée dans les narrations du Déluge. Dans le récit biblique, c'est la méchanceté des hommes qui provoque la colère de Dieu:

> «Yahvé vit que la méchanceté de l'homme était grande sur la terre et que son cœur ne formait que de mauvais desseins à longueur de journée. Yahvé se repentit d'avoir fait l'homme sur terre.»[9]

Ovide rapporte pourquoi les eaux vont submerger la terre:

> «Mais cette race méprisa les dieux; elle fut, entre toutes, avide des horreurs du carnage et ne respira que la violence; on reconnaissait qu'elle avait été créée avec du sang.»[10]

Jupiter n'en peut plus et voici ce qu'il observe en descendant sur terre:

> «Je descends des hauteurs de l'Olympe et, après avoir déguisé ma divinité sous la figure humaine, je me mets à parcourir la terre. Il serait trop long d'énumérer

---

9. *Genèse*, 6, 5-6.
10. *Métamorphoses*, I, vers 160 et suiv.

les crimes que je rencontrai partout; la renommée était encore au-dessous de la vérité.»[11]

D'autres exemples de catastrophes se retrouvent dans la littérature mondiale. Certains événements historiques, comme la chute de telle ou telle ville (Akkad, Sumer, Ur), ont donné lieu à un véritable genre littéraire sumérien: les lamentations sur les villes. Tous les dieux quittent peu à peu la ville en question qui, laissée sans protection, est dévastée par les ennemis.

«Elle quitta la ville pour se rendre vers son ancienne résidence. Telle quelqu'un abandonnant une jeune femme dans son appartement, la splendide Inana abandonna le sanctuaire Agadé. Telle un guerrier se hâtant vers les armes, elle jeta hors de la ville batailles et combats et les remit à des hommes ennemis.»[12]

Platon raconte comment l'Atlantide, jadis si vertueuse, disparut sous les eaux à la suite de nombreux tremblements de terre. Poséidon, dieu des mers, avait hérité de l'île de l'Atlantide lors du partage du monde entre les dieux. Il y installa les enfants qu'il avait eus d'une mortelle. Cependant, la part divine en eux s'altéra par son fréquent mélange avec des éléments mortels, tant et si bien que le caractère humain prit le dessus et que les habitants de l'île se comportèrent de manière indécente. Alors, Zeus résolut de les châtier pour les rendre plus sages[13]. La suite est rapportée dans le *Timée*:

---

11. *Ibid.*, vers 212-215.
12. *Malédiction d'Akkad*, vers 60-65.
13. *Critias*, 112d-113d.

«Mais, dans le temps qui suivit, il y eut des tremblements de terre effroyables et des cataclysmes. Dans
l'espace d'un seul jour et d'une nuit terribles, toute
votre armée fut engloutie d'un seul coup sous la terre,
et de même l'île Atlantide s'abîma dans la mer et disparut. Voilà pourquoi, aujourd'hui encore, cet Océan
de là-bas est difficile et inexplorable, par l'obstacle
des fonds vaseux et très bas que l'île, en s'engloutis-
sant, a déposés.»[14]

Les différents exemples développés ci-dessus montrent de manière claire que l'étude scientifique des réponses émotionnelles en lien avec des catastrophes naturelles
ne saurait se passer d'une approche interdisciplinaire.
Tandis que les mécanismes émotionnels et leurs subs-
trats biologiques, particulièrement cérébraux, sont d'un
intérêt majeur pour la compréhension de l'organisation
de la genèse d'une émotion aussi bien que pour les réponses corporelles lors des processus émotionnels, l'intégration des croyances individuelles et du contexte social
et culturel sont également essentiels à la compréhension
intégrée de tels phénomènes. Tous ces niveaux d'analyses doivent être pris en compte pour améliorer notre
compréhension des phénomènes interagissant dans les
processus émotionnels.

---

14. *Timée*, 25a-26b.

Références

ADAMS John S.
1965   «Inequity in social exchange». *In:* Leonard
            Berkowitz (ed.), *Advances in Experimental Social
            Psychology 2*, New York: 267-299.

ANDERSON Marie-Noëlle et Mutombo KANYANA
1996   *Derrière les «gris-gris», un univers africain divin*
            (Behind the charm - an African universe of gods).
            Regards africains, 38: 20-22.

ARNOLD Magda B.
1960   *Emotion and Personality: Vol.1 Psychological aspects.*
            New York: Columbia University Press.

ARTS Wil and Robert VAN DER VEEN
1992   «Sociological approaches to distributive and proce-
            dural justice». *In:* Klaus R. Scherer (ed.), *Justice:
            The state of the art in theory and research.*
            Cambridge: Cambridge University Press.

BARON Robert A.
1977   *Human aggression.* New York: Plenum.

COHEN Ronald L.
1979   «On the distinction between individual deserving
            and distributive justice». *Journal of the Theory of
            Social Behaviour*, 9:167-185.

DOUGLAS Mary
1970   *Witchcraft: confessions and accusations.* London &
            New York: Tavistock Publ.

ELIADE Mircea
2002 [1969] *Le mythe de l'éternel retour: archétypes et répétition*,
            (édition revue et augmentée). Paris: Gallimard.

ELLSWORTH Phoebe C. and Klaus R. SCHERER
2003   «Appraisal processes in emotion». *In:* Richard J.
            Davidson, Klaus R. Scherer et H. Hill Goldsmith
            (eds), *Handbook of the Affective Sciences.* New York
            and Oxford: Oxford University Press: 572-595.

FISKE Susan T. and Shelley E. TAYLOR
1984   *Social cognition.* New York: Random House.

FRIJDA Nico H.
1986   *The emotions.* Cambridge, UK: Cambridge
            University Press.

GOULDNER Alvin W.
1960   «The norm of reciprocity: A preliminary statement».
            American Sociological Review, 25: 161-178.

GRANDJEAN Didier
2005   *Étude électrophysiologique des processus cognitifs
            dans la genèse de l'émotion.* Thèse (No 357).
            Université de Genève.

GRAY Robert F.
1969   «Some structural aspects of Mbugwe witchcraft».
            In: John Middleton et Edward H. Winter (eds),
            Witchcraft and sorcery in East Africa. London:
            Routledge & Kegan Paul: 143-174.

HARVEY John H., William J. ICKES
and Robert F.KIDD
1976   *New directions in attribution research* (vol 1).
            Hillsdale, NJ: Erlbaum.

1978   *New directions in attribution research* (vol 2).
            Hillsdale, NJ: Erlbaum.

1981   *New directions in attribution research* (vol 3).
            Hillsdale, NJ: Erlbaum.

HEIDER Fritz
1944   «Social perception and phenomenal causality».
            Psychological Review, 51: 358-74.

HEWSTONE Miles
1983   *Attribution theory: social and functional extensions.*
            Oxford: Blackwell.
HOMANS George C.
1961   *Social Behavior: its Elementary Forms.* New York:
            Harcourt Brace.

LAZARUS Richard S.
1966   *Psychological stress and coping process.* New York:
            McGraw Hill.

LE OC MACH Tu Chuong
1981   «Vietnam». *In:* Yves Bonnefoy, *Dictionnaire des
            mythologies et des religions des sociétés traditionnelles
            et du monde antique.* Paris: Flammarion: 202-208.

LÉVI-STRAUSS Claude
1964   *Le cru et le cuit, Mythologiques I.* Paris: Plon.

MARWICK Maxwell G.
1965   *Sorcery in its social setting: A study of the Northern
            Rhodesian Cêwa.* Manchester: Manchester
            University Press.

MAUSS Marcel
1950   *Sociologie et anthropologie.* Paris: PUF.

MICHOTTE Albert E.
1946   *La perception de la causalité.* Paris: Vrin. (Traduit
            en anglais: *The Perception of Causality.* London:
            Metheun 1963).

MIDDLETON John
1989   *Magic, witchcraft, and curing.* Austin: University of
            Texas Press.

MIKULA Gerold
1986   «The experience of injustice: Toward a better understanding of its phenomenology». *In:* Hans W. Bierhoff, Ronald L. Cohen et Jerald Greenberg (eds), *Justice in social relations.* New York: Plenum Press.

1987   «Exploring the experience of injustice». *In:* Gün R. Semin et Barbara Krahe (eds), *Perspectives on contemporary German social psychology.* London: Sage.

MIKULA Gerold, Bernhard PETRI and Norbert TANZER
1990   «What people regard as unjust: Types and structures of everyday experiences of injustice». *European Journal of Social Psychology*, 20: 133-149.

MIKULA Gerold, Klaus R. SCHERER
and Ursula ATHENSTAEDT
1998   «The role of injustice in the elicitation of differential emotional reactions». *Personality and Social Psychology Bulletin*, 24(7): 769-783.

PIAGET Jean
1927   *La causalité physique chez l'enfant.* Paris: Alcan.

ROSEMAN, Ira.J.
1984   «Cognitive determinants of emotion: A structural theory». *In:* Philip Shaver (ed.), *Review of personality and social psychology:* Vol. 5. *Emotions, relationships, and health.* Beverly Hills, CA: Sage: 11-36.

2001   «A model of appraisal in the emotion system: Integrating theory, research, and applications». *In:* Klaus R. Scherer, Angela Schorr and Tom Johnstone (eds), *Appraisal processes in emotion: Theory, methods, research.* Oxford, UK: Oxford University Press: 68-91.

RUDHARDT Jean
1981   *Du mythe, de la religion grecque et de la compréhension d'autrui.* Genève: Droz.

2006   *Les dieux, le féminin, le pouvoir: enquêtes d'un historien des religions.* Borgeaud Philippe et Vinciane Pirenne-Delforge (éds). Genève: Labor et Fides.

SANDER David, Didier GRANDJEAN and Klaus R. SCHERER
2005   «A systems approach to appraisal mechanisms in
            emotion». *Neural Networks*, 18(4): 317-352.

SCHERER Klaus R.
1984   «On the nature and function of emotion: A compo-
            nent process approach». *In:* Klaus R. Scherer et Paul
            Ekman (eds), *Approaches to emotion*. Hillsdale, NJ:
            Erlbaum: 293-317.

1992   «Issues in the study of justice». *In:* Klaus R. Scherer
            (ed.), *Justice: An interdisciplinary perspective.*
            Cambridge: Cambridge University Press: 1-15.

1997   «The role of culture in emotion-antecedent appraisal».
            Journal of Personality and Social Psychology, 73:
            902-922.

2001   «Appraisal considered as a process of multilevel
            sequential checking». *In:* Klaus R. Scherer, Angela
            Schorr and Tom Johnstone (eds), *Appraisal proces-
            ses in emotion: Theory, methods, research.*
            Oxford/New York: Oxford University Press: 92-120.
2005   «Unconscious processes in emotion: The bulk of the
            iceberg». *In:* Paula M. Niedenthal, Lisa Feldman-
            Barrett and Piotr Winkielman (eds), *The uncons-
            cious in emotion*. New York: Guilford: 312-334.

VAN REEKUM Carien and Klaus R. SCHERER
1997   «Levels of processing for emotion-antecedent
            appraisal». *In:* Gerald Matthews (ed.), *Cognitive
            Science Perspectives on Personality and Emotion.*
            Amsterdam: Elsevier Science: 259-300.

VUILLEUMIER Patrik
2005   «How brains beware: neural mechanisms of emotio-
            nal attention». *Trends in Cognitive Sciences*, 9(12),
            585-594.

WALSTER Elaine, G.William WALSTER
and Ellen M. BERSCHEID
1978   *Equity: Theory and research.* Boston: Allyn and
            Bacon.

WRANIK Tanja and Klaus R. SCHERER
À paraître   «The Dark Side of Optimism: Blaming Others for
            Failure?»

ASIE: LE PRAGMATISME FACE À L'IMPERMANENCE

Jérôme Ducor

De tous les continents, l'Asie est sans doute celui qui est le plus exposé aux catastrophes naturelles, puisqu'elle en réunit les deux principaux critères: la violence de l'événement et l'ampleur de l'impact sur les populations.

Les risques naturels y sont multipliés, notamment, par la fréquence des séismes dus à l'activité tellurique et volcanique. Le continent asiatique connaît en effet plusieurs zones sismiquement instables en bord de mer ou d'océan (Japon, Indonésie), et même à l'intérieur des terres (Chine, Mongolie), ainsi que de nombreux volcans. L'Indonésie et le Japon en comptent cent soixante-quatre, ce qui explique que ces deux pays totalisent à eux seuls 70% des victimes d'éruptions au cours des trois derniers siècles. À cela s'ajoute le risque annuel des typhons, ou cyclones tropicaux, ainsi que des précipitations des moussons.

En outre, l'impact des catastrophes est accru en Asie proportionnellement à la concentration de la population dans quelques-unes des plus grandes mégapoles de la planète, soit plus de 20 millions d'habitants à Tôkyô, Pékin et Shanghai; et plus de 10 millions à Bombay, Calcutta, Madras, Séoul, Ôsaka et Djakarta.

L'actualité récente n'a certes pas manqué de nous rappeler la brutale réalité de ces quelques données. Mais les phénomènes catastrophiques sont évidemment connus en Asie depuis la nuit des temps et ils se sont naturellement inscrits dans ses représentations culturelles traditionnelles, mais avec une précision qui ne trouve sans doute pas d'équivalent en Occident. Ce sont ces représentations qui peuvent expliquer le comportement parfois étonnant des populations asiatiques face à des catastrophes particulièrement tragiques.

Au préalable, et pour en rester aux généralités, il convient de se rappeler que les cultures d'Asie partagent une conception non pas linéaire mais essentiellement cyclique du temps, aussi bien à l'échelle de l'univers qu'à celle de l'homme (réincarnation ou renaissance). La plupart des mythes asiatiques sur la création de l'univers s'accompagnent du récit de sa future destruction, suivie de sa re-création, en plusieurs étapes partielles ou complètes. Ces cycles s'opèrent selon une chronologie complexe, qui se découpe en de nombreuses phases; mais l'une d'elles se révèle plus particulièrement importante, puisque c'est celle dans laquelle se trouve actuellement l'humanité: la phase de la décadence de l'univers, qui reçoit le nom de *kaliyuga*, «âge néfaste», dans le brahmanisme et de *pascimadharma* dans le bouddhisme. Ces deux traditions caractérisent cette décadence de manière similaire par le bouleversement du cycle naturel des saisons, qui entraîne maladies et famines avant l'embrasement final qui détruit le cosmos tout entier.

Cependant, l'interprétation plus spécifiquement bouddhique de ce phénomène mérite d'être relevée, parce qu'elle a durablement marqué une part très importante des populations de l'Asie au cours des siècles, depuis l'Inde jusqu'à l'Extrême-Orient en passant par l'Himalaya. Le *pascimadharma* signifie littéralement «Loi finissante», parce que l'involution de l'univers va de pair avec la décadence du bouddhisme, ce dernier étant sans doute la seule des religions mondiales qui prévoie sa propre disparition, par l'application à elle-même du principe de l'impermanence universelle. Cette période de décadence est décrite comme étant d'abord une dégénérescence globale de la période cosmique, qui s'achève par le fer (les guerres), la maladie et la famine. Les textes fournissent une chronologie précise de ce processus, que l'on cherchera tout naturellement à identifier avec les événements majeurs de l'Histoire. Férue de datation précise – au contraire de l'Inde – la Chine fixe à 1051 ap. J.-C. le début de la période de la Loi finissante, et cette date marquera profondément les esprits, jusqu'au Japon. Car cet archipel particulièrement exposé aux risques naturels connaîtra précisément au XIIe siècle une série de calamités qui seront reconnues comme autant de signes avant-coureurs de la catastrophe finale, d'autant qu'elles s'accompagneront de conflits militaires intérieurs particulièrement virulents, notamment celui entre les clans des Taira et des Minamoto. La littérature de l'époque nous rapporte en détail les scènes effroyables des incendies, famines et autres tremblements de terre qui ravagèrent la capitale Kyôto dans les années 1180 et firent plusieurs dizaines de milliers de victimes. Cependant, la même littérature intègre ces événements tragiques dans la perspective plus large de l'impermanence (mot qui n'existe pas en français!), pour recadrer l'irruption de la catastrophe dans une pensée permettant de réduire autant que faire se peut l'intrusion du désordre dans une société particulièrement structurée.

Ce procédé est mis en évidence dans l'une des toutes premières histoires raisonnées et politiques du Japon, le *Gukanshô*, composé par Jien en 1219. Ce dernier y combine la chronologie cyclique du bouddhisme et sa période de la Loi finissante (en japonais *mappô*) avec la continuité de la lignée impériale, qui, selon la tradition shintô, descend directement de la déesse du Soleil (Amaterasu) jusqu'à nos jours; car l'Asie en général et le Japon en particulier ne se privent pas de fusionner des systèmes différents, selon le principe que tout ce qui peut expliquer la réalité ne peut forcément que se compléter. Ce faisant, Jien réussit une sorte de quadrature du cercle. En effet, selon le bouddhisme, l'univers est le produit du *karma* (actes) des êtres, lequel est sans commencement, tout en proposant une voie pour s'en délivrer finalement; alors que la cosmogonie du shintô s'appuie sur une création unique de la terre issue du couple divin Izanagi et Izanami et ne se soucie guère de téléologie. Le *Gukanshô* de Jien relève aussi à quel point le système japonais diffère de celui de son grand voisin continental, la Chine. En effet, l'Empire du Milieu se fonde sur une vision ternaire ciel-homme-terre, dans laquelle l'intermédiaire entre le genre humain et le Ciel est exercé par l'empereur, ou «Fils du Ciel» (*tianzi*); mais, au contraire du Japon, la Chine n'a pas connu de succession impériale continue, qui aurait supposé une dynastie unique et ininterrompue. C'est la seule supériorité de leur force militaire (*baye*) qui a permis l'accession au trône de dynasties successives extrêmement diverses, puisque certaines n'étaient pas même d'origine chinoise, comme les Mongols de la dynastie Yuan (1277-1367) ou les Mandchous de la dynastie Qing (1644-1911). Et si l'empereur passait pour occuper sa place en vertu d'un mandat du Ciel (*tianming*), il ne s'agissait que d'une légitimation rétroactive entérinant un état de fait, de même que la chute d'une dynastie s'expliquait comme un retrait de ce mandat céleste. Or, depuis les Han au moins (env. IIe s. av. J.-C.), la personne de l'empereur est associée en Chine au dragon, cet animal mythique et souterrain dont les mouvements seraient la cause des tremblements de terre selon les conceptions chinoises. Et l'on ne s'étonnera donc pas outre mesure que le séisme de Tangshan (Richter 8,2), qui fit plusieurs centaine de milliers de morts en juillet 1976, fut interprété par la sagesse populaire comme un signe annonciateur de la mort de cet empereur de la Chine contemporaine que fut Mao Zedong, dont le décès survint moins de deux mois après la terrible catastrophe.

Dans la tradition asiatique, le tremblement de terre se distingue d'ailleurs des autres catastrophes naturelles dans la mesure où on ne lui connaît aucune riposte possible. Au contraire, en cas de sécheresse entraînant famine, le tantrisme fournit des rituels permettant de faire tomber la pluie, par exemple en invoquant Mahâ-Mayûrî montée sur son paon, comme cela se fit plusieurs fois avec succès dans le Japon médiéval. Même des catastrophes extérieures, comme les tentatives d'invasion de l'archipel par la flotte mongole (1274 et 1281), ont pu être repoussées en invoquant, notamment, le dieu du nord Vaishravana, avec pour effet de produire un ouragan divin (*kami kaze*) et salvateur, qui ne se renouvela pourtant pas lors de rituels similaires encore célébrés vers la fin de la Seconde Guerre mondiale. Mais le tremblement de terre ne se laisse pas conjurer. Certes, le Japon du XVIIIe s. a vu se multiplier des estampes figurant le silure (*namazu*) qui joue dans les séismes nippons le rôle du dragon chinois; mais, plus que des ex-voto, ces images étaient souvent des satires raillant le dieu shintô Kashima censé surveiller le dangereux poisson. Bref, on constate un certain pragmatisme face à l'inéluctabilité des séismes, peut-être en raison de l'invisibilité de leur menace qui les distingue des autres catastrophes naturelles.

Au Japon, le développement de la bourgeoisie urbaine et l'approfondissement des sciences naturelles au cours des XVIIe et XVIIIe siècles entraînèrent une relativisation évidente de la notion bouddhique de la Loi finissante, mais non pas celle de l'impermanence que trop de catastrophes suffisaient à rappeler, notamment les grands incendies à répétition, comme ceux d'Edo (le futur Tôkyô) en 1657 ou de Kyôto en 1788, jusqu'au séisme de 1923 qui fit plus de 140'000 morts à Tôkyô (Richter 7,9). La constante de ces catastrophes, outre leur ampleur, qu'expliquait en partie le manque de prévention, réside non pas dans la résignation qui aurait pu en découler, mais dans l'effort de reconstruction qui s'en est à chaque fois suivi, une caractéristique qui s'explique par le resserrement de la hiérarchie socio-urbaine, allant de la famille à la municipalité, en passant par l'îlot et le quartier, selon un principe qui remonte à la vieille éthique confucianiste de la réciprocité des devoirs. Cette réaction caractéristique se retrouve à la suite des destructions massives des villes industrielles japonaises par les Alliés lors de la Seconde Guerre mondiale; et, plus près de nous encore, lors du séisme survenu non pas à Tôkyô – comme l'on s'y attend encore aujourd'hui – mais dans la région imprévue de Kobe (Hanshin-Awaji), en janvier 1995 (Richter 7,2). Selon les chiffres officiels, ce dernier a entraîné la destruction complète de 67'000 bâtiments de toutes sortes; mais les 599 refuges créés pour accueillir plus de 200'000 sans-abri ont pu fermer sept mois plus tard, tandis que le déblaiement complet ne fut achevé qu'en 1998. La catastrophe a aussi révélé de nouvelles donnes, notamment le fait que près de 60% des 4500 morts étaient âgés de plus de 60 ans. Mais, un autre fait intéressant est à relever sur le plan humain. En effet, des équipes psychiatriques s'étaient mobilisées pour répondre aux manifestations du désordre du stress posttraumatique (PTSD) des victimes survivantes. Or cette aide ne fut quasiment pas sollicitée, le travail de résilience s'amorçant directement entre les victimes et les quelque 1,5 million de volontaires – principalement des étudiants et des collégiens – venus prêter main-forte sur le terrain en accourant de tout le Japon. Cet exemple de solidarité horizontale, dépourvue d'organisation et indépendante de la structure officielle verticale, donne à réfléchir. Dans quelle mesure, en effet, un tel mouvement spontané et imprévu pourrait-il être intégré dans un plan de secours validé à l'avance? Et dans quelle mesure pourrait-il se reproduire dans une société moins homogène que celle du Japon? L'actualité de ces questions se vérifie si on les applique au séisme de Sumatra de décembre 2004 (Richter 9,0) avec la vague de fond (en japonais *tsunami*) qui s'en est suivie.

La catastrophe naturelle peut se définir, selon une formule de l'UNESCO, comme «une faille importante dans la viabilité et une rupture dans le progrès socio-économique.» On peut aussi résumer sa caractéristique principale à celle du *désordre* qu'elle engendre au sein d'une communauté. Cette notion fondamentale est bien illustrée par la confusion qui peut régner dans le vocabulaire utilisé pour désigner les catastrophes. En français même, les mots ne manquent pas et sont souvent confondus, au point que des expressions comme *catastrophe*, *cataclysme* ou *désastre* sont utilisées les uns pour les autres, sans plus de discernement. Le mot chinois le plus proche de *catastrophe* est peut-être *zai*, un pictogramme qui combine éloquemment la rivière et le feu. On en tire différents composés, comme *zainan* ou son quasi-synonyme *zaihai*, proche du français *sinistre*, ou *zaihuo*, littéralement «malheur calamiteux», qui rend une notion d'infortune que l'on retrouve dans le mot *désastre*.

Quoi qu'il en soit, la notion si évidente de désordre impliquée par la catastrophe se retrouve pleinement manifestée dans cette catastrophe individuelle qu'est la mort. Et ce sera précisément la fonction des rites funéraires que de remettre de l'ordre dans un groupe social donné en assignant une place nouvelle au défunt, y compris dans sa réalité la plus bouleversante: celle de son cadavre. Il n'est donc pas étonnant que les funérailles seront d'autant plus précises et élaborées que les liens du groupe social seront plus structurés et resserrés. L'Asie demeure exemplaire à cet égard, car jamais les rites funéraires y ont été relativisés comme dans l'Occident contemporain, même sous le régime athée de la Chine communiste – fidèle aux usages confucianistes – ou dans la société hyperconsommatrice du Japon industriel – qui reste attachée aux rites bouddhiques. Le respect des usages funéraires traditionnels dans la disposition des cadavres d'une catastrophe naturelle, et ce malgré leur nombre, contribuera donc à résorber le désordre créé par cette dernière, tandis que des politiques de reconstruction particulièrement volontaires permettront d'achever cette remise en ordre à l'échelle globale.

En résumé, on constate que l'Asie perçoit la catastrophe naturelle pour ce qu'elle est, c'est-à-dire *naturelle*. Par la force des choses, elle l'a intégrée au cours des siècles dans sa culture la plus fondamentale comme un partenaire obligé, ce qu'elle a pu faire grâce aux puissants ressorts de sa philosophie, de ses religions, de ses rites, voire de son esthétique, qui reconnaissent à la nature une identité propre, qu'il convient de respecter. En somme, c'est la reconnaissance lucide de l'impermanence universelle comme composante inéluctable de la nature qui lui inspire son comportement face à l'irruption inopinée des débordements les plus violents de cette dernière.

Mais aux catastrophes naturelles découlant de risques naturels s'ajoutent aujourd'hui des catastrophes *artificielles*, c'est-à-dire d'origine humaine, dont les conséquences sur la nature et les hommes ne sont pas moins dramatiques. Il s'agit essentiellement de pollutions de type industriel, dont celle de Bhopal (1984) demeure la plus emblématique. Ce phénomène relativement nouveau se distingue de la catastrophe traditionnelle en ce que non seulement ses conséquences, mais aussi ses causes, sont de nature économique et politique. Et cette dernière dimension peut se révéler d'autant plus révoltante qu'elle va précisément à l'encontre des conceptions les plus fondamentales que l'Asie entretient vis-à-vis de la nature. Enfin, la problématique de la catastrophe artificielle se complique de par la mondialisation de l'économie et de la politique. On a là un défi nouveau et difficile, auquel sont dorénavant confrontés les programmes internationaux mis en place, comme la Stratégie internationale de prévention des catastrophes (SIPC) des Nations Unies, lesquels sont appelés à faire preuve de leur efficacité en tenant compte tant des réalités objectives que du facteur humain.

Références

AKOUN André (dir.)
1991   *L'Asie, Mythes et traditions* (Mythes et croyances du monde entier, vol. 4). Turnhout: Brepols.

BROWN Delmer M. and Ichirô ISHIDA
1979   *The Future and the Past, a translation and study of the Gukanshô, an interpretative history of Japan written in 1219*; Berkeley: University of California Press.

DUCOR Jérôme
1999   «Asie: la mort dans la vie, la vie dans la mort». *In: La mort à vivre. Petit manuel des rites mortuaires.* Genève: Musée d'ethnographie: 36-53.

NAOTAKA Shinfuku
2002   «Disaster mental health: lessons learned from the Hanshin Awaji earthquake». *World Psychiatry*, 1-3, October 2002: 158-159.

RENOU Louis; Jean FILLIOZAT et al.
1985   *L'Inde classique, manuel des études indiennes*, 2 vol.; T. I [1947], T. II [1953], réimp. Paris: Librairie d'Amérique et d'Orient, EFEO.

SCÉNARIO CATASTROPHE
PARTIE II

LES HEURES INTERROMPUES

Luc Debraine

«Per non dimenticare», pour ne pas oublier. Ces quelques mots ornent une plaque de verre fixée sur la façade de la gare de Bologne, non loin de l'entrée principale. Ils donnent du sens à la présence, juste au-dessus, d'une grande horloge aux aiguilles immobiles. Elle est figée sur 10h25, l'heure précise de l'attentat fasciste qui a coûté la vie à 85 personnes, le 2 août 1980. C'était un samedi matin, de nombreuses familles partaient en vacances. La charge a explosé dans la salle d'attente de la gare. La plus jeune des victimes avait 3 ans, la plus âgée 86.

Plus tard, en souvenir de la tragédie, les autorités de la ville ont installé en face de la gare une grande sculpture commémorative. Mais, comme si ce geste mémoriel ne suffisait pas, ou qu'il manquait de pouvoir de suggestion, les autorités ont aussi voulu conserver l'une des horloges ferroviaires qui avaient été stoppées par le souffle de la bombe. Quelques années plus tard, des voix se sont élevées pour que la pendule fût réparée, et l'heure relancée, pour signifier que la vie devait continuer. La discussion a été âpre. Mais la force de conviction de l'horloge cassée l'a emporté.

Car le symbole est simple, fort, doté d'un étrange pouvoir d'émotion, surtout si l'on pense à son origine mécanique, assemblage inanimé de rouages, de cadran et d'aiguilles, machine bornée conçue pour tourner en rond. Or tout se passe comme si, une fois pétrifié sur une heure cruciale, l'objet inanimé se dotait d'une âme. Comme si le mouvement suspendu actionnait une autre dynamique, plus intérieure, plus subjective, presque métaphysique, à même de solliciter la mémoire aussi sûrement qu'une madeleine, des pavés inégaux ou une petite sonnette, pour citer la grande œuvre du spécialiste du temps perdu, puis retrouvé.

Il existe d'autres horloges, pendules ou montres qui se sont arrêtées sous le coup d'un événement brutal, qu'il s'agisse d'une guerre, d'une tempête, d'un raz-de-marée, d'un attentat ou d'un accident. Ce sont, par exemple, les garde-temps fondus par l'explosion atomique d'Hiroshima, le 6 août 1945 à 8h15, ou à Nagasaki, le 9 août 1945 à 11h02. Les montres de poche des passagers du Titanic, bloquées par les eaux glaciales de l'Atlantique dans la nuit du 14 au 15 avril 1912. Les horloges dévastées par les attentats terroristes à New York et au Pentagone, le 11 septembre 2001. La montre en titane d'un passager de métro qui a survécu de justesse aux attentats de Londres le 7 juillet 2005 à 8h47. Ce sont des objets rares, essaimés dans le monde entier, conservés sur place, comme à Bologne, ou dans des musées, des centres de la mémoire, ou chez des particuliers.

Ces garde-temps littéraux, qui protègent comme des sentinelles une heure essentielle, sont chargés de mémoire, si chargés que ce dernier terme en prend un sens quasi électronique, celui d'un dispositif amené à fournir de l'énergie. Il faut, dans les musées ou institutions qui les abritent, voir la fascination que ces pièces d'horlogerie exercent sur les visiteurs. Les écoliers qui, aimantés, s'agglutinent autour des vitrines des montres dans le Musée pour la Paix à Hiroshima. Ces vitrines sont placées près du seuil de l'institution mémorielle, pour donner le ton sans tarder, pour d'entrée de cause, aller à l'essentiel. Les visiteurs qui s'immobilisent, eux aussi, devant une petite horloge tordue dans le Musée maritime de Halifax, en Nouvelle-Écosse; la mécanique paralysée dit l'heure exacte de l'explosion qui a rasé le port de la ville canadienne, le 6 décembre 1917 à 9h05. La catastrophe a été causée par un navire chargé de dynamite destinée aux Alliés et qui a heurté un autre bateau.

Un gardien du Mémorial d'Oradour-sur-Glane, dans le sud-ouest de la France, relève que la présentation qui marque le plus les visiteurs est celle de deux petites vitrines plongées dans l'ombre d'une crypte. Elles protègent les montres des habitants sacrifiés par les Nazis, le 10 juin 1944. «Ces montres indiquent les dernières heures des hommes», indique un carton disposé dans les vitrines, pour expliquer pourquoi les mécaniques mortes oscillent toutes entre 16h et 17h, moment de l'incendie des granges dans lesquelles les hommes du village martyr avaient été entassés. «Ces montres sont les témoignages du massacre dont les visiteurs se souviennent le plus longtemps», affirme le gardien.

Les Nazis avaient pourtant tout entrepris pour effacer les traces de la tuerie. Seuls 10% des cadavres ont d'ailleurs pu être identifiés. Le commandant SS Heinz Barth, qui avait voulu effacer la mémoire de la barbarie, a, par une triste ironie, déclaré lors de son procès longtemps après la guerre, ne se souvenir de rien. Les bourreaux s'accommodent toujours de l'oubli. Les victimes, elles, n'ont d'autre recours posthume que la mémoire. Vladimir JANKÉLÉVITCH l'a noté à sa manière: «Les déportés, les massacrés n'ont plus que nous pour penser à eux. Ces morts dépendent de notre fidélité» (1986: 60). Cette pensée se précipite parfois sur des reliques, leur donnant une patine supplémentaire, comme un dépôt de sens qui leur ferait habituellement défaut.

Il arrive que le cours des horloges soit délibérément interrompu, pour en quelque sorte marquer le coup, que celui-ci soit politique ou guerrier. L'horloge de la porte principale du camp de concentration de Buchenwald a été arrêtée le 11 avril 1945 à 15h15, l'heure précise de la libération du Konzentrationslager. Elle n'a plus bougé depuis 61 ans, en souvenir du geste libérateur qui a mis fin à l'horreur sur les hauteurs de Weimar, la ville de Goethe et de Schiller. C'est aussi, auparavant, la petite horloge de la salle à manger du Palais d'hiver, à Saint-Pétersbourg, stoppée le 7 novembre 1917 à 2h10, au moment même de l'arrestation du gouvernement provisoire par les Bolcheviks.

C'est encore la fausse horloge qui décore les ruines d'un pont sur le fleuve Yalu, non loin de Dandong à la frontière sino-coréenne. Elle est symboliquement fixée sur 15h38 le 25 juin 1950, jour de l'arrivée de l'Armée populaire en Corée pour sauver ses habitants des attaques américaines. Arrêter le temps, c'est arrêter le cours d'une histoire, parfois au profit d'une autre qui commence.

Lestée d'une lourde charge métaphorique, forte du signe évident qu'elle adresse à quiconque pose ses yeux sur elle, l'horloge cassée en impose, comme une stèle, ou un talisman qui protège de l'oubli. Les conserver en lieu sûr relève d'un geste naturel, comme celui des employés de l'entrepôt de bus voisin de l'ex-usine AZF, à Toulouse. Leur bâtiment anéanti par l'explosion du 21 septembre 2001, ils ont voulu conserver une des grandes horloges du dépôt de bus, sidérée à 10h17.

Et tant pis si l'aiguille des minutes a bougé durant le déplacement du pesant mouvement horloger vers un local d'entretien. L'important est que le garde-temps atteste de la catastrophe accidentelle, qui a tué 30 personnes et en a blessé 2500 autres, dont de nombreux employés de la compagnie toulousaine de transport. Ne pas oublier.

En savoir davantage, aussi. Le premier sous-marin utilisé pour une attaque militaire était le Hunley. Lors du siège de Charleston par les troupes nordistes, pendant la guerre de Sécession, l'engin confédéré avait reçu la mission de percer le blocus imposé au port par les navires de l'Union. L'équipage du Hunley a réussi à dynamiter un bateau fédéral et à le couler, mais le submersible a lui-même sombré au fond de l'eau au retour de l'expédition, le 17 février 1864 vers 20h45.

Retrouvée, puis récupérée il y a quelques années, l'épave du Hunley contenait toujours les restes des membres de l'équipage sudiste, ainsi que leurs effets personnels. Parmi eux, la montre en or du commandant du submersible, George Dixon. L'examen attentif de la montre de gousset a permis de confirmer l'heure approximative de l'échouage, lorsque le Hunley s'est rempli d'eau, et d'en connaître un peu plus sur les origines et le train de vie du lieutenant Dixon, l'inconnu qui a mené la première attaque sous-marine de l'histoire.

En savoir toujours plus. Une équipe du Centre des ouragans de l'Université de Louisiane a tiré parti des innombrables horloges qui se sont arrêtées dans les maisons de La Nouvelle-Orléans, lorsque les digues qui étaient supposées protéger la ville se sont brisées après le passage dévastateur de Katrina, fin août 2005. Les enquêteurs n'ont longtemps pas su où et quand les digues avaient cédé. Pour résoudre l'énigme, ils ont entrepris de récolter toutes les horloges, montres, pendules ou réveils arrêtés dans les maisons qui avaient été inondées. Pour la plupart électriques, ces mouvements avaient immédiatement stoppé leur course au contact de l'eau salée. De même, les pendules des vieilles horloges s'étaient immobilisés une fois submergés.

Les scientifiques ont consigné les heures données par une soixantaine de ces témoins silencieux du désastre. Les horloges de l'église Saint-Bernard se sont figées un matin à 6h30, alors que dans le quartier voisin du Ninth Ward, les garde-temps ont continué de battre leur cadence jusqu'à 7h30. Dans le centre-ville, aux alentours de la 17e rue, elles ne se sont arrêtées qu'à 10h15 du matin. Bref, en remontant le fil du temps, les enquêteurs ont remonté le cours des eaux folles. Ils ont pu ainsi déterminer le lieu et le moment précis de la première rupture de digue. L'horloge cassée a joué ici le rôle de témoin muet, mais néanmoins loquace, dans le cadre d'une analyse forensique inédite (Van Heerden 2006).

Ce témoin muet nous touche pour d'autres raisons, notamment l'analogie entre la fragile mécanique temporelle et nos propres mécaniques corporelles, tout aussi vulnérables, tout aussi soumises au temps. C'est ce qu'avait très bien compris Charlie Chaplin. Dans «Charlot brocanteur» (*The Pawnshop*, 1916), Charlot examine un vieux réveil cassé qu'un client lui apporte. Il ausculte le réveil avec un stéthoscope, lui prend le pouls, l'opère, retire des pièces qui se mettent à tressauter sur le comptoir, le tout devant le client de plus en plus livide, voire mourant au fur et à mesure qu'avance l'intervention chi-rurgico-horlogère. Dans le court métrage, le réveil et son malheureux propriétaire ne sont qu'un seul et même organisme détraqué.

«Jamais nous ne cesserons d'envisager le temps par rapport à notre corps», rappelle Tiphaine SAMOYAULT dans son essai *La montre cassée* (2004: 14). L'essayiste pour-suit: «De toutes les machines inventées par l'homme, l'horloge est en effet la plus organique sans doute: elle exprime ainsi l'organique en tant qu'il fonctionne et, de l'insuffisance de l'analogie, peut naître une réflexion sur l'organique en tant qu'il diffère de la machine. Mais ce qui est vrai lorsque la montre fonctionne – un corps en vie est bien autre chose qu'une machine – se compli-que lorsqu'elle ne fonctionne plus: un corps qui ne fonc-tionne plus est-il autre chose qu'une machine qui ne fonctionne plus?».

Dans son essai, Tiphaine Samoyault montre combien la montre cassée est une image récurrente dans la lit-térature et le cinéma. Baudelaire, Breton, Dickens, Kafka, Maupassant, Perec, Proust, Verne, Bergman ou Wells ont tous ressenti, un jour au l'autre, le besoin ne nouer leur récit avec cet oxymore vertigineux: le temps arrêté. Introduire une pendule, une montre, un réveil ou une horloge aux aiguilles bloquées dans un roman, un film ou une œuvre d'art revient à s'écarter du temps compté pour entrer dans un autre temps, moins fermé, plus ouvert, qui avance ou recule à sa manière, quitte à bon-dir en tous sens comme le Lièvre de Mars dans *Alice au Pays des merveilles*.

Tiphaine Samoyault cite d'ailleurs Lewis Carroll dans la première partie de son essai. Les horloges bizarres qui jalonnent les contes de l'écrivain britannique – certai-

nes marchent à l'envers, d'autres obéissent au bon vouloir de leur propriétaire – donnent bien sûr la mesure du
temps du rêve, de sa chronologie troublée et de ses inven-
tions visuelles ou langagières.

L'horloge cassée est souvent une scène-clé dans un
roman, comme dans le *Le Bruit et la Fureur* de William
Faulkner. Un personnage du livre se bat littéralement
avec sa montre, arrachant les aiguilles, fracassant le boî-
tier, pour tenter d'échapper à l'irrémédiable d'un temps
qui s'achève. La bagarre avait impressionné Jean-Paul
SARTRE, qui en avait simplement conclu: «Le malheur de
l'homme est d'être temporel» (1947: 66).

Le temps mort de la montre brisée est souvent relié
au temps de la mort. L'horloge immobile a quelque
chose du crâne qui figure dans maintes vanités et
memento mori picturaux des XVIe et XVIIe siècles: un
symbole de finitude, un rappel de notre condition éphé-
mère, du caractère transitoire de la vie humaine. Autant
s'y faire: *vulnerant omnes, ultima necat* («toutes les
heures blessent, la dernière tue»), comme l'indiquaient
les cadrans solaires, ces horloges de pierre. Une petite
montre abîmée du Mathematisch-Physikalischer Salon
de Dresde, fondé en 1728, ne montre pas autre chose.
Fabriquée à Strasbourg au XVIIe siècle, elle est logée
dans un crâne humain en métal qui s'ouvre pour découvrir l'heure. «Kriegsgeschädigt», précise la note qui
accompagne la petite montre du musée de Dresde.
Endommagée par la guerre.

Le sculpteur Arman aimait casser des horloges, dis-
séquer leurs rouages, les emprisonner dans le plexiglas
ou les accumuler comme dans «L'heure de tous», grande
tour de cadrans qui, pour être arrêtés, donnent chacun
une heure différente (cette sculpture de 1985 est judi-

cieusement installée devant une gare ferroviaire, celle de Saint-Lazare à Paris). Pour l'artiste français, détruire des objets revient à arrêter le temps (ARMAN 1968). D'ailleurs, toujours selon lui, le temps n'existe même pas. Il ne serait qu'une création de la mémoire.

Arman rejoint ici les conclusions de la physique contemporaine: la vraie nature du temps reste une énigme. Pour le physicien Etienne KLEIN (2003), il est possible que le temps n'existe pas. Ou qu'il y ait plusieurs catégories de temps. Peu importe. Cet étonnant phénomène continu, ce souffle caché au sein du monde ne se découvre jamais. Il avance masqué. On ne perçoit que ses effets, ses œuvres, ses avatars, comme la durée, sa production incessante de nouveaux instants. Il ne loge même pas dans les horloges. Même pas dans une horloge cassée? Celle-ci ne permettrait-elle pas de l'épingler comme un entomologiste épingle un papillon? La montre brisée n'autoriserait-elle pas cette absence au temps qui est la seule manière de savoir et de dire ce qu'il est, comme le suggère Tiphaine Samoyault?

Non, même pas, répond Etienne KLEIN: «Lorsqu'une horloge tombe en panne, ses aiguilles s'immobilisent sans empêcher le temps de continuer à s'écouler. L'arrêt du mouvement n'équivaut pas à l'arrêt du temps: un objet immobile est tout aussi temporel qu'un objet en mouvement» (2004: 21). Le temps de l'horloge cassée, c'est donc autre chose.

Mais quoi, bon sang? Peut-être la durée intérieure de Bergson, ce flux que le philosophe opposait au temps physique, universel et absolu. À moins qu'il s'agisse du temps long, non mécanique de la mémoire collective, du souvenir, de l'histoire. Ou ce temps malicieux repéré par Lewis Carroll, Raymond Queneau ou Woody Allen: une

horloge arrêtée donne deux fois par jour l'heure exacte!
Bref, à tourner en rond autour du cadran, on en vient à
s'écrier comme Pozzo dans *En attendant Godot*: «Vous
n'avez pas bientôt fini de m'empoisonner avec vos histoires de temps? C'est insensé! Quand! Quand!» (BECKETT
1952: 116).

Reste en espoir de cause à photographier ces horlo-
geries gelées, comme l'auteur de ce texte l'entreprend
ces temps, pour composer une fresque de ces témoins
aphasiques des séismes de l'histoire. Car il se passe une
chose étrange lorsqu'une montre cassée s'inscrit sur la
surface sensible d'une photographie. Deux mécaniques
a priori dissemblables, l'horlogerie et l'écriture lumi-
neuse, convergent l'une vers l'autre avant de tirer à la
même corde métaphorique. Toutes deux ont la capacité
de suspendre le temps et de solliciter le souvenir. Ces
deux boîtes noires, la première pleine d'engrenages grip-
pés, la seconde de lentilles, miroirs ou capteurs, ont
l'étonnante faculté de fixer la durée sur un point unique.
Un point que l'on aimerait croire absolu, mais qui n'est
que fragile.

Comme la montre cassée, la photo a un rapport avec
la mort: elle rend immobile tout sujet. Roland BARTHES
(1980) ajoutait que la photographie avait un génie: cap-
ter ce qui a été. Or le noème (pour parler comme le
sémiologue) de la photographie, le «ça a été», est le
même que l'horloge arrêtée. L'un et l'autre font revivre
ce qui n'est plus. Elles n'inventent rien, elles authenti-
fient. Elles donnent à voir autre chose qu'elles-mêmes.
Elles sont directes, évidentes, violentes, elles emplissent
de force la vue. Elles sont labiles, sujettes aux craquèle-
ments, ennemies de la poussière, des taches et des mala-
droits. Elles sont aussi un peu folles, hallucinées, frottées

de réel, toujours partagées entre «Ce n'est pas là» et «Mais cela a bien été». La photo a parfois un *punctum*, c'est-à-dire une piqûre, un détail poignant qui provoque l'émotion, le plaisir, la douleur. Le *punctum* de l'horloge arrêtée, ce sont bien sûr ses aiguilles immobiles, prêtes à darder la conscience, et à éloigner l'oubli qui rôde.

C'est ainsi: le temps énigmatique de la montre cassée ne se dit pas, ou très peu. Mais il se dévoile un rien lorsqu'on l'a sous les yeux, ou dans un autre instantané. Une fois encore, une image vaut mille mots.

Références

ARMAN
1968   Interview donnée à la National Public Radio aux
                États-Unis. www.aaa.si.edu/collections/oralhistories/
                transcripts/arman68.htm

BARTHES Roland
1980   *La chambre claire. Notes sur la photographie.* Paris:
                Gallimard-Seuil, Collection Cahiers du Cinéma.

BECKETT Samuel
1952   *En attendant Godot.* Paris: Éd. de Minuit.

JANKÉLÉVITCH Vladimir
1986   *L'Imprescriptible.* Paris: Le Seuil.

KLEIN Etienne
2003   *Les tactiques de Chronos.* Paris: Flammarion.

SAMOYAULT Tiphaine
2004   *La montre cassée.* Collection «Chaoïd». Lagrasse:
                Verdier.

SARTRE Jean-Paul
1947   «La temporalité chez Faulkner». *In: Situation I,
                Essais critiques.* Paris: Gallimard.

VAN HEERDEN Ivor
2005   *The Storm: What Went Wrong During Hurricane
                Katrina – The Inside Story From One Louisiana
                Scientist.* New York: Viking.

LES HEURES INTERROMPUES
INTERROMPUES
PORTFOLIO

Luc Debraine

Luc Debraine

DRESDE
BOMBARDEMENTS ALLIÉS

13 février 1945, dans la nuit

Propriété du Mathematisch-Physicalischer Salon dans le palais du prince électeur de Saxe, cette horloge de cocher de 1740 a été fondue par les bombes larguées du ciel.

爆投下 1945年(昭和20年)8月6日午前8時15
Atomic bombing 8:15 a.m., August 6, 1945

Luc Debraine

HIROSHIMA
BOMBE ATOMIQUE
6 août 1945, 8h15

Des écolières visitent le Musée pour la Paix, où sont conservées plusieurs montres et horloges arrêtées par la déflagration.

Luc Debraine

TOULOUSE
EXPLOSION
DE L'USINE AZF
21 septembre 2001, 10h17

Stoppée par la déflagration, une horloge d'un dépôt de bus a été conservée par les employés de la compagnie locale de transport.

Luc Debraine

SAN FRANCISCO
TREMBLEMENT DE TERRE

18 avril 1906, 5h14

Pendant le grand séisme, le régulateur d'un pub de la ville tombe à terre et s'immobilise. Remise au mur, l'horloge est depuis lors conservée telle quelle, en souvenir du désastre.

Luc Debraine

PARIS
GARE SAINT-LAZARE

Sculpture «L'heure de tous» d'Arman (1985)

Pour l'artiste français, accumuler ou figer des objets revient à arrêter le temps.

Luc Debraine

LA NOUVELLE-ORLÉANS
OURAGAN
ET INONDATION

30 août 2005, 2h02 ou 14h02

Des scientifiques de l'Université de Louisiane récoltent les heures des horloges arrêtées par l'eau de mer dans les maisons détruites. Autant d'indices qui leur permettent de reconstituer l'itinéraire de l'eau dévastatrice et de mieux localiser les endroits où les digues de la ville ont cédé.

Luc Debraine

LONDRES
ATTENTAT
7 juillet 2005, 8h49

La montre de Jean-Christophe Le Saux, un jeune Français qui se trouve dans le compartiment du métro où explose une bombe, est cassée net. L'une des aiguilles se fiche dans un coin du cadran.

RISQUES ET CATASTROPHES NATURELS: QUAND LES HISTORIENS S'EN MÊLENT!

Anne-Marie Granet-Abisset et René Favier

Depuis quelques années, l'observation des événements, comme le sentiment de les vivre, donne l'impression d'assister à un renouveau des catastrophes naturelles. Plus exactement, leur menace plane de manière plus pressante, en particulier celle d'épisodes nouveaux, dangereux, inédits et en même temps répétitifs, qui mettent en danger la vie des personnes et les biens. La réapparition et la prégnance de termes comme prévention ou protection, éducation ou culture du risque, montrent à quel point ces phénomènes sont maintenant au cœur de ce qu'on appelle, pour simplifier, la demande sociale. Et cet intérêt pour les risques naturels s'accompagne d'ailleurs de celui non moins préoccupant qui a trait au changement climatique, sans oublier la recherche de responsabilités dans une société traversée par le besoin de judiciariser les actes du quotidien comme tous ceux de la vie sociale. Ajoutons enfin le poids toujours plus marqué des assurances et des indemnisations (Favier, Pfister et Granet 2007).

Cette inquiétude face à des événements, dont on se demande s'ils ont existé avec une telle ampleur dans des périodes plus anciennes, explique en partie l'appel fait à l'histoire et aux historiens pour renseigner ces phénomènes. Jusqu'alors, ce thème entrait principalement dans le domaine de compétence des ingénieurs et des scientifiques des milieux naturels et physiques. Pour les sciences sociales, la légitimité sur ce champ était reconnue aux géographes, économistes, sociologues ou juristes, celle des historiens allant moins de soi. Généralement considérés comme des techniciens des archives et des lecteurs du passé, ils se voient surtout réserver le rôle de transcripteurs de faits avérés et de fournisseurs de preuves, chargés de dresser l'inventaire des événements[1] des siècles écoulés. Cette demande est toujours conçue comme un moyen de permettre aux spécialistes d'appréhender les événements anciens et de prendre en compte les fameux phénomènes de retour, pour bâtir une politique d'aménagement des territoires et prendre les mesures de prévention et de protection qui s'imposent.

Les quelques historiens qui se sont engagés sur ce chantier (FAVIER et GRANET 2000, DESPLAT 1995, PFISTER 2002, QUENET 2005) l'ont d'emblée inscrit dans leur démarche et leurs problématiques historiennes. Parler de catastrophes ou de risques naturels, c'est bien sûr évoquer des événements liés à des phénomènes physiques (avalanches, glissements de terrains, inondations, séismes ou chutes de blocs...), mais c'est surtout les considérer dans leur interférence avec les sociétés humaines. Bien au-delà de l'établissement de la seule chronologie

---

1. Nous empruntons aux scientifiques et aux ingénieurs le terme d'événement pour évoquer tout phénomène qui advient un jour précis et qui donne lieu à inventaire.

des événements, pourtant indispensable, les analyses de l'historien s'attachent à inscrire ceux-ci dans leur temps et dans leur contexte. Marquer l'importance du contexte, c'est exiger de replacer chaque événement, chaque situation dans sa spécificité temporelle et sociale, qui tient compte de la réalité économique, sociale, politique, scientifique et technique, mais aussi idéologique du moment et du lieu. C'est surtout rappeler que ceux qui parlent des catastrophes, les décrivent et les évaluent[2], le font en fonction de leur position sociale, professionnelle, économique, idéologique et des attendus qui président à leur position (GRANET-ABISSET 2000). Dans le cas des risques, c'est aussi intégrer les différentes attentes sociales en matière de protection, compte tenu des savoirs partagés et diffusés sur ces phénomènes, de la compréhension des responsabilités et de leur exercice. Cela comprend également la question des coûts de protection, celle de la prise en charge des destructions et des dégâts, de l'urgence à conduire une politique de gestion des risques, pour préserver, garantir et conserver. La durée aussi est essentielle, sans laquelle on en reste aux impressions que donnent l'immédiateté et l'originalité du présent, dont la manifestation la plus évidente est le fameux «de mémoire d'hommes nous n'avons jamais vu ça». Ce sont d'ailleurs les prismes récents qui peuvent laisser croire à une augmentation très particulière et très spécifique de ces phénomènes.

Pour ces analyses qui touchent, on le voit bien, à tous les aspects du fonctionnement social, les questions de

---

2. Et qui fournissent les discours ou les renseignements statistiques, matériau à partir duquel les historiens travaillent.

mémoire sont essentielles. C'est une entrée stimulante et incisive pour analyser les connaissances des différents groupes au sein d'une société donnée, à travers la compréhension qu'ils ont de ces phénomènes et, surtout, à travers la manière dont ceux-ci ont été gérés au cours du temps. C'est mieux comprendre les réactions des communautés face aux risques, déterminer comment et pourquoi une communauté retient ou oublie, transmet ou modifie le souvenir d'événements exceptionnels ou récurrents, voir quelles solutions ont été adoptées au fil du temps pour y faire face. C'est aussi saisir les évolutions dans la réalité et dans la perception des risques, par rapport à l'évolution générale de la société globale. À la réalité mesurable, il faut ajouter les représentations qu'en ont les populations, souvent exprimées en termes de danger: celui qu'on accepte, celui qu'on attend ou celui qu'on oublie et tous les intermédiaires pour qualifier ce qu'on peut appeler le temps menaçant. Comment vit-on avec la menace? Comment la gère-t-on? Qui la gère? Quels sont les comportements des différents acteurs confrontés à cette réalité? C'est aussi et surtout une façon de s'interroger au présent sur nos oublis collectifs de la menace ou, au contraire, sur l'instrumentalisation des risques à des fins de gestion du territoire.

C'est ce prisme de la mémoire qui conduit notre propos. Plus spécifiquement, il convient de saisir comment se construisent les mémoires selon les acteurs qui les portent ou les façonnent. Une telle analyse est au demeurant une belle entrée pour comprendre quels usages les sociétés plus anciennes ont fait de leur territoire et quels usages les sociétés d'aujourd'hui en font. Envisager sur la longue durée ce rapport aux risques et aux catastrophes naturelles fait ressortir un vrai paradoxe; les sociétés anciennes, habituellement associées aux notions de fatalité et de passivité, ont construit, par l'observation attentive et la pratique raisonnée de leur territoire, un vrai savoir transmis par la mémoire, individuelle et collective. À l'inverse, les sociétés contemporaines scientifiques et techniciennes, en médiatisant fortement les catastrophes – pour ne pas dire à l'excès –, tendent à construire l'oubli de ces phénomènes.

Les risques dans les sociétés anciennes, une pratique au quotidien

Rien ne serait plus faux que d'imaginer les populations des siècles passés toujours prises au dépourvu par les événements catastrophiques (FAVIER 2002 et 2006a et b). La référence à la mémoire de catastrophes anciennes conduisait sans doute en bien des cas à souligner – comme d'ailleurs à l'occasion de nombreuses catastrophes aujourd'hui – que, «de mémoire d'homme», un événement d'une telle ampleur n'était jamais arrivé. «Il n'y a mémoire d'homme quy se puisse souvenir de semblable», notait F. de Belleforest à propos de l'inondation lyonnaise de 1570. La crue de la Loire de janvier 1661, consécutive à une rupture des levées du fleuve, fut ainsi décrite comme la crue «la plus grande et la plus impétueuse qui ait esté vuë de mémoire d'hôme vivant; elle a produit des désordres dont aussi on n'a iamais ouï parler de semblable.» On pourrait, presque à l'infini répéter de tels témoignages.

On ne saurait se laisser abuser par ces innombrables affirmations du caractère exceptionnel des événements survenus. Celles-ci renvoyaient à la nécessité d'impressionner les lecteurs par le caractère apologétique du récit, ou les autorités dont on souhaitait solliciter des

aides matérielles. Si l'absence d'un événement comparable connu «de mémoire d'homme» était affirmée, c'était
souvent au sein de tout un ensemble de références à des
événements anciens qui servaient de points de repère.
En 1524, le secrétaire de la chambre des Comptes de
Dauphiné faisait ainsi le constat que «ladicte rivière
d'Isère est parvenue à telle hauteur qu'il n'est aucune
mémoire d'homme, ny dans les registres de la chambre
de nos comptes de nostre province, ny dans ceux de la
maison consulaire, qu'elle y fut jamais arrivée.» Au XVIIIe
siècle, de telles références à des événements anciens
étaient devenues courantes.

À Agen, l'inondation de la Garonne d'avril 1770 était
ainsi comparée à celle de 1712 : «Le souvenir de l'inondation du 11 juin 1712 ne s'effacera jamais; elle ne peut
cependant, sur ce qu'en disent les gens qui en furent les
témoins, entrer en aucune comparaison avec celle qui vient
de répandre la terreur, la désolation, la misère, la faim, la
mort et tous les autres genres de maux dans la ville et son
territoire». Le juge de La Réole confirmait les mêmes références: «Il y a environ 58 ans qu'il y eut deux débordements affreux, mais celui du 7 de ce mois est beaucoup
au-dessus, puisque d'après ce qu'on a veu dans les livres
de raison des gens qui ne sont plus, et par le rapport d'anciens qui existent, celui-ci a été plus fort de 4 pieds».

On peut légitimement s'interroger sur les conditions de
validation de cette mémoire des «anciens». Aucune information ne précise les conditions de sa collecte, ni quelle
fut la population interrogée. Il est ainsi permis de supposer que le souvenir d'un événement intervenu quelque 50
ans plus tôt était davantage le fruit de récits entendus que
la mémoire d'un événement vécu dans une enfance lointaine. Plus généralement, une telle collecte pose les ques-

tions communes des historiens de la mémoire sur l'oubli, l'occultation ou la transformation des événements passés. Ce recours aux «anciens» témoigne néanmoins de l'inscription de tels événements dans la mémoire collective, et d'une pratique ordinaire de sollicitation de cette mémoire.

Cette mémoire collective ne s'inscrivait pas seulement dans la «mémoire des anciens». Elle était régulièrement consignée dans une documentation diverse sur laquelle les autorités appuyaient leurs comparaisons. Une partie de cette documentation procédait des autorités elles-mêmes, soucieuses de garder la trace des événements mémorables, ou de se prémunir contre des accusations futures en enregistrant les dégâts occasionnés. Dans la vallée de la Dordogne, les jurades de Bergerac consignèrent ainsi depuis le XVe siècle les différentes inondations en relation avec les travaux d'adjudication nécessaires aux réparations du pont. À Grenoble, le secrétaire de la chambre des comptes note également avec précision, sur le premier feuillet des archives de la cour, les dégâts occasionnés par les crues de 1524 et 1525.

Loin de se limiter aux seules archives des autorités publiques, cette mémorisation des événements catastrophiques était largement partagée. Les établissements religieux, les mémorialistes, les histoires locales ne manquaient pas également de consigner ces événements exceptionnels. Certains d'entre eux nourrirent même toute une littérature poétique en langue vulgaire. À Grenoble, deux mois après la terrible inondation du 15 septembre 1733, l'imprimeur André Faure publiait sous le titre *Grenoblo malhérou*, un long poème de 560 alexandrins en patois dauphinois qui faisait le récit de toute la catastrophe. Plus généralement, les proverbes disaient également la permanence du danger: «La serpen et lo dragon mettront

Grenoblo en savon»; «Le Gourverneur, le Parlement et la Durance, ces trois ont gasté la Provence.»

Cette mémoire des inondations catastrophiques se matérialisait également dans le paysage urbain. Très tôt, des pierres et inscriptions commémoratives signalèrent les événements exceptionnels. Le long de la Dordogne, la hauteur d'eau était inscrite sur d'anciennes maisons du bord du fleuve par des marques relatives aux inondations de 1728, 1768, 1783. Ces marques n'étaient pas seulement commémoratives. Elles servaient aux autorités municipales comme aux particuliers de repères et d'outils de comparaison pour chaque événement nouveau. Les repères étaient au demeurant suffisamment nombreux pour que les autorités administratives pussent fonder sur eux des comparaisons entre les villes. Lors de l'inondation de la Loire des 26-27 novembre 1770, l'intendant constatait, sur la base des rapports des consuls, que la crue avait été à Montbazon «de 5 pieds et demy plus haute que toutes celles dont on a connoissance», à Commercy «plus haute de 7 pieds que toutes celles connues jusqu'à ce jour», et à Saumur «plus hautes qu'en 1740 et 1755, époques des plus hautes eaux connues...» Les autorités administratives n'étaient d'ailleurs pas seules à utiliser ces marques de crues. Elles constituaient dans le paysage urbain des repères auxquels certains habitants avaient coutume de se référer. Au lendemain de la grande crue de Grenoble de 1733, le notaire Jean-François Marchand établissait la comparaison avec celle de 1651.

Pour d'autres phénomènes dangereux, les avalanches par exemple, les traces et les signes sont autant de marqueurs d'une réelle connaissance. «Ma maison est bien placée. Elle est située avant la croix que vous avez vue là... Cela veut dire qu'elle est en dehors du couloir de l'avalanche et que nous ne craignions rien. Je n'en dirai pas autant des nouvelles maisons qui sont construites plus loin, et qui sont après la croix! Cette phrase prononcée en 1999 par un guide de Chamonix (âgé alors de 81 ans) semble renvoyer à des comportements irrationnels et à des savoirs des plus simplistes. Les croix, notamment, peuvent être considérées comme des marques d'une superstition affirmée. Pourtant, comme les pierres ou les rochers, elles sont avant tout un repère territorial, des bornes mémorielles du tracé de l'avalanche dans son déroulement habituel ou au contraire exceptionnel. C'est par la répétition des récits d'expérience, par les observations suivies que se transmet la connaissance, que se fait l'apprentissage de la nature, au fil des différentes générations. On ne peut qu'expliquer ainsi les remarques et les affirmations pragmatiques telles que «Nous on sent la neige, on la hume. On sait quand l'avalanche va partir. C'est l'habitude depuis qu'on est petit [...] Sans faire le prétentieux, on n'a pas besoin des bulletins d'alerte de la météo». En disant cela, on peut donner l'impression que cette mémoire-là ne procède que de l'oralité et de l'observation. On a dit l'importance de traces écrites et du soin des populations à consigner les éléments. Ces descriptions ne se cantonnent pas au seul registre descriptif ou à l'état des lieux, y compris lorsque l'objectif évident des rédacteurs est de réclamer des aides ou des dégrèvements fiscaux. Les récits tentent aussi de proposer des explications[3]. Dire cela, c'est

---

3. Voir en particulier le récit d'une avalanche fait le 25 février 1785 par des membres de la communauté d'Arvieux (Hautes-Alpes), Arch. départ. Isère, IIC 483, n° 28.

rappeler que ce souci ne ressort pas des seuls milieux urbains ou socialement privilégiés. Les sociétés rurales ont aussi accumulé un savoir tant oral qu'écrit, comme celui qu'on peut lire dans les *Transitons* du Queyras.

Certes, ces savoirs restent largement empiriques; des savoirs à la fois précis et flous, qui permettent de faire des repères, sans toutefois que la localisation spatiale ne soit très précise. Paradoxalement, alors que la mémoire chronologique est souvent défaillante, dans ce cadre-là, elle apparaît relativement précise sur les dates et sur des cycles climatiques, que l'événement soit marquant ou lié à une série: «L'avalanche est venue en 1946, c'est l'année où il y en a eu beaucoup», ou «L'année 61 cela a été une drôle d'année», ou encore «Cet hiver-là, en 1948, la neige n'est pas tombée avant le 27 janvier[4]. La confusion dans les dates, assez classique («c'était en 1950, et non pas en 51»), ou l'association à des faits de la vie personnelle («l'année où je suis parti au régiment») correspond bien à ce qu'on observe classiquement dès qu'on travaille avec les témoignages. Domine un savoir de la récurrence, du retour annuel des événements, qui permet d'en fixer la connaissance et en explique la familiarité. En raison de ses formes d'expression et parce qu'il est porté par les catégories de population considérées comme «non cultivées», ce savoir a été souvent traité de simpliste, associé aux comportements fatalistes attribués à ces mêmes catégories: une fatalité qui tient avant tout du jugement de valeur porté par les élites. Or, en dépassant les apparences, on s'aperçoit qu'il s'agit davantage d'une fatalité

---

4. M. Burnet (Vallorcine, octobre 2000), MariLou (Valgaudemar, mai 2001) et P. Garcin (Molines, octobre 1989).

assumée, qui va de pair avec ce qu'on pourrait nommer le risque accepté et acceptable en fonction d'un contexte précis. De manière plus générale, partout où le caractère rapproché d'événements destructeurs offrait un nombre suffisant d'observations se constituait une mémoire du risque sur laquelle les sociétés anciennes prenaient appui pour trouver des solutions de protection, de prévention ou d'urgence.

Les cultures du risque:
de la transmission à l'oubli

Ainsi nourrie, cette mémoire commune permettait aux autorités locales de mettre en place des dispositifs d'alerte et des mesures de prévention et aux populations locales de s'adapter.

Anticiper sur les catastrophes était le plus difficile, compte tenu, le plus souvent, de la rapidité des événements et de la médiocrité des communications, vite interrompues au demeurant en cas d'inondations graves. S'il restait difficile d'anticiper les conséquences des soudaines pluies torrentielles, la surveillance des repères hydrométriques pouvait laisser aux habitants le temps de mettre à l'abri leurs biens les plus précieux (meubles, réserves alimentaires, papiers) et aux autorités de prendre des mesures pour faire face aux destructions possibles (fermeture et consolidation des portes des villes, calfeutrage des entrées de maisons, protection des ponts par la mise en place de charges les plus lourdes possibles, de gueuses, de boulets ou de pierres, cuisson anticipée de pain, etc.). La connaissance d'une menace avérée ne laissait par ailleurs jamais les notables locaux indifférents. Ainsi en allait-il dans la vallée de la Loire face aux hautes levées installées pour favoriser la circulation fluviale, et dont les ruptures étaient particulièrement redoutées. À Grenoble, l'inondation dévastatrice du 14 septembre 1219 hanta les esprits pendant des siècles. Ce jour-là, la rupture du barrage d'Oisans, constitué naturellement une quarantaine d'années auparavant à la suite d'importants effondrements dans la vallée de la Romanche, avait provoqué le lâché brutal des eaux du lac formé en amont, qui avaient elles-mêmes ravagé la plaine du Drac et la ville de Grenoble et y avaient tué plusieurs centaines de personnes. Le souvenir de la catastrophe resta constamment présent dans le souvenir des consuls grenoblois jusqu'au XVIIIᵉ siècle, la présence d'un lac d'Oisans résiduel jusqu'à la fin du XVIIᵉ siècle entretenant les inquiétudes. À chaque nouvel éboulement dans la vallée de la Romanche, les consuls se déplaçaient pour faire procéder au vidage des eaux. En 1612, cinq jours seulement après les éboulements qui avaient favorisé la reconstitution d'un nouveau lac, les deux premiers consuls se rendirent sur place pour faire accélérer les travaux de déblaiement.

L'ensemble des témoignages atteste également qu'au cœur de la catastrophe, les autorités locales étaient en capacité de mettre en œuvre des protocoles d'action implicites, pour maintenir l'ordre ou venir au secours des victimes. Dès que la décrue commençait à se faire sentir, un certain nombre de travaux d'urgence étaient engagés. Vidanger les eaux, étayer les maisons, rétablir la circulation et, surtout, assurer l'approvisionnement étaient les tâches prioritaires.

Les autorités consulaires n'étaient pas seules en cause. Cette mémoire des catastrophes contribuait à la construction d'une culture du risque largement partagée qui imprégnait les actes de la vie ordinaire. Ainsi, même dans les zones sismiques face aux tremblements de terre où les périodes de retour du phénomène sont plus rares, une telle mémoire est avérée comme par exemple dans la région de Nice (QUENET 2005). S'appuyant sur une mémoire orale transmise par ses parents et les habitants avec lesquels il avait gardé des contacts, Louis de Thoum porte témoignage dans son *Traité des tremblements de terre* (XVIe siècle) de la vitalité de cette culture, de la connaissance de «remèdes naturels» (techniques de construction, identification des sites les plus menacés) et de capacités d'adaptation et d'évolution des sociétés soumises de manière répétée aux séismes.

Soucieux d'entretenir cette culture commune, le notaire grenoblois Jean-François Marchand terminait ainsi son long récit de l'inondation de 1733: «Ce que nous soussigné, François Marchand, conseiller du roy, notaire avons cru devoir incérer à la teste du présent répertoire pour devenir mémoire à ceux qui en feront lecture à l'avenir.» À leur manière, les baux de fermage laissent également dans les régions menacées des traces nombreuses de cette prise en compte du risque. Dans la plaine de Grenoble, de nombreuses clauses prévoyaient la spécificité des modalités de paiement des fermages, les dégrèvements «à proportion des fonds emportés», et parfois des droits spécifiques accordés aux preneurs, comme par exemple celui de pouvoir transporter sa résidence dans les étages des maisons ordinairement réservés aux propriétaires.

En montagne, la pratique des territoires par les habitants est une autre manifestation de ce type de savoir. Il se manifeste dans le bâti, la forme des maisons comme leur emplacement et la disposition des villages (BARRUÉ

2002, GRANET et BRUGNOT 2002). Au-delà du bâti, la manière de se déplacer intègre cette culture, avec des habitants qui choisissaient les routes d'hiver ou d'été, les jours et les moments de circulation, adaptant leurs habitudes aux conditions. «Quand j'étais petit j'habitais au Tour. Ma grand-mère, pendant l'hiver, nous disait certains jours de ne pas prendre la route habituelle pour aller à l'école; on savait qu'il y avait deux chemins, celui qu'on pouvait prendre au printemps, en automne et quand cela ne craignait rien et puis celui qu'on devait prendre quand il était tombé beaucoup de neige ou que l'on sentait qu'il y avait un risque. Cela faisait un petit détour mais tout le monde faisait ainsi. Et puis il y avait les jours où on ne devait pas sortir. Pour nous c'était bien car on n'allait pas à l'école.»[5] L'organisation de la circulation est le résultat d'une longue pratique empirique, de l'observation fine des phénomènes dont on transmet l'expérience aux enfants; Mais il y a plus. L'entretien des torrents, celui des chemins ou de la forêt en faisait aussi partie de cette gestion du territoire et de la manière de l'appréhender. En réalité, en observant plus précisément les comportements, c'est bien en termes de gestion durable qu'était pensée l'occupation des territoires et pas seulement depuis que cette expression fait florès dans le registre des apparentes nouveautés.

Or, il est un paradoxe qui ne peut qu'interroger l'historien qui travaille sur la longue durée. Les sociétés contemporaines, scientifiques et techniciennes, ont depuis une cinquantaine d'années et surtout depuis une trentaine d'années, développé un vrai savoir technique

---

5. A. Payot (Chamonix), juillet 1999.

et scientifique, connaissent de mieux en mieux la réalité théorique des risques, organisent un cadre réglementaire de plus en plus précis, médiatisent de plus en plus fortement et en nombre croissant les événements (GRANET et MONTREDON 2007). Et pourtant, la culture du risque reste justement théorique et non assortie de réelles mises en pratique ou d'usages raisonnés de ces risques. Que ce soit face aux inondations ou en montagne, face à la multiplicité des risques afférant à ces territoires dangereux, les habitants semblent avoir «oublié» le risque et le redécouvrir à chaque catastrophe ou à chaque événement, qualifié parfois exagérément de catastrophe. On a au mieux une mémoire courte et une culture lacunaire et le plus souvent une distance faite de négligences, d'occultations ou d'oublis. Ressortent alors de manière irrationnelle les impressions basées sur l'immédiateté qui laissent croire à une augmentation très particulière et très spécifique de ces phénomènes et à l'originalité de la situation actuelle.

Il convient de s'interroger sur le pourquoi de cette évolution, celle de l'atténuation d'une réelle culture du risque assortie de l'oubli des savoirs traditionnels évoqué plus haut, et qui va de pair avec une occultation des risques. Il s'agit là d'un sujet ample et compliqué qui mériterait d'autres développements. On se contentera ici de donner quelques pistes.

Dans cet oubli au quotidien des risques, il faut d'abord évoquer ce qu'on peut nommer l'oubli banal, dû à un événement qui paraît normal ou peu important et qui n'a donc pas été encodé par la mémoire individuelle et collective. Il peut y avoir l'«oubli» nécessaire, celui qui arrive après une catastrophe, entraînant un traumatisme personnel ou collectif et suscitant d'ailleurs plus le silence sur l'événement que son oubli. Il y a surtout l'oubli social qui intéresse davantage l'effacement de la culture du risque, pourtant érigée actuellement en nécessité sociale. Il faut sans doute voir là le jeu d'une catégorie de savoirs qui petit à petit a effacé les autres: les savoirs scientifiques et techniques. Certes, ils ne sont pas récents.

À Paris, l'échelle installée au pont de la Tournelle à partir de 1732 permit de mesurer le niveau des eaux de manière régulière. À compter de cette date, des relevés quotidiens faits par les employés de l'Hôtel de Ville fournirent des informations précises et régulières sur les bases desquelles Philippe Buache étudia le régime de la Seine et dressa le premier diagramme en barres utilisé en hydrologie. D'autres échelles furent ensuite installées avant qu'en 1854 ne fût créé le service hydrométrique de la Seine par Eugène Belgrand. Sans naturellement en réduire la portée scientifique et technique, on ne saurait cependant considérer que ces initiatives nouvelles ont marqué le début d'une surveillance des rivières. Le plus souvent, ces nouveaux aménagements s'inscrivaient dans une continuité de pratiques anciennes des autorités municipales, depuis longtemps attentives à surveiller fleuves et rivières pour mieux protéger leur cité, et qui pour cela disposaient d'une masse importante d'informations aisément mobilisables. Bien sûr, cette connaissance expérimentale ne convient pas aux attentes des techniciens ou des scientifiques qui veulent des renseignements précis, permettant de mesurer les hauteurs et les extensions des phénomènes, identifier leurs tracés géographiquement et leur intensité.

Depuis la fin du XIXe siècle, et surtout depuis les cinquante dernières années, en même temps que se sont développés les systèmes de connaissance techniques et scientifiques des phénomènes, leur maîtrise est réservée aux institutions assermentées et à leurs représentants: techniciens et scientifiques. Ceux-ci sont devenus essentiels pour la saisie des aléas, leur analyse et les solutions proposées. Cette évolution ne fait que renforcer, chez les habitants, le sentiment que leur parole ne peut être prise en compte, que les éléments qu'ils savent doivent être oubliés, au moins momentanément. En effet, affirmer la prééminence des savoirs scientifiques et techniques, c'est en réserver la maîtrise à des spécialistes. C'est aussi entrer dans une logique de concurrence des savoirs et de leur affirmation, en distinguant ceux qui savent et qui sont autorisés à dire des autres.

Prenons un exemple. Les cartes de prévision des avalanches ont été initiées dès le début du XXᵉ siècle. Leur réalisation s'est surtout renforcée après la série des avalanches meurtrières de 1970. Les enquêtes pour l'élaboration des EPA et CLPA (STRAZZERRI et BORREL 2002) sont en général confiées aux agents des Eaux et forêts (devenus ONF) et coordonnées par le CEMAGREF. Ces agents doivent réaliser, sur la portion de territoire dont ils ont la charge, des fiches de repérages des événements, les reporter sur des documents cartographiques avant que d'autres cartes spécialisées ne soient construites avec l'aide de modèles géophysiques précis. Ces agents deviennent les experts reconnus sur le terrain, ceux que l'on va voir lorsqu'il s'agit d'avoir des renseignements précis sur la nature des terrains, les aléas, puis de bâtir les cartes de zonage. En quelque sorte, ils endossent la fonction de porteurs de cette mémoire et de ces savoirs locaux auxquels les experts des administrations s'adressent dès qu'ils ont à réaliser des documents ou des enquêtes. Leur témoignage est toujours considéré comme plus fiable que celui des habitants, sujet à caution et considéré comme fantaisiste.

En parallèle, le développement des techniques et des connaissances géophysiques a progressivement nourri l'idée que la maîtrise des aléas était possible. Dorénavant devenait possible l'idée de la prévention assurée, permettant de se prémunir contre toute catastrophe. S'est ainsi construite une véritable mémoire spécialisée, celle de l'administration mais aussi celle des experts; une mémoire très largement basée sur des modèles scientifiques et techniques. Ces experts se sont en quelque sorte appropriés la culture du risque, indiquant aux habitants les conduites à tenir, les politiques à mener et les aménagements à faire. En même temps, l'installation d'édifices de protection a changé les attitudes par rapport à la menace, l'éloignant du quotidien et des préoccupations communes: une autre forme de contribution à l'oubli ou du moins à l'occultation.

En lien avec cette évolution, deux éléments pèsent. D'une part, la modification de la composition des populations résidentes et l'uniformisation des modes de vie, quel que soit le lieu, les inscrivent en décalage avec la connaissance physique des territoires. D'autre part, l'oubli volontaire pratiqué par un certain nombre d'habitants ou de responsables pour des raisons liées à la nécessité ou à leurs intérêts dans la gestion du territoire. On entre alors dans le vaste débat politique, économique, écologique et idéologique de l'aménagement des territoires, où sont mêlés intérêts divers, conceptions différentes de la menace et certitudes contradictoires. Cette question s'est exprimée dans le tracé des POS et même dès les premiers documents réalisés après 1945 pour localiser les zones constructibles. Les mêmes débats se sont posés lors de l'élaboration des PPR[6] et pèsent actuellement lors de leur rénovation. On le voit, on se situe bien au-delà de la seule mémoire des faits, et même des représentations de la menace, qui ne peuvent être que très variables selon les époques et les contextes (FAVIER et GRANET 2005). La nature de cette mémoire du risque ainsi que la notion de «culture du risque» dépendent aussi de l'instrumentalisation faite des aléas selon les acteurs et les périodes, bref selon des enjeux de pouvoir.

Au total, on le voit bien, il faut se défier d'un manichéisme en matière de mémoire et de savoir sur les risques naturels. Opposer les savoirs techniques aux savoirs empiriques, ceux qui savent et ceux qui ne savent pas, c'est se priver d'une richesse pour appréhender et analyser des phénomènes complexes, qui ne se résument pas à des modèles à appliquer, aussi élaborés soient-ils. De même, il ne s'agit pas seulement de décréter l'existence d'une culture du risque pour qu'elle devienne tangible. Dans ce sujet qui touche finalement au fonctionnement complet des sociétés passées et présentes, c'est justement parce qu'il connaît ces dernières et analyse leurs comportements sociaux que l'historien peut permettre d'éclairer les attitudes des individus et des groupes face aux risques et aux catastrophes. Une des dimensions importantes des recherches à mener tient sans doute dans l'articulation entre les systèmes actuels de gestion des aléas et les modes en usage autrefois. Or, on se trouve en présence d'acteurs différents, ne serait-ce qu'entre les habitants (qui, surtout dans les périodes contemporaines, ont

---

6. Plans de prévention des risques remplaçant les PER, plans d'exposition aux risques.

des profils très variés et dont la connaissance des phénomènes est extrêmement diverse), entre les responsables politiques aux différents échelons, du pouvoir local jusqu'au pouvoir central, mais aussi entre les scientifiques et les techniciens des administrations en charge de conduire ces politiques. Il y a là des mémoires différentes que l'historien doit prendre en compte et analyser. Un travail complexe qui le met de plus en plus au cœur d'enjeux dépassant son travail scientifique et académique.

Références

BARRUÉ Michel
2002   «Le risque vécu et construit en pays montagnard pyré-
            néen: le cas des villages des hautes vallées du Lavedan
            dans les Pyrénées centrales françaises». *In:* René
            Favier, *Les pouvoirs publics face aux catastrophes natu-
            relles dans l'histoire.* Grenoble: MSH-Alpes: 175-191.

DESPLAT Christian
1995   «Pour une histoire des risques naturels dans les
            Pyrénées occidentales sous l'Ancien Régime». *In:* B.
            Bennassar (dir.), *Les catastrophes naturelles dans
            l'Europe médiévale et moderne.* Toulouse: Presses du
            Mirail: 115-164.

FAVIER René (dir.)
2002   *Les pouvoirs publics face aux risques naturels dans
            l'histoire.* Grenoble: MSH-Alpes.

FAVIER René
2006a   «Les hommes et la catastrophe dans la France du
            XVIIe siècle». *In:* Julian Montemayor (dir.), *Les
            sociétés anglaises, espagnoles et françaises au XVIIe
            siècle.* Paris: Ellipses: 263-274.

2006b   «Sociétés urbaines et culture du risque. Les inonda-
            tions dans la France d'Ancien Régime». *In:* François
            Walter, Bernard Fantini et Patrick Delvaux (dir.),
            Les cultures du risque (XVIe-XXIe siècle). Genève:
            Presse d'histoire suisse: 49-86.

2007   «Poésies de l'inondation et culture du risque en
            France au XVIIIe siècle». *In: Écrire la catastrophe au
            XVIIIe siècle* (à paraître).

FAVIER René, Christian PFISTER
et Anne-Marie GRANET-ABISSET (dir.)
2007   *Solidarités et assurances face aux catastrophes dans
            l'histoire,* Publications de la MSH-Alpes (à paraître).

FAVIER René et Anne-Marie GRANET-ABISSET (dir.)
2000   *Histoire et mémoire des risques naturels.* Grenoble:
            CNRS-MSH-Alpes.

2005   *Récits et représentations des catastrophes naturelles depuis l'Antiquité.* Grenoble: CNRS-MSH-Alpes.

GRANET-ABISSET Anne-Marie et Gérard BRUGNOT (dir.)
2002   *Avalanches et risques. Regards croisés d'ingénieurs et d'historiens.* Grenoble: CNRS-MSH-Alpes.

GRANET-ABISSET Anne-Marie
2000   «La connaissance des risques naturels: quand les sciences redécouvrent l'histoire». *In:* René Favier et Anne-Marie Granet-Abisset (dir.), *Histoire et mémoire des risques naturels.* Grenoble: CNRS-MSH-Alpes: 39-69.

2002   «Histoire et mémoire, à propos d'une enquête de terrain». *In:* Anne-Marie Granet-Abisset et Gérard Brugnot (dir.), *Avalanches et risques. Regards croisés d'ingénieurs et d'historiens.* Grenoble: CNRS-MSH-Alpes: 113-132.

GRANET-ABISSET Anne-Marie et Julia MONTREDON
2007   *Politiques publiques et gestion des risques d'origine naturelle dans l'Arc Alpin. Comparaison France, Italie, Suisse.* Rapport de recherches, programme Interreg. Interreg IIIA-ALCOTRA, PRINAT (à paraître).

GILBERT Claude
1992   *Le pouvoir en situation extrême. Catastrophes et politique.* Paris: L'Harmattan.

PFISTER Christian (dir.)
2002   *Le jour d'après. Surmonter les catastrophes naturelles: le cas de la Suisse entre 1500 et 2000.* Berne: Haupt.

QUENET Grégory
2005   *Les tremblements de terre aux XVIIe et XVIIIe siècles. La naissance d'un risque.* Seyssel: Champ Vallon.

STRAZZERI Dominique et Gilles BORREL
2002   «Les enquêtes pour constituer des bases de données: l'exemple des avalanches». *In:* Anne-Marie Granet-Abisset et Gérard Brugnot (dir.), *Avalanches et risques. Regards croisés d'ingénieurs et d'historiens.* Grenoble: CNRS-MSH-Alpes: 95-104.

POURQUOI? VERS UNE NOUVELLE LECTURE DU TREMBLEMENT DE TERRE DE LISBONNE

Flávio Borda d'Água et François Jacob

Que le tremblement de terre de Lisbonne ait surtout marqué les esprits par le «séisme philosophique[1]» qu'il a entraîné est aujourd'hui une évidence: qui songerait à contester l'importance du discours voltairien sur la fatalité? Qu'il ait pu circonscrire de nouvelles zones de débat, aider à s'affranchir de certaines tutelles de pensée, ou contribuer à la construction d'un savoir technique propre à éviter le renouvellement de la catastrophe en est une autre: c'est bien de Lisbonne que datent les premières mises en perspective d'un événement qu'on s'est efforcé, concurremment à l'entreprise d'un Voltaire, de proprement dédramatiser.

Aux débats des années 1755-1760 sur la nature du mal, débats qui, sans mauvais jeu de mots, se font en pleine lumière et profitent à Paris du climat intellectuel entretenu par la parution de l'*Encyclopédie*, répond en

---

1. Le terme a été utilisé par Bronislaw Baczkó dans le premier chapitre de *Job, mon ami: promesses du bonheur et fatalité du mal*. Paris: Gallimard 1997.

effet le travail de l'ombre impulsé à Lisbonne par le marquis de Pombal. Travail qui aboutit, vingt ans plus tard, à la reconstruction de la partie basse de la ville selon des normes antisismiques: la *gaiola*, sorte de poutre de bois, dont l'assemblage savamment ordonnancé permet de résister au séisme, est la réponse pombaline à l'émergence du mal.

Ces deux manières résolument contraires d'envisager la catastrophe n'aboutissent-elles pas, finalement, à un même constat? Ce n'est plus la cause, mais bien la contingence de l'événement catastrophique qui est envisagée. Il s'agit, dès le XVIIIe siècle, et par des voies aussi différentes que l'investigation philosophique et l'innovation technique, de distinguer ce qui fait du séisme un déploiement de forces et non de violence. La terre est aveugle, même quand elle tue: Français et Portugais sont d'accord sur ce point.

Pourtant, alors que le travail des Lumières semble avoir porté ses fruits et qu'on assiste, dès la fin du XVIIIe siècle, à l'émergence d'un rejet de la *fatalité* du mal, les innovations techniques ou les actes de prévention envisagés dès l'époque pombaline tombent rapidement dans l'oubli et restent désespérément improductifs.

Il peut dès lors être utile, en relisant quelques-unes des réactions au tremblement de terre de 1755, et en les relisant surtout à la lumière des catastrophes qui forgent aujourd'hui jusqu'à la matrice de notre histoire, de faire un état des lieux des réflexes (immédiats) et des réflexions (médiates) générés par de tels événements.

Ce qui vient d'abord à l'esprit est le réflexe humanitaire. C'est probablement au XVIIIe siècle qu'il fait son apparition dans les politiques de réaction face au désastre. Encore de telles politiques répondent-elles avant tout à des préoccupations économiques: tout bienfait exige un retour. Or le Portugal est, en 1755, une micro-puissance dans le commerce mondial: il faut donc l'aider à se reconstruire pour pouvoir profiter des produits importés des colonies. Jacques MARSEILLE note à ce propos (2005: 104), peut-être un peu naïvement, que «la solidarité internationale est déjà à l'époque une réalité» et nous offre le catalogue des dons réalisés: «Des pavillons mobiles et montables en moins de vingt-quatre heures arrivent par bateau de Hollande, nation éprouvée par les catastrophes naturelles. D'Angleterre, on reçoit 6000 tonneaux de viande, 4000 de beurre, 1200 de riz, 1000 sacs de biscuits, des outils et 450'000 cruzados en argent portugais et espagnol. L'Espagne exonère de taxes douanières les vivres expédiés depuis Madrid et envoie quatre carrosses chargés de sacs d'or[2]». Bien des chroniqueurs de l'époque laissent entendre qu'il s'agirait là de dons intéressés: c'est l'avenir seul qui motiverait les donateurs, avec le redressement souhaité du Portugal et l'ouverture de nouveaux marchés, et non le passé, abandonné aux prêtres et aux pleureuses.

Ange GOUDAR publie justement, en 1756, un ouvrage intitulé *Relation historique du tremblement de terre survenu à Lisbonne le premier novembre 1755*... qu'il fait précéder d'un *Discours politique sur les avantages que le Portugal pourrait retirer de son malheur*. Discours avant tout politique: il s'agit de montrer que les Portugais

---

2. Jacques Marseille a sans doute lu l'*Histoire de Lisbonne* de Dejanirah Couto (Paris: Fayard 2000: 188) et aussi Rapin, avec son *Tableau des calamités* ou *Description exacte et fidèle de l'extinction de Lisbonne* (1756).

peuvent, à l'occasion de la catastrophe, se défaire de l'influence anglaise. On apprend dès la préface, que «ce qui [a] apporté le dernier coup» à l'État portugais n'est pas le tremblement de terre mais «la confiance aveugle qu'il avait pour une Nation étrangère: Nation ambitieuse, avide de grandeur et de puissance, qui présente d'abord une main pour secourir, et qui accable ensuite avec une infinité de bras» (1756: vj-vij). Impossible ici de méconnaître Albion. Ange Goudar n'hésite pas à généraliser son propos en des termes surprenants: «Mais, dira-t-on, faut-il que la terre s'entr'ouvre, que des provinces soient bouleversées, que des villes entières soient englouties, pour dissiper l'aveuglement de certaines nations, et les éclairer sur leurs véritables intérêts? Oui, je le dis hardiment: dans un certain sens, il le faut» (*Ibid.*: 4). Les «éléments» sont dès lors pourvus d'un «instinct» qui peut leur faire jouer un rôle dans les affaires humaines: «Voyez, je vous prie, comment le Physique remet quelquefois un certain niveau dans les affaires politiques» (*Ibid.*: 4-5). La Providence, on le voit, change de forme, et même de nature: mais elle contribue toujours au destin de l'humanité.

Cette rapidité à profiter, au sens premier du terme, de la faculté de résilience d'un État, c'est-à-dire de son aptitude à se reconstruire après un événement catastrophique, est sans doute ce qui est mis en pleine lumière au XVIIIe siècle, et que vient révéler, au-delà de la controverse philosophique, l'histoire des années qui suivent le tremblement de terre de Lisbonne. C'est l'Angleterre, d'après Ange Goudar, qui possède l'appétit le plus féroce: il s'étonne notamment que «la plupart des États de l'Europe, qui sont toujours en garde contre les plus petits désavantages, qui sont attentifs au moindre de leurs intérêts, qui se disputent sur des minuties, qui se font la guerre pour des riens, aient laissé jouir paisiblement jusques à présent l'Angleterre de toutes les richesses du Brésil» et il souhaiterait que la France et quelques autres pussent «partager ses faveurs» (*Ibid.*: 52-53). Or il semble qu'aujourd'hui le monde entier ait adopté les mœurs anglaises: à l'élan de solidarité qui a succédé au tsunami du 26 décembre 2004 répond par exemple le silence qui a entouré le tremblement de terre du Pakistan, de quelques mois postérieur (qui pourrait d'ailleurs en donner la date avec précision?). Il est bien encore quelques voltairiens qui, à l'aube du troisième millénaire, osent croire au sursaut d'une humanité endeuillée: mais leur discours apparaît définitivement hors de saison. Ainsi Claude-Jean LENOIR (2005: 11), pasteur de tout temps impliqué dans une réflexion de type humaniste, qui écrit: «Ce 26 décembre marquera peut-être un changement: l'espace de quelques semaines on se sera découvert *humains*, altruistes. Il est vrai que contrairement aux mêmes drames qui avaient endeuillé le Bangladesh, cette fois, il y a, parmi les disparus, des Occidentaux. L'altruisme a ses limites, celles du miroir. Mais sait-on jamais? Rêver n'est pas interdit». La mainmise des marchands sur le monde inviterait, au contraire, à plus de pragmatisme. Le discours d'Ange Goudar ne nécessite en effet que quelques modifications de détail pour être pleinement réactualisé et, deux cent cinquante ans après le *terramoto* de Lisbonne, se révéler conforme à la réalité contemporaine.

Or, là réside, pour qui s'interroge sur le sens à donner à l'événement catastrophique, une importante difficulté. Comment pourrait-on penser que le tremblement de terre de Lisbonne a été une chance pour le Portugal sans passer, à l'instar des Anglais jadis dénoncés par Ange

Goudar, pour un cynique dangereux? Comment pourrait-on voir là, sans participer à la vague mercantiliste qui a submergé le monde depuis l'époque des Lumières, un bouleversement historique certes atroce pour ceux qui l'ont subi, mais favorable à ceux qui l'ont *suivi*? A-t-on le droit de constater que c'est à partir de 1755 que s'est réellement développé un pays auparavant engoncé dans un corset de foi et de bois: celui du bûcher? L'histoire parle pourtant d'elle-même: le tremblement de terre de Lisbonne vient mettre un terme à une période d'un peu plus de cent ans marquée par un inexorable déclin: abandon progressif par le Portugal de toute prétention maritime au profit de l'Angleterre; souvenir d'une intégration à l'Empire espagnol qui, si elle pouvait heurter les sentiments nationalistes de la plus vieille nation d'Europe, n'en était pas moins synonyme de puissance et de rayonnement sur l'ensemble du continent; mainmise croissante, voire étouffante des autorités religieuses sur le territoire portugais (en particulier sous le règne de Jean V, dont la folie mystique sera brossée à grands traits par le Saramago du *Roi manchot*).

Le meilleur exemple de cette «renaissance» du Portugal d'après 1755 se nomme Pombal. Rappelons que Sebastião José de Carvalho e Mello est nommé secrétaire d'État du royaume une année auparavant, qu'il devient comte d'Oeiras en 1759, puis marquis de Pombal[3] dix ans plus tard. Au moment du cataclysme lisboète, l'heure est selon lui à trois priorités: distribuer des vivres, porter du secours aux survivants et rétablir l'ordre.

---

3. Nous l'appellerons ainsi malgré l'anachronisme: c'est en effet sous ce nom qu'il est passé à la postérité.

Or l'aide apportée par les États européens permet à Carvalho e Mello de se concentrer sur la seule question de l'ordre. Pombal fait dès lors appel à l'armée et crée un grand nombre d'ordonnances pour rétablir le calme dans la ville. Il décrète, par exemple, que tout lisboète retrouvé dans tout autre village, ville ou région portugaise devra être immédiatement rapatrié dans la capitale. Il s'agit en effet de ne pas laisser Lisbonne se «désertifier» et de combattre les pillards. Le repeuplement de la ville, pensé dès le départ par le ministre, nécessite de surcroît le retour des fuyards et autres survivants, lesquels, sans avoir lu la Lettre sur la Providence de Rousseau, s'étaient prudemment retirés à la campagne... Les voleurs enfin sont cordialement invités à rejoindre les quatre gibets installés sur une des places de la ville. Selon une ordonnance du 4 novembre 1755, toute personne impliquée dans un pillage effectué après le matin du 1er novembre doit être admonestée verbalement et la sentence exécutée le jour même (PATRICIO DE LISBOA 2005 [1758]: 126). Cette sévérité, on s'en doute, est surtout de façade. Quand les «crimes» sont mineurs – un simple vol de nourriture pour survivre par exemple – il est uniquement ordonné au coupable de participer à des travaux d'ordre public pour la reconstruction de la Ville Blanche.

Ce travail sur l'esprit (instauration d'une forme de prise de conscience civique face à la catastrophe, visibilité accrue des plans d'édification de la Lisbonne future, rejet de l'événement catastrophique dans l'histoire de la communauté tout entière, bien au-delà du simple malheur individuel) s'accompagne d'une lutte très violente contre la mainmise des religieux sur la Cité. Les prêtres, qui avaient été les seuls à ne pas fuir la ville après la catastrophe et s'étaient dévoués corps et âme pour offrir le sacrement de l'extrême onction aux mourants, développent – très maladroitement, à l'instar du jésuite Malagrida, sans doute la victime la plus célèbre de Pombal – l'argument du châtiment divin et de l'appel à la pénitence. Il n'en fallait pas tant, on s'en doute, pour provoquer une *réaction* politique dont on ne cesse aujourd'hui de mesurer l'ampleur et que Luc Van Loo[4] a immortalisée dans son portrait du marquis de Pombal: celui-ci, entouré des plans de la Nouvelle Lisbonne, s'impose au regard, tandis qu'on distingue, en fond de toile, les Jésuites qui partent au loin.

Il est étonnant que l'œuvre du marquis de Pombal n'ait été qu'imparfaitement intégrée à l'histoire de l'Europe à cette époque: il suffit de parcourir les principaux manuels d'histoire pour lire, en dehors du Portugal lui-même, cette véritable *béance*. Il est encore plus surprenant que les innovations architecturales qu'il a mises en place pour la reconstruction de Lisbonne se soient trouvées circonscrites à la seule Ville Blanche, et qu'elles n'aient permis aucun progrès d'envergure dans le domaine scientifique ou technique. Dans son intervention au colloque intitulé *O Terramoto de 1755: Impactos históricos*, (lequel s'est tenu à Lisbonne dans les premiers jours de novembre 2005, tout juste deux cent cinquante ans après l'événement), Stephen T. Tobriner a fait état de ce silence, de cette absence criante de référence au moment même où l'Europe, sous l'impulsion des Lumières, tente de circonscrire les racines du mal. Après

---

4. Luc Van Loo, *Marquês de Pombal* (1768), Museu da cidade de Lisboa (Musée de la Ville de Lisbonne).

avoir remarqué que les tremblements de terre de 1755 (Lisbonne), 1783 (Calabre), 1868 et 1906 (San Francisco) ont été «rapidement effacés de la mémoire collective, du moins quant aux questions qu'ils avaient, fût-ce dans une situation de contrainte ou d'urgence, permis de poser»[5], Stephen T. Tobriner s'interroge de manière plus extensive sur notre incapacité à tenir compte de ce type d'enseignements «à chaud», purs produits de la seule contingence: «Il est surprenant de constater que nous avons si peu retenu les leçons qui nous ont été fournies par les ingénieurs de Pombal, véritables créateurs d'un procédé antisismique.» La *gaiola*, en effet, n'est rien moins qu'un très efficace «outil de résistance» à toute violence sismique, outil sans nul doute «le plus avancé dans l'Europe de cette époque» et dont la notoriété n'a pourtant pas «dépassé les frontières du Portugal» et a même été «quasiment nulle en dehors de Lisbonne».

Si cette lacune ne concernait que la poutre de bois pombaline et qu'elle était restée circonscrite au seul tremblement de terre de Lisbonne, elle pourrait recevoir une explication ponctuelle et ne pas nécessiter une interrogation de plus grande envergure sur l'*impact* réel de la catastrophe. Or, l'histoire se répète: Stephen T. Tobriner rappelle ainsi que, si la *gaiola* n'a pas eu le succès qu'elle

---

5. Stephen T. Tobriner, «Forgotten histories: advances in antiseismic engineering after the earthquakes of Lisbon, Calabria and San Francisco», seconde conférence inaugurale du colloque international *O Terramoto de 1755: impactos historicos* organisé par l'ISCTE, le 3 novembre 2005, à Lisbonne. Toutes nos références sont empruntées au texte enregistré de cette intervention, disponible à l'Institut et Musée Voltaire de Genève (Fonds multimédia, MU-CE-25).

méritait, les innovations techniques qui ont suivi le tremblement de terre de Calabre, en 1783, et dont tous les
scientifiques reconnaissent à la fois la pertinence et le
bien-fondé, n'ont guère eu plus de succès. Et que penser
du séisme de 1868 à San Francisco? On se souvient que
les ingénieurs avaient alors, sitôt la catastrophe analy-
sée, procédé à l'édification de bâtiments de briques sup-
posés résister à de nouvelles secousses: or, cet acquis
technologique est si bien effacé des mémoires que le
tremblement de terre de 1906 surprend, au même
endroit, la génération suivante. Bien plus, les ingénieurs
américains de 1906, à la recherche de nouvelles formes
de résistance antisismique, oublient complètement les
enseignements de leurs devanciers et inventent des structures en acier, elles aussi promises à l'oubli… On le voit:
cette amnésie collective mérite d'être interrogée en elle-
même, et surtout en relation avec la catastrophe qui la
motive, et non dans le cercle trop étroit des histoires
nationales ou des particularités locales.

C'est ce type d'interrogations qui se trouve d'ailleurs,
sur un plan plus pratique, au cœur des préoccupations
des populations concernées. La commémoration du deux
cent cinquantième anniversaire du *terramoto* de
Lisbonne, dramatiquement actualisée par le tsunami de
décembre 2004, est ainsi venue raviver, dans le Portugal
de 2005, quelques questions lancinantes. On trouve dans
un article du *Público*, la mention d'une protestation des
employés municipaux, inquiets à l'idée d'une nouvelle
«vague» sur la Ville Blanche. Fernanda RIBEIRO (2005:
46), la journaliste chargée de couvrir la rencontre des
syndicats et de la direction municipale, indique que «sur
1200 employés, trois seulement connaissaient les mesures d'urgence en cas de catastrophe». La réponse de la

cheffe du service de la protection civile est tout à fait, à son échelle, à la mesure de l'amnésie collective qui enraye, depuis 1755, notre propre lecture de l'Histoire: après avoir rappelé qu'elle avait distribué des «brochures spécifiques», elle finit en effet par avouer, tout à fait excédée, «qu'il convient à chaque citoyen de s'informer par ses propres moyens».

Comment expliquer ces écarts, ces oublis? Comment justifier qu'il n'ait jamais été tenu compte des progrès que telle ou telle catastrophe avait permis de réaliser, sur le plan de l'innovation technique? Le discours des Lumières aurait-il fini, s'agissant du désastre de 1755, par gommer un autre discours, sans doute moins accessible au plus grand nombre, mais dont la concrétisation ou la traduction matérielle aurait permis de réelles avancées? On imagine ce qu'une telle hypothèse recèle de potentiellement dangereux, et il ne s'agit surtout pas de condamner le discours des Lumières au nom du seul principe de réalité. Mais la question reste posée.

Le discours des historiens a-t-il, quant à lui, assez tenu compte de l'évolution de la recherche et des progrès scientifiques? Voilà une première piste possible. Elle a l'avantage de nous ramener à notre point de départ (1755), et de nous rappeler que c'est précisément à cette date que naissent les trois phénomènes de société autour desquels va se cristalliser la question de la réaction face à la catastrophe, à savoir: l'amélioration spectaculaire des voies de communication et des transmissions de l'information dans l'Europe de l'Ancien Régime, l'interrogation philosophique naissante sur ce type de phénomènes, et la construction d'un discours *de* l'Histoire qui est en même temps un discours *sur* l'Histoire. On ne saurait donner meilleure traduction du

gouffre qui sépare la catastrophe de Lisbonne des représentations auxquelles, en son temps, elle donne naissance, qu'en se référant aux planches de Jacques-Philippe
Le Bas intitulées *Les plus belles ruines de Lisbonne*.
Inspirées des dessins que Pedegache, par ailleurs auteur
d'une *Relação do terramoto que experimentou Lisboa*
(1756) avait réalisés peu après la catastrophe, elles ne
peuvent se départir d'une figuration stéréotypée de la
ruine qui exige des effets de contraste (aux bâtiments
religieux dévastés par le tremblement de terre s'oppo-
sent, en fond de scène, de superbes édifices, épargnés
par le sort), un marquage visible du temps (les ruines
elles-mêmes sont surmontées de feuillages et certains
murs couverts de lierre) et la présence de personnages
figés dans des postures éminemment théâtrales et qui
semblent se situer, à rebours de toute perspective réa-
liste, en dehors même du temps.

D'autres pistes sont naturellement envisageables: celle
de l'oubli nécessaire, seul moyen de mettre un point final,
pour une communauté donnée, à la réalité du drame
vécu (ne plus penser à la catastrophe, c'est nier qu'elle
ait même existé, en dépit des pertes, humaines et matérielles, qu'elle a occasionnées); celle aussi d'une histoire
dont l'écriture offrirait un constant décalage non plus
avec la catastrophe en tant que telle, mais avec la perception qu'en ont eue les populations concernées ou ceux
qui ont tenté, en dépit de leur *proximité*, d'en tirer les
premières conséquences (Voltaire, dans le cas du tremblement de terre de Lisbonne); celle enfin du *besoin* de
la catastrophe. Cette dernière expression peut surpren-
dre: elle est pourtant essentielle.

Ne peut-on en effet penser que l'idée de la catastrophe est de plus en plus liée, dans l'esprit collectif, à celle

d'une *nécessité*? Lorsque Deleuze, pour reprendre l'expression de Christophe Paillard, «compare l'impact intellectuel de Lisbonne au XVIIIe siècle à celui d'Auschwitz au XXe siècle, non que les événements soient comparables – il y a des degrés dans l'horreur, une échelle dans laquelle la Shoah fait figure de mal absolu – mais parce que les conséquences furent également bouleversantes pour la philosophie»[6], n'inscrit-il pas ces deux tragédies dans un ordre commun qui serait celui de l'inéluctable? Lorsque Jean-Pierre DUPUY (2005), en dépit de son rejet de l'idée de «catastrophisme», ne dresse comme seul avenir pensable qu'une nouvelle forme d'apocalypse, ne fait-il pas de la catastrophe l'articulation nécessaire d'une pensée de la rupture? Telle est peut-être une des leçons à tirer de la désastreuse expérience de 1755: nous sommes appelés, depuis Lisbonne, à penser différemment la catastrophe. Celle-ci, qu'elle se présente sous la forme d'un événement ponctuel, isolé dans la linéarité de l'histoire, ou sous celle, évidemment plus effrayante, de l'avenir insensé promis par de nouveaux oracles, est entrée dans le champ du *mesurable*. Envisagée sous le seul angle historique, diluée dans le temps, elle peut dès lors apparaître sous un autre éclairage et perdre, le temps d'une lecture, son identité *monstrueuse*.

Tout, décidément, peut arriver.

---

6. Christophe Paillard: «Le désastre de Lisbonne: de Voltaire à Rousseau», conférence prononcée le 19 mai 2005 à Genève, Institut et Musée Voltaire, fonds multimédia, MU-CE-04.

Références

DUPUY Jean-Pierre
2005   *Petite métaphysique des tsunamis.* Paris: Le Seuil.

GOUDAR Ange
1756   *Relation historique du tremblement de terre survenu
            à Lisbonne le premier novembre 1755...* La Haye:
            Chez Philanthrope, à la Vérité.

LENOIR Claude-Jean
2005   «De la nature et des hommes ou de la nature
            humaine», *Le petit Ferneysien*, No 24, mars-avril.

MARSEILLE Jacques
2005   «1755 Tsunami sur Lisbonne». *Enjeux les Echos*,
            No 211, mars 2005.

PATRÍCIO DE LISBOA Amador
2005 [1758] *Providências do Marquês de Pombal que se deram no
            terramoto que padeceu a corte de Lisboa no ano de
            1755.* Lisboa: Fundação Luso-Americana-Público.

RIBEIRO Fernanda
2005   «Trabalhadores municipais dizem desconhecer
            planos de emergência sísmica». *Público*, 13 janvier
            2005.

LES CATASTROPHES NATURELLES DANS LES RÉCITS DE VOYAGE EN SUISSE

Denis Rohrer

Avec sa géographie alpine tourmentée, où l'habitat et les voies de passage doivent s'accommoder des neiges, des eaux, des rochers et des pentes vertigineuses, la Suisse a constitué de tout temps un théâtre de catastrophes. Aucune recherche particulière n'a été à ce jour consacrée à l'inventaire des récits de voyage en Suisse relatant des désastres de la nature. Mais ceux-ci touchent particulièrement les sensibilités quand ils causent des destructions et des morts: leur souvenir demeure donc vif et forme souvent la trame dramatique des histoires locales, dont se nourrissent à leur tour les récits des voyageurs.

Il n'a donc guère été difficile de trouver des récits de voyageurs en Suisse relatant des catastrophes naturelles. Dans ce corpus particulier, la mention des catastrophes alpestres est évidemment prépondérante par rapport aux autres types de cataclysmes. En fait, dès la Renaissance, un intérêt nouveau se dessine pour le monde alpin et, en le décrivant, les récits évoquent aussi les phénomènes catastrophiques. Les avalanches, surtout, sont décrites ou imaginées et, plus tardivement, aux XVIIIe et XIXe siècles, elles teignent d'effroi la perception sublime et romantique des Alpes. Puis viennent les éboulements, les débordements des torrents, les inondations, les tempêtes, les tremblements de terre.

Notre parcours remonte loin dans le temps, au Moyen Âge, où il se saisit de quelques descriptions de catastrophes, qui révèlent une attitude humaine qui devait perdurer pendant longtemps. Il ne s'agit pas encore de récits de voyages, mais de chroniques, relatant, à côté des guerres et des grands événements, les «horreurs» de la nature considérées comme des manifestations de la toute puissance divine. Cette première approche s'accompagne d'une typologie des différentes catastrophes naturelles. Ensuite, les récits des humanistes, des savants, des poètes et des écrivains nous permettront d'analyser l'évolution de la perception et de l'attitude des voyageurs face au phénomène des avalanches: tout d'abord fatalité à subir de la part d'une nature horrible, puis extase et détachement face à la nature sublimée, enfin explication et intervention scientifiques pour conquérir et maîtriser une nature hostile.

Éboulement, tremblement de terre, inondation

Au Moyen Âge, on ne parlait pas de catastrophes naturelles, cette notion étant inexistante. Il s'agissait, pour les hommes de cette époque, de punitions divines à la suite de fautes collectives ou individuelles (BERLIOZ 1998: 33). Témoignages de la toute puissance de Dieu, les catastrophes étaient de ce fait compilées dans les chroniques ou servaient à composer des *exempla,* de petits récits qui étaient insérés dans les sermons. Tous ces textes permettent de découvrir les croyances et les attitudes face aux cataclysmes naturels: la prévention qui relève de l'invocation, surtout de la Vierge et des saints; le vécu d'un tel drame dont les témoins décrivent les démons qu'ils ont vus à l'œuvre et dont le rôle est évident; la réaction post-traumatique, dirait-on aujourd'hui, faite d'acceptation de la sanction divine et de pénitence; les explications des clercs, les savants de l'époque, qui s'en réfèrent principalement aux croyances eschatologiques.

Les grandes catastrophes fournissaient en fait des preuves de la fin du monde proche, dont on attendait l'avènement en vivant très concrètement les promesses des textes sacrés. Les éboulements notamment frappaient les esprits. En 563, un glissement de terrain terrifie le Valais et ravage les rives du Léman: l'éboulement du Tauredunum (probablement le Grammont) mentionné dans la chronique de Marius d'Avenches:

«Cette année-ci, la grande montagne du Tauredunum dans le diocèse du Valais s'écroula si brusquement qu'elle écrasa un bourg qui était proche, des villages et en même temps tous leurs habitants. Sa chute mit aussi en mouvement tout le lac, long de 60 milles et large de 20 milles, qui, sortant de ses deux rives, détruisit des villages très anciens avec hommes et bétail. Le lac démolit même beaucoup d'églises avec ceux qui les desservaient. Enfin, il emporta dans sa violence le pont de Genève, les moulins et les hommes et, entrant dans la cité de Genève, il tua beaucoup d'hommes.» (FAVROD 1993: 79-81)

L'évocation de cette catastrophe majeure fut reprise peu après dans l'*Histoire des Francs* de Grégoire de Tours.

Les chroniqueurs essayaient d'en donner une explication rationnelle: l'évêque de Tours parle d'un barrage formé par l'éboulement sur le Rhône qui, en cédant, aurait provoqué un raz-de-marée sur le Léman. Aujourd'hui, on pense que c'est un tremblement de terre qui fut à l'origine du glissement de terrain et de la vague destructrice (*Ibid.*: 102-103). Pour les autres cas d'éboulements, le tremblement de terre servait le plus souvent d'explication du phénomène. Par exemple, lorsque le mont Granier, près de Chambéry en Savoie, s'effondra en 1248, le chroniqueur anglais Matthieu Paris donna pour cause «un tremblement de terre provoqué par les vents dans les grottes de la montagne – selon une conception venue d'Aristote – et à la vengeance divine déchaînée contre les habitants.» (BERLIOZ 1998: 24)

Le tremblement de terre est un lieu commun, repris de la Bible et qui présage une fin dernière[1]. Ce type d'explication rationnelle renforce l'effet d'annonce apocalyptique des catastrophes. Il faudra attendre l'époque moderne pour une compréhension correcte de ces phénomènes. Encore à la fin du XVIIe siècle, un voyageur anglais, l'évêque anglican Gilbert Burnet, reprend des images fortes de la Bible pour raconter l'éboulement de Plurs qui eut lieu en 1618 et fit environ 2000 morts (GAMBONI 1987: 13)[2]. Menacé par le pouvoir royal

---

1. Lors de la crucifixion du Christ, la terre trembla, selon l'évangéliste Matthieu, et dans la seule Apocalypse, la terre tremble plusieurs fois.
2. Plurs se trouvait dans le baillage de Chiavenna et était possession des Ligues rhétiques. Aujourd'hui, le village se trouve en Italie et se nomme Piuro.

catholique à cause de ses positions antipapistes, Burnet entreprend un voyage sur le continent, bien après l'événement, en 1685. Deux ans plus tard, il publie une relation de voyage qui deviendra la référence pour les voyages en Suisse pendant tout le XVIIIᵉ siècle: *Some Letters. Countaining an Account of what Seemed most Remarkable in Switzerland, Italy, etc.* (1686)[3]. Ce récit à thèse, visant à louer les protestants et à critiquer les catholiques, présente la catastrophe de Plurs comme une version moderne de Sodome et Gomorrhe dans les Alpes.

> «Le 25 août de l'année 1618, un bourgeois de Plurs alla partout criant que chacun eût à se retirer et qu'il avait vu une montagne se fendre. Mais qu'arriva-t-il? Au lieu de suivre ses avis on se moqua de lui, et ce fut tout ce qu'il eut pour sa peine; il ne laissa pas pour cela de poursuivre sa pointe; si bien qu'il persuada à une fille qu'il avait de laisser tout là et de le suivre. Celle-ci l'ayant fait et étant déjà hors de la ville elle s'alla malheureusement souvenir qu'elle n'avait point fermé la porte d'une chambre où elle avait quelque chose de prix, ce qui l'obligea à retourner sur ses pas, et fut par même moyen cause de sa mort. Car à l'heure du souper, la montagne se renversa sur la ville, et l'abîma, de sorte qu'il n'échappa pas une personne qui put aller porter à ses voisins les nouvelles de son désastre.» (Reichler et Ruffieux 1998: 185-186)

---

3. Il fut publié à Amsterdam et Rotterdam et suivi de plusieurs rééditions jusqu'en 1755. Une traduction française parut à Rotterdam en 1687, sous le titre: *Voyage de Suisse, d'Italie et de quelques endroits d'Allemagne et de France faits ès années 1685 et 1686.*

Figure comparable à Loth, la jeune fille retourne au village de Plurs, mais le souci pour ses richesses matérielles la perd. Environ deux siècles plus tard, un autre éboulement en Suisse fait grande sensation: le 2 septembre 1806, les flancs du Rossberg, au-dessus du lac des Quatre-Cantons dans le canton de Schwytz, s'éboulent et engloutissent le village de Goldau et trois autres localités[4], faisant quelque 800 morts. Victor Hugo, lors de son voyage en Suisse de 1839, décrit cet événement vieux de plus de trois décennies dans ses notes de voyages:

«[...] le 2 septembre, à cinq heures du soir, un morceau du sommet du Rossberg, de mille pieds de front, de cent pieds de haut, et d'une lieue de profondeur, s'est détaché tout à coup, a parcouru en trois minutes une pente de trois lieues, et a brusquement englouti une forêt, une vallée, trois villages avec leurs habitants et la moitié d'un lac.» (Cité par GRAND-CARTERET 1904: II, 8)

Style percutant digne de ce grand auteur, mais sans plus aucune référence à une quelconque punition divine: le texte se veut descriptif. Au XIXᵉ siècle, l'explication scientifique dévoile une fatalité toute logique due à l'action de la seule nature. Dans son ouvrage de 1868, *Les Alpes*, Hermann Berlepsch décrit de manière scientifique le drame de Goldau, non sans céder à une littérature pleine de pathos et de tragique. Il explique que de fortes pluies, des averses «lugubres», gorgèrent d'eau les

---

4. Les villages de Roetten, Busingen et Lowertz.

pentes du Rossberg et en firent glisser, lentement d'abord, les couches de terrain avant que tout ne s'écroulât.

«Peu d'instants suffirent pour que le phénomène étendit de tous côtés ses ravages et entraînât les pâturages, les vergers, les champs, les maisons avec les êtres animés qui s'y trouvaient. Les habitants sentant le sol fuir sous leurs pieds ne consultèrent que leur terreur pour s'enfuir. À peine avaient-ils aperçu le danger qu'un épouvantable craquement se fit entendre, comme si la terre eût été bouleversée jusque dans ses fondements. Une masse de plusieurs millions de toises, entraînant les forêts sur le revers du mont et une haute paroi de rochers appelée «Gemeinde-Maercht», se précipitait sur la plaine. Ce fut le moment suprême, le spectacle qui suivit n'a guère d'égal dans les fastes des œuvres de destruction. Rocs, terre, gazon, arbres et buissons bondissaient en tourbillonnant, soulevant des nuages de poussière, du côté de Goldau. Les fragments éboulés semblaient lutter de rapidité et de fureur, tout croulait et cet affreux pêle-mêle faisait présager la fin du monde. Des blocs de grandeur colossale, quelques-uns encore couverts de sapins, traversaient les airs comme des projectiles qu'aurait lancés un engin infernal; d'autres, obus formidables, ricochaient sur la terre, puis ralentissant un instant leur course furibonde, s'élançaient de nouveau dans l'espace avec un bruit comparable au tonnerre du jugement dernier; d'autres encore, se heurtant dans leur chute, volaient en éclats et se dispersaient au loin.» (BERLEPSCH 1868: 45-46)

Si les références à l'enfer et à la fin du monde rappellent encore les descriptions médiévales, le vocabulaire appartient bien au sublime hérité du XVIIIe siècle. Ce texte campe un pittoresque tragique de la catastrophe, voire une mythification de la montagne et de ses drames, dont les métaphores sont reprises sans cesse. Par exemple, Jean-Jacques Rousseau, dans une lettre écrite au maréchal de Luxembourg depuis son refuge de Môtiers dans le Jura et datée de 1763, reprend le récit d'un glissement de terrain qui tient plus de la légende et du merveilleux médiéval que des explications scientifiques de son époque. Cette lettre était toutefois très conventionnelle pour la description et reprenait les modèles de la littérature de voyage du XVIIIe siècle.

«Au-dessus de ce même village de Travers[5] il se fit il y a deux ans une avalanche considérable, et de la façon du monde la plus singulière. Un homme qui habite au pied de la montagne avait son champ devant sa fenêtre, entre la montagne et sa maison. Un matin qui suivit une nuit d'orage il fut bien surpris en ouvrant sa fenêtre de trouver un bois à la place de son champ; le terrain s'éboulant tout d'une pièce avait recouvert son champ des arbres d'un bois qui était au-dessus, et cela, dit-on, fait entre les deux propriétaires le sujet d'un procès qui pourrait trouver place dans le recueil de Pittaval. L'espace que l'avalanche a mis à nu est fort grand et paraît de loin; mais il faut en approcher pour juger de la force de l'éboulement, de l'étendue du creux, et de la grandeur des rochers qui ont été transportés. Ce fait récent et certain rend croyable ce que dit Pline d'une vigne qui avait été ainsi

5. En réalité Môtiers dans la Val-de-Travers.

transportée d'un côté du chemin à l'autre.» (REICHLER et RUFFIEUX 1998: 367)

Fascination d'un écrivain-voyageur devant les forces de la nature, ce sentiment des hommes de lettres et des esthètes n'était pas de mise pour les populations qui subissaient les catastrophes naturelles. Terreur évidemment, comme à Goldau, mais surtout sentiment d'impuissance, à toute époque et en tous lieux. En effet, non seulement les régions alpestres subissent des catastrophes, mais aussi les villes et les campagnes. Toujours imprévus et parfois terribles sont les tremblements de terre. Au Moyen Âge, les gens s'enfuyaient et ne revenaient surtout pas dans les lieux sinistrés pour secourir les victimes: la peur de la punition divine était trop grande et on évitait tout risque de la subir une seconde fois. Lors d'un tremblement de terre à Milan, la chronique parle des habitants qui restèrent huit jours sous des tentes avant de retourner en ville (BERLIOZ 1998: 40).

La Suisse n'a connu qu'un seul tremblement de terre très dévastateur, celui de Bâle, qui eut lieu le 18 octobre 1356. Ce fut, pour l'époque médiévale, le plus terrible séisme survenu au Nord des Alpes, qui détruisit la plupart des édifices, de nombreux châteaux aux alentours et fit de 1000 à 2000 morts (BOLT 1982). La ville brûla pendant huit jours et, comme cette catastrophe arrivait sept ans après la grande peste, les habitants crurent que Dieu était encore très en colère contre eux (TEUTEBERG 1986: 150-151). Un tel événement fut certainement perçu comme une apocalypse. Piccolomini, le futur pape Pie II, présent au concile de Bâle, le mentionne encore quatre-vingts ans plus tard dans une description de la ville

(1436)[6]; il évoque, dans le même texte, l'attitude très religieuse et fervente des Bâlois, en montrant par là qu'ils en tirèrent leçon.

> «Il y a quatre-vingts ans, dit-on, que Bâle fut tellement ruiné par des tremblements de terre réitérés, qu'à peine une centaine de bâtiments restèrent sur pied: ce fait est prouvé par l'état actuel de cette ville, presque neuve et comme construite tout à la fois; on n'y voit aucune maison qui porte des marques d'antiquité; celles qui restèrent debout après cette catastrophe, sont par la suite tombées, de manière qu'on n'aperçoit dans ses rues plus rien qui annonce la dégradation, ou qui menace ruine.»
> (REICHLER et RUFFIEUX 1998: 48)

La ville fut donc reconstruite, des dons affluèrent (TEUTEBERG 1986: 150)[7] et des secours s'étaient certainement organisés au moment du drame. L'Église portait secours aux sinistrés et faisait acte de charité envers les victimes démunies. Les autorités politiques, les seigneurs ou les villes, réagissaient, faisant avant tout de la prévention en publiant des édits pour éviter les calamités (BERLIOZ 1998: 23-26).

Toutefois, les grands travaux pour prévenir les catastrophes, notamment pour lutter contre les inondations,

---

6. Aeneas Sylvius Piccolomini, élu pape en 1458 sous le nom de Pie II, séjourna à Bâle de 1431 à 1438 lors du concile, et écrivit ses impressions pour l'un de ses correspondants italiens. Cette description, en latin et sous forme manuscrite, circula longuement avant d'être publiée à la fin du XVIe siècle

7. Selon TEUTEBERG, une demande de dons pour reconstruire la cathédrale de Bâle fut adressée à l'évêché voisin de Constance.

n'allaient être réalisés qu'à l'époque moderne. Au XVIIIe siècle encore, et même plus tard, l'eau reste une menace réelle pour les populations. En 1728, Albrecht de Haller, alors âgé de vingt ans, entreprend un voyage dans les Alpes et dans le pays de Vaud. Dans une longue lettre envoyée à un correspondant, il décrit les paysages rencontrés. Son éducation toute classique le porte à apprécier avant tout les beautés des campagnes travaillées par les hommes qu'il décrit comme des jardins ou des vergers. Mais ces paysages idylliques recèlent aussi leurs dangers, dont témoignent amplement les ravages occasionnés par les rivières et les torrents décrits en parcourant le vignoble de Lavaux:

> «Le chemin est [...] dangereux et difficile à entretenir, par les éboulements et les inondations qui suivent les grosses pluies. La Veveyse seule a fait des dommages très considérables, couvert de vastes prés, ruiné des ponts, enlevé des maisons et le formidable torrent n'avait à notre passage qu'autant d'eau qu'il fallait pour mouiller les pieds.»[8] (REICHLER et RUFFIEUX 1998: 251)

Le XIXe siècle mettra en œuvre de grands travaux pour contenir ces torrents imprévisibles, mais, en 1852 encore, dans son récit de voyage, *Italia*, Théophile Gauthier décrit, dans son style poétique, le Rhône comme un fleuve toujours capricieux et menaçant:

---

8. Une crue majeure de la Veveyse avait eu lieu en 1726 et Haller a dû voir encore une partie des dégâts qu'elle avait provoqués.

«Le Rhône coule au fond de la vallée, tantôt près, tantôt loin, mais toujours orageux et jaune, roulant des pierres et du sable, et changeant souvent de place dans son lit comme un malade inquiet.» (*Ibid.*: 725)

Entre l'époque de Haller et celle de Gauthier, le développement des sciences a permis de mieux comprendre les catastrophes naturelles et, chez les voyageurs érudits, la terreur médiévale a fait place à une fascination esthétique. Toutes sortes de catastrophes sont décrites dans leurs récits, mais les mentions d'avalanches sont les plus récurrentes et accompagnent souvent les descriptions des Alpes. En fait, surtout l'hiver, elles représentent le premier danger auquel est confronté le voyageur, une menace permanente qui terrifie ou fascine.

Les avalanches: sublimation et explication

L'avalanche symbolise par excellence la dangerosité du domaine alpestre et toutes les descriptions de ce phénomène faites par les voyageurs reflètent l'impuissance de l'homme face à la nature. La plupart des récits mentionnant des avalanches proviennent des XVIIIe et XIXe siècles, époque à laquelle l'intérêt pour la nature alpine va croissant. Toutefois, c'est dès la Renaissance qu'a commencé la découverte des Alpes et certains auteurs humanistes ont décrit ce monde encore terrifiant. L'érudit zurichois du XVIe siècle, Josias Simler, a publié plusieurs traités sur l'histoire et la géographie, mais c'est en redécouvrant les textes classiques, comme tout humaniste curieux travaillant en cabinet, qu'il a fait la connaissance des dangers du voyage dans les Alpes. L'un des textes fondateurs de la littérature de voyage, que Simmler cite et donne comme référence à suivre, est le grand poème épique de Silius Italicus, *La Guerre punique*. Cet ouvrage évoque notamment le passage des Alpes par Hannibal en octobre 218 av. J.-C. et on y trouve déjà toutes les terreurs des siècles à venir. Les avalanches meurtrières et les tempêtes cycloniques sont en fait les vengeances des dieux, car la haute montagne est leur résidence, les soldats n'osent d'abord pas fouler ce sol sacré et seules les exhortations d'Hannibal les y poussent.

> «Lorsque le mont, couvert d'une glace épaissie par un froid éternel, lui laisse à peine un endroit où poser le pied sur ses flanc qu'ont blanchis les frimas, [Hannibal] fait entamer ces glaces qui résistent en vain. La neige fondue s'entrouvre et engloutit les soldats; et se précipitant d'en haut en masses humides, elle couvre dans sa chute des bataillons entiers. Quelquefois l'affreux Corus[9], rassemblant devant eux des tourbillons de neige, les leur pousse au visage avec ses sombres ailes; ou bien encore, au milieu des sifflements d'une horrible tempête, il arrache au soldat ses armes et la trombe qui les emporte les fait tournoyer jusqu'aux cieux dans son rapide essor.» (*Ibid.*: 24)

Seule une intervention de Vénus, nous dit le poète, permit aux armées d'Hannibal de franchir la chaîne des Alpes. D'après d'autres sources, notamment Polybe, les problèmes survinrent à la descente lorsque les plaines

---

9. Vent du nord-ouest.

de l'Italie furent en vue; les soldats se mirent à courir, ce qui déclencha une série d'avalanches et, en un seul jour, 18'000 hommes, 2000 chevaux et plusieurs éléphants périrent»[10] (NASH 1976: 19-20). On peut parler de catastrophe, et si les estimations sont exactes, même de l'une des plus meurtrières avalanches de tous les temps. D'autres textes antiques mentionnent les dangers des avalanches et Simler de reprendre et commenter un récit du passage du Gotthard écrit par Jovius, qui décrit les craintes des voyageurs et les causes du déclenchement des avalanches[11].

«La gorge par laquelle on monte est excessivement étroite et le passage y est fort dangereux à la saison où les neiges commencent à s'amollir et à tomber, car bien souvent leurs masses entassées tombent en avalanches des sommets élevés et écrasent les passants. Un rien suffit alors pour les mettre en mouvement: un éclat de voix, un cri des voyageurs répercuté par l'écho, les déplace, dit-on. [...] Les neiges même semblent d'abord trembler, puis glisser, et leurs masses entassées s'abattent avec une violence telle que le mont tout entier tremble aussi et s'ébranle.»[12]

L'explication se veut rationnelle et ce ne sont plus des démons qui provoquent les avalanches chez Simler, mais un phénomène physique tout à fait logique. Les

---

10. L'armée punique aurait compté 38'000 soldats, 8000 cavaliers et 37 éléphants.
11. *Mémoire sur les Alpes*, 1574, in COOLIDGE 1904.
12. Simler cité par C. REICHLER et R. RUFFIEUX, 1998: 27.

peurs ancestrales demeurent toutefois et le XVIIe siècle ne parle que très peu de voyages dans les Alpes, une nécessité éprouvante à cette époque indigne d'être racontée. Au siècle des Lumières par contre, l'attrait des paysages alpins pousse les voyageurs à arpenter les montagnes. On veut explorer ou admirer, comprendre ou s'extasier, expliquer ou disserter: les élites anglaises lancent la perception du sublime que procurent les montagnes, et toute l'Europe suit. Le pasteur et historien vaudois Abraham Ruchat fut mandaté par un éditeur hollandais pour ajouter à une collection de relations de voyages (on dirait aujourd'hui de «guides de voyage») un volume sur la Suisse. En 1714 paraissent les *Délices de la Suisse*. Cet ouvrage montre l'intérêt croissant que les voyageurs portent aux contrées helvétiques au XVIIIe siècle, séquence obligée du Grand Tour qui les conduit d'Angleterre à travers l'Europe jusqu'en Italie méridionale. C'est le début d'un véritable engouement qui finira par aboutir, un siècle plus tard, à l'avènement d'une industrie du tourisme. Ruchat n'énumère pas seulement des lieux dignes d'être visités, il met aussi en garde les voyageurs contre les dangers de la montagne. Après la mention des risques encourus en marchant sur les glaciers, il explique ce qu'est l'avalanche et en décrit deux types en particulier.

> «Outre ces montagnes de glace les voyageurs ont encore à craindre celles de neige. Souvent il en tombe du haut des montagnes des masses prodigieuses, que les Allemands appellent *Lawinen*, les Italiens *lavine*, et les Romands *avalanches*; tombant avec impétuosité, elles font un bruit aussi grand que celui du tonnerre, tellement que ceux qui l'entendent de loin, ne

sachant ce que c'est, croient que c'est effectivement le tonnerre, comme cela m'est arrivé une fois à moi, qui en entendis une qui se fit il y a quelques années dans le Valais, à plus de vingt lieues de l'endroit où j'étais. Quelquefois c'est de la neige fraîchement tombée en grande quantité, qui poussée par quelque grand vent se détache du lieu où elle est et forme des pelotes d'une grosseur prodigieuse, qui vont toujours en croissant, et qui renversent, enveloppent et entraînent tout ce qu'elles rencontrent, gens et bêtes. Comme il est difficile de se précautionner contre elles, parce qu'elles se font subitement, aussi un homme peut y demeurer plus longtemps sans en être étouffé, parce qu'elles sont plus légères. Mais il y en a d'autres qui se font au printemps, dans les temps du dégel: ce sont les plus dangereuses, et celles du moins d'où il est plus difficile de se tirer. De grandes masses de neige vieille, se fondant par-dessous, se détachent tout à coup et tombent avec un bruit horrible, mais en faisant encore plus de ravage que de bruit. Non seulement elles enveloppent gens et bêtes, mais elles entraînent et emportent des arbres et des maisons entières.» (*Ibid.*: 221-222)

Ruchat reprend un lieu commun de la description de l'avalanche, la boule de neige roulant dans la vallée, qu'on trouve aussi dans des gravures jusqu'à la fin du XVIIIᵉ siècle. Les anciennes représentions sont souvent reprises par les voyageurs et, comme Simler cent quarante plus tôt, Ruchat parle entre autres phénomènes du bruit déclenchant les coulées de neige et évoque les mêmes précautions à prendre, faire silence notamment.

«Il ne faut presque rien pour produire ces horribles avalanches dans les Alpes. Le vol d'un oiseau, le saut d'un chamois, un coup de pistolet, un cri, le son de la parole, ou celui des sonnettes qu'on met aux bêtes de charge, enfin une petite pluie douce, tout cela peut détacher la neige (tant elle tient à peu dans ces lieux si penchants) et la faire fondre sur les passants comme un tourbillon. C'est pourquoi l'on recommande soigneusement aux voyageurs, dans les lieux où il y a du danger de ce côté-là, de marcher de bon matin, de ne point parler, de faire le moins de bruit qu'il est possible, et de passer le plus promptement qu'ils pourront, comme un homme qui se sauve d'une maison embrasée; et les voituriers emplissent de foin ou de paille les sonnettes de leurs bêtes. Il y a même quelques endroits, comme dans le val d'Avers dans les Grisons, où l'on ne met les cloches qu'à quelques pieds au-dessus de terre, afin que leur son n'aille pas trop loin, produire quelque avalanche. Et en plusieurs endroits on ne se sert absolument point de cloches, pour la même raison. Dans la Basse-Engadine, entre les villages Lavin et Guardia, il y a en divers endroits le long du chemin des voûtes souterraines, où les voyageurs peuvent se retirer quand ils voient venir quelqu'une de ces montagnes de neige. Mais si le malheur en veut aux passants, qu'ils se trouvent en un lieu où il n'y ait pas moyen d'échapper, il faut qu'ils se serrent contre quelque rocher aussi fortement qu'il leur est possible, pour n'être pas entraînés, ou du moins tâcher d'y avoir toujours la tête libre pour pouvoir respirer en attendant qu'il vienne du secours. Car dans tous ces lieux il y a des gens entretenus par les magistrats, qui ont soin des chemins, pour les tenir toujours ouverts et en état, et dès qu'il tombe quelque quantité de neige, ils vont raccommoder les chemins, aplanir la neige avec de grosses masses de bois qu'ils font traîner par des bœufs, ou l'enlever avec des pelles, et d'autres instruments; et en même temps ils vont fouiller dans les lieux dangereux, pour voir s'il n'y aura point quelque pauvre voyageur enseveli dans la neige. Les chroniques de la Suisse sont toutes remplies des ravages que les avalanches ont fait en divers lieux et en divers temps.» (*Ibid.* : 223)

La société montagnarde a toujours été organisée pour faire face aux avalanches et Ruchat rassure les voyageurs, mais il fait aussi de la prévention. Déjà au Moyen Âge, l'Église portait secours aux victimes des catastrophes et, en montagne, organisait des infrastructures non seulement pour garantir le passage des cols, mais aussi pour secourir les voyageurs. Le grand spécialiste des Alpes du XVIIIe siècle, Horace Bénédict de Saussure, décrit, dans son ouvrage *Voyages dans les Alpes*, paru en 1779 et maintes fois réédité, comment les moines du Saint-Bernard portaient secours aux victimes d'une avalanches, et leurs faits et gestes paraissent intemporels:

«C'est aussi dans la recherche des malheureux passagers qui ont été entraînés par les avalanches et ensevelis dans les neiges que brillent le zèle et l'activité des bons religieux. Lorsque les victimes de ces accidents ne sont pas enfoncées bien profondément sous la neige, les chiens du couvent les découvrent; mais l'instinct et l'odorat de ces animaux ne peuvent pas pénétrer à une grande profondeur. Lors donc qu'il manque des gens que les chiens ne peuvent pas retrouver, les religieux vont avec de grandes perches sonder de place en place; l'espèce de résistance qu'éprouve l'extrémité de leur perche leur fait connaître si c'est un rocher ou un corps humain qu'ils rencontrent; dans ce dernier cas, ils déblayent promptement la neige, et ils ont souvent la consolation de sauver des hommes, qui sans eux n'auraient jamais revu la lumière. Ceux qui se trouvent blessés ou mutilés par le gel, ils les gardent chez eux, et les soignent jusqu'à leur entière guérison.» (*Ibid.*: 293)

Saussure explora, décrivit, observa les massifs alpins et parcourut dans les années 1760 et 1770 les régions de Chamonix et du Mont-Blanc. Grâce à ses textes, l'Europe cultivée entrait dans un monde nouveau qui faisait rêver. Sans pour autant négliger ses observations scientifiques, Saussure prend aussi le temps de se prêter à la rêverie face aux paysages sublimes qu'il côtoie, mais l'avalanche toujours trouble la quiétude des hauts sommets et de leurs glaciers.

«Quelquefois de grands éclats, semblables à des coups de tonnerre, et suivis comme eux par de longs roulements, interrompent cette rêverie, causent une espèce d'effroi quand on ignore leur cause, et montrent, quand on la connaît, combien est grande la masse des glaçons dont la chute produit un si terrible fracas.» (*Ibid.*: 280)

Cette «espèce d'effroi» appartient tout à fait à la perception sublime du monde alpin. Outre leurs observations des plus objectives sur les phénomènes catastrophiques, les auteurs-voyageurs aiment à éprouver peurs et frissons que procure l'esthétique du sublime. Par exemple, Gottlieb Sigmund Gruner, un érudit bernois passionné de sciences naturelles, publia entre 1760 et 1762 les trois volumes d'un ouvrage scientifique: *Die Eisgebirge des Schweizerlandes*[13]. Dans ses pages, Gruner témoigne d'une avalanche qu'il a vue et, tout en expliquant de manière objective le phénomène (il ne parle pas de boule de neige), il utilise un vocabulaire faisant référence au sublime.

> «Lorsque je passai près du Wetterhorn, en 1756, j'eus le bonheur de voir un des plus beaux phénomènes; c'est un spectacle assez commun pour un habitant du pays; mais il est rare pour un étranger.
> Tout à coup j'entendis un bruit effroyable, pareil à l'éclat du plus fort tonnerre; j'en fus d'autant plus surpris que le jour était un des plus beaux de l'été, et qu'on ne voyait pas au ciel le plus léger nuage. Ce bruit ayant duré quelques instants, et étant répété par les échos, je crus que c'était en effet le bruit d'un fort tonnerre, renvoyé par les montagnes. Tandis que je regardais autour de moi avec surprise de la cime du Wetterhorn la plus élevée, et toujours couverte de glaces, je vis se détacher une masse de neige, qui tomba du haut en bas de la côte escarpée du premier sommet. Une partie s'éleva comme une poussière; l'autre se précipita comme un rapide torrent, sur un rocher qui s'avance du milieu du mont; le choc en fit élever encore une espèce de brouillard, et le reste de cette

---

13. Cet ouvrage fut traduit en français par le chevalier Kéraglio en 1770 et édité à Paris sous le titre: *Histoire naturelle des glacières de Suisse.*

masse énorme tomba au pied de la montagne. La vapeur s'en éleva pour la troisième fois, et l'ébranlement de l'air se fit sentir jusqu'à moi et mes compagnons de voyage, quoique nous en fussions à un quart de lieue. Ce phénomène fut répété durant plusieurs minutes, avec le même bruit et les mêmes circonstances. J'avais vu la veille à Lauterbrunnen le Staubbach, ou «ruisseau de poussière»; et s'il y avait eu quelque vraisemblance, j'aurais pu croire que ce nouveau spectacle était la chute d'un torrent plus considérable que n'est le Staubbach; mais je fus bientôt convaincu de la vérité, lorsque je vis voler jusqu'à nous la neige réduite en poussière. Nos guides nous dirent que ces lavanges de poussière (c'est ainsi qu'ils les appellent) tombent souvent en été. Ils nous assurèrent que si nous eussions été à deux cents pas plus près, ou directement devant la chute, l'ébranlement de l'air aurait pu nous renverser, ou du moins nous donner une forte secousse, si nous ne nous fussions pas promptement détournés.

Ce spectacle est un des plus beaux et des plus terribles que j'aie jamais vus; il faut en avoir été témoin, pour s'en représenter toute la beauté. Il est aisé de concevoir comment ces masses de neige sont facilement réduites en poudre; la cause en est, d'une part, le mouvement subit et violent de l'air, de l'autre, cette neige séchée, qui est beaucoup plus légère que la neige fraîche. La poussière de cette lavange que j'ai vu tomber m'est parvenue entièrement sèche, et semblable à une pure glace pulvérisée.» (*Ibid.*: 302)

Comme le dit Gruner, rares sont les voyageurs qui peuvent assister à un tel spectacle. Mais pour certains d'entre eux, l'imagination fait le reste pour décrire les pires catastrophes. Le Genevois Marc Théodore Bourrit en est un bon exemple. Passionné de montagne, il la parcourt, surtout la vallée de Chamonix dont il devient l'un des meilleurs connaisseurs et où il guide parfois des touristes; à la fin de sa vie, il écrit même des guides de voyage dont l'emphase fut critiquée, mais dont certaines expressions sublimes deviendront des stéréotypes. Ses textes surprennent le lecteur et ses ouvrages sont ainsi de véritables récits de voyages qui montrent plus un autre monde qu'ils ne reproduisent la simple réalité. Publié en 1787, la *Nouvelle Description des glacières, vallées de glace et glaciers qui forment la grande chaîne des Alpes de Savoye, de Suisse et d'Italie* contient un récit dans lequel Bourrit raconte, dans un style déjà romantique, un orage à Kandersteg.

«Ce fut le lendemain de notre arrivée à Kandersteg, que nous parcourûmes cette gorge: plus nous avancions dans cette nature sauvage, et moins nous pensions à nous en éloigner. Nous marchions de rochers en rochers, chaque pas nous donnait des situations magnifiques; le ciel même s'offrait en spectacle; il semblait s'abaisser jusqu'à nous; mille flocons de nuages qui s'en détachaient plongeaient du faîte des sommets, et venaient ombrager de leurs épaisses vapeurs les gorges que nous dominions; nous contemplions leurs courants rapides, lorsque tout à coup nous vîmes les éclairs et la foudre sortir du sein de l'obscurité, l'explosion fut terrible; nous crûmes voir écrouler toutes les montagnes, et nous avec elles; le sifflement effrayant des vents, la chute de plusieurs rochers, deux avalanches de neiges augmentèrent l'horreur de notre situation: épouvantés de tout ce fracas, nous nous jetâmes au milieu d'un ravin; mais, apercevant le danger que nous courions d'être assommés par la chute des rochers, nous n'eûmes de secours dans cette extrémité que les pas de notre chien qui, fuyant devant nous, semblait nous inviter à le suivre: à son exemple nous franchîmes les torrents, les rochers, et nous eûmes le bonheur de pouvoir nous réfugier sous les mélèzes, qui nous mirent à l'abri d'une inondation qui survint un instant après.» (*Ibid.*: 309-310)

Le pittoresque catastrophique de Bourrit annonce une appréhension toute romantique du paysage dans laquelle l'imagination joue un grand rôle. Chez les romantiques toutefois, la nature n'est pas un lieu d'aventures dangereuses, mais elle est reflet des états d'âme du poète. Le *Wanderer* est la grande figure du romantisme; il fait, par étapes, des randonnées dans une nature proche qui lui révèle, par signes, tous les mystères de la vie et lui procure des sensations toutes métaphysiques dépassant un monde réel qui n'est pour lui, somme toute, qu'apparences. Le marquis Astolphe de Custine représente le type même de ces romantiques se plongeant dans les solitudes grandioses de la nature. En 1811, alors âgé de vingt ans, il parcourut la Suisse et entreprit le plus souvent possible des marches en solitaire. Ses textes[14] évoquent le lien intime entre l'âme et la nature que tout poète ressentait et l'avalanche révèle à Custine une fureur qui épouvante l'homme, mais qu'il peut dominer par l'élévation et la contemplation, ce qui flatte l'orgueil de l'écrivain.

---

14. *Mémoires et voyages, ou Lettres écrites à diverses époques, pendant des courses en Suisse, en Calabre, en Angleterre et en Ecosse,* 2 vol., Paris: Vezard 1830.

«Le seul bonheur de l'homme est de sortir des routes ordinaires et de briser les indignes entraves qui le forcent à ramper ici-bas! Je ne suis jamais si content ni si fier, que lorsqu'en pénétrant dans de profondes solitudes, je crois voir la nature s'opposer à mon passage, entasser rocher sur rocher, faire tomber du haut des nues d'énormes cataractes et pousser la fureur jusqu'à se faire la guerre à elle-même pour épouvanter l'homme! Hier soir j'ai contemplé avec une sorte d'orgueil, les débris d'une forêt renversée tout entière il y a peu d'années, *par le vent d'une avalanche!* Quelle contrée j'ai parcourue! je découvrais les remparts du ciel! d'immenses tours de granit et de cristal s'élevaient jusqu'aux nues, des cascades effroyables s'engloutissaient dans des abîmes qu'elles-mêmes s'étaient creusés; la nature en ces lieux m'expliquait mon cœur, je le retrouvais avec toutes ses bizarreries, et j'ose dire avec toute sa noblesse!» (*Ibid.*: 681)

Un tel détachement du poète face à la nature montre que la catastrophe ne lui paraît plus menaçante et que ses soubresauts sont surtout pour lui prétexte à la métaphore et au pathos littéraire. Au XIXe siècle, les mentalités avaient changé et la nature, grâce au développement scientifique et industriel, pouvait enfin être maîtrisée, croyait-on. Cette attitude positiviste et progressiste influença évidemment aussi l'écrivain-voyageur qui, comme citadin, considérait la nature comme un lieu de projection de ses rêveries et non plus comme un environnement menaçant et hostile. La catastrophe naturelle devient forme littéraire, donne un cadre narratif aux récits de voyage. Chez Alexandre Dumas, dans son ouvrage *Impressions de voyage en Suisse*, paru à la suite d'un voyage effectué en 1832, les catastrophes constituent des éléments du récit et accompagnent le pittoresque d'un texte qui prend parfois une forme romanesque. Les légendes nationales, mais aussi les anecdotes cocasses, comme le «bifteck d'ours» mangé à Martigny, font le succès du livre et la profusion narrative captive le lecteur qui en oublie l'invraisemblance. Le «drame moderne» que présente Dumas avec le récit de *L'auberge du Schwarzbach* évoque une malédiction pesant sur un fils parricide de la région de Loèche. Entre autres calamités, l'avalanche et l'éboulement contribuèrent aux malheurs de la famille de paysans.

> «Quelque temps après [l'assassinat du père par le fils], la ferme de Kunz brûla, la mortalité se mit dans ses troupeaux; la cime du Renderhorn s'écroula, comme poussée par une main vengeresse; un éboulement de neige couvrit la terre sur une surface de deux lieues, et sous cette neige étaient engloutis les champs les plus fertiles et les alpages les plus riches du parricide. Kunz, n'ayant plus ni grange, ni terre, de fermier qu'il était, se fit hôtelier.» (*Ibid.*: 794-795)

Histoire lugubre, mais toutes les références à l'action de forces métaphysiques ne sont que tournures dramatiques, Dumas n'y croyait certainement pas, les montagnards de cette époque par contre... Et Dumas d'aller visiter cette auberge sise dans un paysage terrible en «harmonie avec le drame». L'aubergiste lui raconte l'histoire et le convainc cependant que celle-ci est issue de l'imagination d'un poète qui séjourna chez lui. Désenchantement du romancier, la «nature terrible» était devenue «déserte et inanimée» (*Ibid.*: 801-802). Dumas témoigne d'une attitude générale des voyageurs de son temps, qui découvrent un pays connu par la lecture et dont ils renouvellent la matière par l'écriture. Victor Hugo en est un autre exemple. Il fit plusieurs voyages en Suisse et sa correspondance, publiée en 1890 dans un ouvrage posthume intitulé *Alpes et Pyrénées*, révèle une écriture riche de métaphores, de pittoresque, de clichés retravaillés et présentés de manière familière ou sublime. Chez Hugo, la mer, autre topos de l'esthétique du sublime, devient la métaphore du paysage alpin et l'avalanche est réduite à représenter l'écume des vagues.

> «Ces montagnes sont des vagues en effet, mais des vagues géantes. Elles ont toute les formes de la mer, il y a les houles vertes et sombres qui sont les croupes couvertes de sapins, les lames blondes et terreuses qui sont les pentes de granit dorées par les lichens, et, sur les plus hautes ondulations, la neige se déchire et tombe déchiquetée dans des ravins noirs, comme fait l'écume. On croirait voir un océan monstrueux figé au milieu d'une tempête par le souffle de Jéhovah.» (*Ibid.*:813)

Hugo peut rêver et donner libre cours à son imagination lors de ses voyages, car le tourisme s'est développé et a sécurisé les déplacements dans la région alpine. Au XIXᵉ siècle, l'homme a l'impression qu'il domine la nature grâce au progrès technique, mais, si la catastrophe naturelle peut être théoriquement prévenue, elle continue à frapper de manière soudaine et imprévisible. L'avalanche reste de ce fait le symbole fort de la haute montagne, un lieu sauvage et indomptable, comme le montre si lyriquement l'historien Jules Michelet. Dans son *Journal*, en 1838, il reprend le cliché sublime d'«accablante grandeur» du domaine alpin qui subit toujours la vengeance des dieux malgré les interventions des ingénieurs.

> «La vue des glaciers donne l'idée d'une nature hostile, impitoyable (Byron y a placé Némésis[15]). Les fleuves et la mer nous obéissent. Mais ici, que pouvons-nous? Le glacier, dans certaines parties, avance, invincible. Dans quelques années, il aura conquis. Il y a (?) ans, une avalanche a emporté un village; récemment encore, la chute d'une montagne de glace, formant un lac, épouvanta tout le Valais. Les ingénieurs en minèrent doucement la digue et épanchèrent une partie des eaux. Mais un jour, le torrent part, emplit le Valais, comble Martigny à la hauteur de douze pieds: berceaux des enfants dans le lac. [...] Dans cette Suisse, pleine de souffrance et de terreurs, toute en lutte avec la nature, la protection de Dieu ne suffit pas; il en faut une plus spéciale. Dieu est si grand, il a tant de choses à faire, il pourrait détourner les yeux de la pauvre cabane, et le vent l'emporterait. Mais le saint de la vallée n'oubliera pas ceux qui l'habitent. Mais la bonne Vierge étendra sa robe sur ses enfants. L'avalanche passera par-dessus...» (*Ibid.*: 879-880)

Fatalisme des populations et zèle des scientifiques, Michelet résume très bien deux attitudes sociales face à la catastrophe durant le XIXe siècle. Toutefois, la maîtrise de la montagne semble l'emporter vers la fin du siècle et Michelet d'écrire en 1868, comme un ultime hymne à une

---

15. Déesse personnifiant la vengeance divine.

nature intacte, la dernière œuvre romantique du voyage en Suisse, *La Montagne*. Sortant des sentiers battus foulés par le touriste, refusant la sentimentalité des romantiques, utilisant un style coloré et descriptif, l'historien révèle, par une peinture grandiose de la nature, la dimension sacrée et cosmique de l'histoire du monde et de l'homme. La haute montagne n'est que désert et sa traversée une initiation aux mystères de la mort. L'avalanche de pierre, dans ce contexte, détruit les paysages et provoque l'anéantissement de la montagne même.

> «Mais peu à peu tout cesse, plus d'enfants, et plus d'herbes. Rien que pierres. Grand silence. Par le plus beau juillet, le plus brillant soleil, la route était lugubre. Le cirque de Julier, où elle passe, est un vaste théâtre de ruine et de démolition.
> Déjà sur toute cette route, une idée me venait, me revenait souvent: *la mort de la montagne*. Des forêts maladives soutenaient mal les terres. Des taillis clairsemés, faibles débris des forêts disparues, plus haut tâchaient en vain de retarder les chutes. De vastes lapiaz (ils appellent ainsi ces lieux dévastés, ravinés) laissaient aller, pleuvaient la pierre, la terre. Si l'avalanche de neige n'est pas à craindre sur cette route, celle de terre et de poussière, de débris émiettés, menace. On passe des abris de poutres, qui reçoivent les démolitions, les écoulent par-dessous la route. C'est plus funèbre que les neiges.» (*Ibid.*: 907)

L'avalanche devient un agent destructeur terrible qui ravage non seulement les installations humaines, mais aussi les montagnes. Pour Michelet, «l'écroulement futur de ce grand mur des Alpes» est dû notamment à l'homme qui, en coupant la forêt, détruit «les gradins inférieurs où s'appuient les sommets.» (*Ibid.*: 908-909)

Au Moyen Âge, ce ne pouvait être que Dieu qui provoquait des éboulements suivis de raz-de-marée comparables à celui du Tauredunum de 563. Au XIXe siècle, on pense que l'homme est capable de détruire la chaîne des Alpes par ses activités. Un siècle plus tard, on sait que la déforestation ne fait pas s'affaisser les montagnes, mais qu'elle favorise cependant les avalanches et les coulées de terre. Leurs ravages font le succès de la presse et autres médias et leurs causes ne sont plus expliquées que par des scientifiques spécialisés. La sensibilité au paysage ne passe plus par les émotions fortes que procure la nature, mais par la qualité de l'environnement dans lequel se repose le voyageur ou se retire l'écrivain. Sachant qu'il détruit les paysages en promouvant un développement urbain et industriel trop rapide, l'homme du XXe siècle, se sentant en sécurité ou vivant en totale inconscience des dangers, perçoit toutefois une nouvelle catastrophe naturelle, la vague déferlante du progrès qui détruit son environnement.

Catastrophe écologique et détachement

Hermann Hesse confirme cette attitude moderne face à la nature et annonce en même temps, dans ses récits sur la Suisse[16], la catastrophe écologique. Établi en 1931 au Tessin après de nombreux voyages et de longs séjours en Suisse, l'écrivain allemand écrit la dégradation des environs de Montagnola où il réside et déplore la transformation des paysages sous le véritable raz de marée de béton qui les envahit.

«Là où se perdait hier, sur le coteau, une sente capricieuse serpentant parmi les rangs de vigne et les haies de chèvrefeuille, on voyait aujourd'hui des camions s'arrêter sur un terrain bouleversé pour décharger leurs briques et leurs sacs de ciment, puis, un peu plus tard, au lieu des prés fleuris, des vignes et des figuiers, se dressaient des clôtures de fil de fer barbelé protégeant de petits pavillons urbains tandis que, de la ville et de la vallée, montaient vers nous sans arrêt ces bêtes rampantes qui avaient nom: lotissements, constructions nouvelles, rues, murs, bétonneuses-mélangeuses, ivresse du développement et fièvre de la spéculation foncière, mort de la forêt, des prairies, des vignobles. Les machines des entreprises de bâtiment pétaradaient, le choc des riveteuses retentissait sur les cuves à mazout. [...] La grande vague nous avait atteints, nous n'étions plus un village et notre environnement n'était plus un paysage. Nous avions

---

16. Publiés en français sous le titre de *Description d'un paysage. Miniatures suisses*, trad. M. Ulin et J. Malaplate, éd. présentée par S. Unseld. Paris: José Corti 1994.

eu beau, trente ans auparavant, construire notre maison dans l'endroit le plus écarté, le plus secret, la
grande vague venait maintenant jusqu'à nos pieds,
prairie après prairie était vendue, lotie, sur-construite
et clôturée.» (*Ibid.*: 997-998)

Hesse défend un paysage tel qu'il était perçu encore
au XIXᵉ siècle, une nature vierge de toute trace d'intervention humaine. Au XXᵉ siècle, le regard du voyageur
sur la Suisse va changer et la perception sublime des
panoramas alpestres perdra de son grandiose. Jean
Paulhan, invité en Suisse avec d'autres artistes à la fin
de la Deuxième Guerre mondiale, écrit un *Guide d'un
petit voyage en Suisse*, titre évocateur de son attitude dis-
tante par rapport à un pays qui, lors d'un séjour en 1925,
ne lui avait laissé, avoue-t-il, aucun souvenir. Se refusant à toute émotion devant le spectacle de la nature,
décrivant plutôt les petits riens de la vie quotidienne du
voyageur, Paulhan critique avec ironie toute la perception sublime d'un tourisme empreint de clichés et de sentiments affectés. La catastrophe, en l'occurrence une
avalanche, est décrite avec cynisme et distanciation.

«Nous rencontrâmes un peu plus tard notre première
avalanche.
Évidemment, elle était passée. Elle semblait même
ancienne. Mais le désordre des pierres, leur amoncel-
lement, leurs postures suspendues et comme hésitan-
tes, certaine façon de briller comme de l'eau entre les
troncs des mélèzes, nous permirent heureusement
d'imaginer, non sans horreur, qu'il y avait par là-des-
sous pas mal d'hommes, d'animaux et de villages écra-
sés, qui devaient d'ailleurs être secs depuis quelque

temps déjà. Ce que confirma Broux [notre guide], sur la demande que nous lui fîmes. De plus, il suffisait d'agiter vivement la tête de gauche à droite pour voir (assez confusément) bondir entre les mélèzes des quartiers de roche, suivis d'une mitraille de petites pierres, et broyer les arbres voisins. Cependant, reconnaissant un paysage du type quatre[17] – le pont seul faisait défaut, que remplaçait assez bien, des neiges jusqu'à nos pieds, ce torrent de rochers blancs – je me mis à éprouver une assez vive émotion. Je me privai donc prudemment de regarder le pays jusqu'à Guarda, où nous parvînmes deux heures plus tard.» (*Ibid*: 1087)

Les clichés circulant chez les auteurs des XVIIIe et XIXe siècles sont mis à plat et le pathos découlant des récits de catastrophes délaissé. Mais est-ce une attitude voulant rendre compte du drame réel des catastrophes naturelles ou permettant d'éviter de regarder en face une réalité dérangeante?

---

17. Plus haut dans le texte, Paulhan fixe, avec grande ironie envers le pittoresque, «huit à dix types de paysages inoubliables».

Références

BERLEPSCH Hermann Alexander von
1868   *Les Alpes. Descriptions et récits.* Bâle/Genève:
           H. Georg.

BERLIOZ Jacques
1998   *Catastrophes naturelles et calamités au Moyen Âge.*
           Turnhout: Sismel- Edizioni del Galluzzo.

BOLT Bruce A.
1982   *Les tremblements de terre.* Paris: Pour la Science.

COOLIDGE William A. B.
1904   *Josias Simler et les origines de l'alpinisme jusqu'en*
           1600. Grenoble: Imprimerie Allier.

FAVROD Justin
1993   *La Chronique de Marius d'Avenches (455-581).*
           Cahiers lausannois d'histoire médiévale N° 4,
           Lausanne.

GAMBONI Dario
1987   *La géographie artistique.* Ars Helvetica I, Arts et
           culture visuel en Suisse. Disentis: Ed. Desertina.

GRAND-CARTERET John
1903-1904 *La montagne à travers les âges. Rôle joué par elle.*
           Façon dont elle a été vue. 2 vol. Grenoble: Librairie
           Dauphinoise / Moutiers: Librairie Savoyarde.

NASH Jay Robert
1976   *Darkest Hours.* Chicago: Nelson-Hall.

REICHLER Claude et Roland RUFFIEUX
1998   *Le Voyage en Suisse. Anthologie des voyageurs*
           français et européens de la Renaissance au XXe siècle.
           Paris: Robert Laffont.

TEUTEBERG René
1986   *Basler Geschichte.* Basel: Christoph Merian.

LA CATASTROPHE
COMME REPOUSSOIR
DE L'ACTE CRÉATEUR
CHEZ RAMUZ

Stéphane Pétermann

> «Voll Verdienst, doch dichterisch, wohnet
> der Mensch auf dieser Erde.»
> Friedrich Hölderlin, *In lieblicher Bläue…*

Le monde romanesque de C. F. Ramuz est rempli d'événements violents, allant des tragédies quotidiennes aux
guerres, des mauvais traitements domestiques aux cataclysmes. Dans cette brutalité qu'un auteur fait subir à
ses personnages, Michel DENTAN (1980) a cru déceler
davantage qu'une vision tragique ou pessimiste de l'existence: il y voit la marque d'un écrivain préoccupé au plus
haut point par la question de la création, exerçant sur
son œuvre sa toute-puissance dans une posture qu'il
nomme la «contemplation monarchique» (DENTAN 1974:
53). Détruisant et reconstruisant librement l'espace de
la fiction, Ramuz y mettrait en scène son autorité de
démiurge; le déchaînement de l'énergie, créatrice et destructrice, ne serait ainsi qu'une façon d'affirmer triomphalement les pouvoirs de l'écriture. Or quelle manière
plus éclatante de faire la démonstration de cela que de
mettre en scène, par la puissance de l'imagination, la fin

du monde réel? C'est à cette expérience que Ramuz nous convie dans trois de ses romans: *Les Signes parmi nous* (1919), *Présence de la mort* (1922) et *Si le soleil ne revenait pas* (1937)[1]. En introduisant dans son univers fictionnel l'hypothèse d'un cataclysme cosmique, Ramuz cherche à faire prendre conscience à son lecteur de quelques réalités qui lui sont cachées, assignant à ces apocalypses imaginaires une fonction de *révélation* conforme à l'étymologie du mot. Du coup, le roman devient lui-même le lieu de ce dévoilement, et l'écrivain le porteur d'un message; Ramuz a mis en scène cette conception christique et rédemptrice de la création dans *Passage du poète* (1923).

L'hypothèse de la catastrophe

Dans ses trois romans d'inspiration catastrophiste, Ramuz soumet une communauté à rude épreuve: une bourgade du bord du lac Léman et ses tensions internes; un petit village valaisan et ses superstitions; toute une région dans sa grande diversité. Ces lieux de taille et de structure différentes sont à lire à chaque fois

---

1. Je me limiterai ici au commentaire des deux premiers ouvrages et j'évoquerai le troisième; rappelons cependant que la catastrophe appartient plus largement au monde romanesque de Ramuz, intervenant par exemple dans *La Grande Peur dans la montagne* (1926) ou *Derborence* (1934), et que le thème de la disparition du soleil est présent dans un texte déjà intitulé «Si le soleil ne revenait pas» (*Adieu à beaucoup de personnages et autres morceaux*, 1914) ainsi que dans «Trajet du taupier» (*Salutation paysanne*, 1921).

comme des microcosmes, des modèles du monde en miniature, que Ramuz investit d'interrogations universelles. Plus que l'événement en lui-même, c'est la possibilité hypothétique de sa réalisation qui est exploitée par l'écrivain, comme les titres l'annoncent d'emblée: la mort est ainsi présente à l'état de potentialité, et l'éventualité de la disparition de l'astre solaire est envisagée. Dans *Les Signes parmi nous*, la destruction du monde annoncée par un colporteur biblique – et qui semble confirmée par les événements politiques et sociaux, tout comme par les éléments naturels – n'arrivera finalement pas. À la fin de *Si le soleil ne revenait pas*, la réapparition de l'astre démentira les prédictions néfastes d'Anzévui. Seul *Présence de la mort* va au bout du scénario catastrophe, mais son dénouement doit nous inciter à relativiser la portée réelle du cataclysme; j'y reviendrai.

Dans une perspective eschatologique héritée de la tradition biblique, Ramuz place donc artificiellement le monde et l'homme face à leur finitude, dans la peur et l'angoisse; il anticipe par l'imagination la Fin des Temps pour mieux appréhender la nature de l'expérience humaine. Placés dans cette situation extrême, les personnages sont bousculés dans leurs certitudes, et contraints de repenser leur rapport au monde. Car là est bien l'enjeu de cette épreuve: la place de l'homme dans le monde, son existence en tant qu'être conscient. L'hypothèse du cataclysme amène ainsi les personnages de Ramuz à s'interroger sur le statut de leur séjour terrestre. Sous les dehors d'événements cosmiques empruntés au livre de l'Apocalypse, c'est donc bien un questionnement d'ordre philosophique qui est au cœur de ces récits de catastrophe.

La condition humaine: aveuglement et séparation

La question de l'être au monde est centrale pour Ramuz. Son œuvre ébauche un «tableau de la condition humaine», pour reprendre l'expression d'Albert BÉGUIN (1950: 77). Comme le critique le souligne, la Bible et ses thèmes fournissent à l'écrivain la matière de cette histoire humaine transposée, où la chute ne procède pas d'un péché originel, mais de la seule naissance. Ramuz exprime cette idée dans son *Journal* en juin 1940:

> «Car [quelle] plus grande catastrophe (renversement) que sa venue au monde (et il y aura l'autre catastrophe, qui sera de le quitter). [...] Jeté nu dans le désordre après l'ordre parfait, dans ce qui est changeant après ce qui est stable, dans le contrasté après le permanent, ô pauvre petit d'homme; – alors on te fouette pour parfaire la rupture, hâter la transition; vite, il faut te laver, vite t'habiller, vite te couvrir, s'efforçant de refaire avec nos pauvres moyens autour de toi cette parfaite protection qui était la tienne dans le sein de ta mère, où tu ne pouvais avoir aucune maladie qui ne fût *la sienne*, et maintenant tu vas avoir tes maladies *à toi*. Maintenant tu es séparé. On a retranché le fruit de l'arbre pour qu'il devienne arbre à son tour.
> Tout est épars, il va avoir à tout rassembler. Il ne connaît rien, il va avoir à tout connaître.»

Dans ces lignes tirées des pages intitulées *Choses écrites pendant la guerre* (RAMUZ 2005a, III: 344), l'écrivain commente la naissance de son petit-fils. L'événement est décrit à la fois comme une chute dans la matière dont découlera le cortège des maladies, des malheurs et des tragédies, et comme une séparation originelle qui détermine la quête de l'unité perdue. Ramuz formule ici cette aspiration dans des termes qui évoquent la célèbre phrase de Novalis, extraite du fragment 433 du *Grand Répertoire général* (1798-1799): «Le Paradis est dispersé sur toute la Terre, c'est pourquoi on ne le reconnaît plus. Il faut réunir ses traits épars.»

Pour Ramuz – qui comme le montre avec regret Albert BÉGUIN (1945 et 1950) ne se situe pas dans une attitude de croyance religieuse –, la condition de l'homme est marquée par une malédiction sans faute ni rédempteur, au sein de laquelle il aspire à construire son identité à travers l'expression. C'est ce qu'il écrit dans *Souvenirs sur Igor Strawinsky* (RAMUZ 1973, V: 408):

«Ainsi on passe toute sa vie à essayer d'atteindre de nouveau à cette réconciliation en nous de toutes les parties de nous-mêmes, qui est la seule satisfaction vraie, la seule grande délectation (dont toutes les autres dépendent). Toutes les choses de la vie avaient trouvé pour un instant leur solution, et satisfaisaient à la fois le corps, les sens, le sentiment, l'âme, l'esprit, l'intelligence: alors on était au-dessus des temps. Il n'y avait plus qu'un seul temps auquel on était remonté et qui n'avait ni commencement ni fin: celui d'avant la Tour de Babel, d'avant la confusion des langues, nous laissant entrevoir plus en arrière encore le Grand Jardin perdu de l'unité: de l'unité entre les hommes, de l'unité à l'intérieur de chacun d'eux.»

Toute l'œuvre de Ramuz est ainsi traversée par la nostalgie de l'unité et de la totalité, en soi, entre les hommes et avec le monde. Le début du chapitre III des *Signes parmi nous* (RAMUZ 2005b, I, 1249) donne la mesure de cette relation harmonieuse rêvée par l'écrivain:

> «Comme tout est tranquille pourtant dans ce pays d'ici où rien ne semble avoir changé depuis toujours, et comme l'homme lui ressemble! L'homme est venu; l'homme lui a dit: ‹Que veux-tu produire?› Le pays a dit: ‹La vigne.› L'homme a planté la vigne. Et plus haut, le pays a dit: ‹le blé›. Et l'homme a semé le blé.
> L'homme et le pays sont ici en étroite correspondance; regardez nos maisons, elles ont été bâties sur place avec des matériaux pris sur place; ainsi il s'est trouvé que même ce qui est posé sur le sol sort de ce sol, les dehors et les dedans en étroit compagnonnage.
> [...] C'est ici le pays de la solidité, parce que c'est le pays des ressemblances. Regarde, tout y tient ensemble comme dans le tableau d'un grand peintre.»

Ce passage contraste avec le monde tel que Ramuz le décrit ailleurs dans le roman, avec ses tensions sociales, ses contradictions, ses déchirements internes, ses malheurs. Dans cette vision idyllique, le séjour de l'être humain dans le monde semble aller de soi: dialoguant avec lui comme avec un alter ego, l'homme est pareil au monde dont il est issu. Son être fait un avec lui; «correspondance», «ressemblances», «ensemble», tous ces termes expriment les composants de ce rapport: identité, unité, totalité. De façon significative, cette description est comparée à l'œuvre d'un peintre classique, où lisibilité et harmonie semblent régner. C'est bien là la seule vision du paradis à laquelle Ramuz saurait adhérer: un paradis terrestre qui n'existe que dans la forme qu'il lui donne, par la création.

Mais voilà, une telle perfection est absente de la condition humaine réelle, ou du moins, les hommes ne la voient plus. Sourds et aveugles, ils ne dialoguent plus avec le monde qui, pourtant, se donne à lire:

«Est-ce que tout n'est pas clair ici et sans menterie? Ils vous montrent le pays, ils vous disent: ‹Rien n'y est secret, tout s'y lit.› Voilà où on habite, voilà où on va travailler. Et là où on habite et là où on travaille, c'est toujours la même terre, et, nous qu'on est dessus, on n'est sortis d'elle que pour y rentrer. Et les chemins aussi qu'on suit pour aller travailler et pour revenir du travail sont écrits clairement dessus, si bien qu'on peut nous voir aller et on peut nous voir revenir; et tout se tient dans ce qui est [...].» (Ramuz 2005b, I: 1250)

Par le rapprochement récurrent du monde avec un livre, avec de l'écrit, Ramuz suggère qu'il est fait de signes à décrypter, d'où la multiplication des verbes *voir* et *entendre* sous sa plume. Or, selon l'écrivain, l'homme est insensible au monde qui s'exprime devant lui dans sa beauté, dans sa grandeur, dans son ordre. Comme l'écrit Marcel Raymond (1964: 238): «[L]es hommes et les femmes dorment, leurs paupières sont cillées. Pour les réveiller, leur ouvrir les yeux, Ramuz invente des situations extrêmes [...].»

Des signes de l'apocalypse aux signes terrestres

Les Signes parmi nous va ainsi confronter le message apocalyptique de Caille, le colporteur biblique qui voit autour de lui les signes annonciateurs de la Fin des Temps, avec la vision ramuzienne de l'homme, dans laquelle les signes du monde renvoient celui-ci à son destin terrestre. Caille est une figure antipoétique, sorte de double négatif de Besson, le vannier incarnant la poésie dans *Passage du poète*: son message, orienté vers l'au-delà, mise sur la destruction du monde physique et sur la transcendance. Ramuz lui oppose une vision poétique de l'immanence qui place, au centre de l'ex-périence humaine, la création. Mais ces deux vérités se rejoignent sur un point: les hommes ne «voient» pas, n'«entendent» pas, et il s'agit de leur faire voir les signes qui renvoient aux réalités cachées. C'est ainsi que Caille peut dire:

> «Les hommes ne savent plus, ou ne savent pas, ou ne savent pas encore, quand même les Signes sont venus, et s'annoncent de toute part, mais moi je ferai éclater les Signes à leurs yeux, par le moyen des Écritures, et de l'explication que d'autres serviteurs du Maître nous en ont donnée, n'étant rien moi-même, ou n'étant que son instrument, comme la truelle qu'on voit dans les mains du maçon, la hache dans celles du charpentier.» (RAMUZ 2005b, I: 1232)

Comme Besson, Caille se met au service d'une cause qu'il sert dans le sacrifice de lui-même. La fin du roman tournera en dérision ce message stérile, puisque la catas-trophe annoncée se révélera n'être qu'un orage. Ramuz lui oppose explicitement un autre message, tout aussi peu entendu des hommes, mais auquel le dénouement de l'histoire donnera raison:

«Cependant les choses autour de nous ne sont pas silencieuses: elles ont un message à nous transmettre, elles aussi. Sous un ciel pas encore blanc (mais on sent qu'il ne tardera pas à le devenir), elles sont une réunion qui dit: ‹On est là; regardez-nous›. Les platanes parlent, ils disent: ‹On est là›. [...] La fontaine, d'une voix monotone et sans fin, répète tout le temps la même chose, disant: ‹On est, on coule, je fais beau, je coule, on est, on dit quelque chose parce qu'on est; on dit qu'on coule, on fait son métier; on coule, je suis fraîche à boire, je fais frais où je coule, l'herbe m'aime, l'herbe a besoin de moi›. Et l'herbe: ‹C'est vrai›. Le toit est en inclinaison dessus le mur qui est d'équerre; le toit dit: ‹Il est bon que je sois en inclinaison›.» (RAMUZ 2005b, I: 1233)

Les éléments naturels ou aménagés par l'homme qui composent le monde célèbrent l'être et son expression; tout y est à sa place et tout tient son rôle en harmonie avec ce qui l'entoure. C'est cet être immanent, terrestre, que le poète «salue»; ce que l'homme ne voit plus et qui lui fait défaut: «ce Paradis pas à vous aperçu, où sont l'oiseau, l'air du ciel, les ruisseaux à l'eau bonne à boire, la permission de se coucher à l'ombre [...].» (RAMUZ 2005b, I: 1257). Caille, incapable de voir d'autres signes que ceux qu'annonce sa brochure, incarne l'aveuglement humain: «Est-ce qu'il voyait seulement la fête que c'était, sur sa gauche, où il y avait le lac, et entre le ciel et le lac toutes ces flammes envoyées, renvoyées [...].» (RAMUZ 2005b, I: 1236)

L'être de l'homme menacé

La catastrophe envisagée comme fin de tout être vient précisément rappeler aux personnages de Ramuz leur statut et leur vocation au sein de l'être: centre qui organise et fait advenir les choses autour de lui, l'homme est destiné à vivre pleinement sa vie dans le monde terrestre et à l'exprimer. Dans *Les Signes parmi nous*, dans l'approche, puis dans l'imminence de la catastrophe pourtant, la plupart des personnages se raccrochent à des biens matériels: «Ils ne pensent encore qu'à leur bien ou au bien d'autrui; est-ce qu'ils ne finiront pas par comprendre? [...] Si les maisons se mettent à tomber, où est-ce qu'on cachera son argent?» (Ramuz 2005b, I: 1296). Une mère prévoit des provisions, un homme cherche à sauver sa montre, un autre veut emporter sa police d'assurance: chacun, selon son statut social et les nécessités de ses activités, tente de sauver ce qui lui appartient. Petit à petit cependant, le constat s'impose:

> «Ce n'est pas nos maisons, ce n'est pas nos récoltes, ce n'est pas notre argent; si seulement c'étaient nos maisons, nos récoltes, notre argent.
> C'est nous, c'est nous qu'on doit mourir:
> ‹Non, je ne veux pas!›
> Et cet autre: ‹Est-ce que c'est juste?›
> Il lève le bras, lui aussi; il est éclairé.
> Un terrible regret vous vient des choses qu'on avait, qu'on ne va plus avoir. La vie la plus dure devient douce, toutes ses couleurs sont changées; je repeins tout derrière moi dans un seul dernier regard que j'y jette, comme fait le soleil quand il va se coucher.»
> (Ramuz 2005b, I: 1299)

La prise de conscience se fait devant la venue de la mort, provoquant la révolte et la nostalgie. Finalement, un des personnages peut exprimer cette révélation qu'il a, se faisant le porte-parole de tous:

«À quoi sert qu'on ait les jambes faites comme on les a? Ah! misère de nous! les rien du tout qu'on est, mais on ne le sait pas, et on croit qu'on est quelque chose; alors, le dur, c'est de quitter cette idée de soi qu'on avait.» «Le dur est de se dire: tu n'es rien. Parce qu'à présent, j'ai beau dire: ‹Je ne veux pas›, comme avant je disais: ‹Je veux.›»

«Avant on m'obéissait, les arbres m'obéissaient, la terre m'obéissait, les domestiques m'obéissaient...» (Ramuz 2005b, I: 1298-1299)

Cette notion qu'ont désormais les personnages de leur propre misère, Ramuz lui donne des accents pascaliens dans *Présence de la mort*: «Un front, deux yeux, un nez: et puis plus de front, plus de nez, ni d'yeux; – quelque chose qui pense et sent encore derrière ce front et puis, derrière ce front, plus aucune chose qui pense ou qui sente. [...] Voilà comment l'homme est fait, ce rien qui est tout, puis il n'est plus rien du tout.» (Ramuz 2005b, II: 68.)

Afin d'opérer ce dévoilement, Ramuz a besoin de la catastrophe cosmique pour niveler les différences entre les personnages: la perspective de la mort collective abolit celles-ci de façon radicale et met à nu le destin commun à l'humanité entière. C'est le sens de cette scène spectaculaire de *Présence de la mort* dans laquelle la chaleur écrasante cloue tout le monde au lit; nus, isolés dans leurs maisons, mais unis dans une même peine, les humains souffrent d'*être*:

«Chacun qui se débat pour son compte, – repoussant continuellement quelque chose qu'ils voudraient écarter d'eux, et c'est eux, c'est leur propre peau, comment ils sont faits, la propre menace qu'ils sont à eux-mêmes [...] – les vieux, les jeunes, les riches, les pauvres, les malades, les bien portants.
Parce qu'il n'y a plus de différence entre les hommes.» (RAMUZ 2005b, I: 37-38)

Oscillant entre être et néant, entre identité et différence, entre conscience et matière, entre domination des choses et soumission à la corruption, le rapport de l'homme avec le monde est ainsi problématisé: écrasé par la chaleur du soleil dont se rapproche la planète dans *Présence de la mort*, l'homme, écrit le narrateur, «ne peut plus habiter la terre» (RAMUZ 2005b, II: 69). Prise dans un sens métaphorique, cette phrase met en lumière les interrogations de Ramuz: quel est le rôle de l'homme sur terre? Quelle y est sa place?

L'homme au centre

Perçu au travers du regard des personnages, le monde qui les environne apparaît, nous l'avons vu, comme un tableau, comme un livre; les éléments du paysage sont souvent comparés à des objets fabriqués. Mais l'empreinte de l'homme va plus loin encore, puisqu'il semble faire advenir l'ordre de la réalité qui l'entoure; dans *Les Signes parmi nous*, c'est le personnage du chemineau qui illustre cette vision anthropocentriste, dans laquelle le réel est ramené aux perceptions que l'homme en a: «C'est moi qui commande, je fais, je défais; j'ôte de devant moi

quand je veux cette église; les propriétés fichent le camp»
(Ramuz 2005b, I: 1234). Conformément à son statut mar-
ginal, le vagabond s'en prend à l'Église et à l'argent; mais
ce qui importe plus, c'est que ses perceptions sensoriel-
les lui permettent de constituer sa vision du monde.
Présence de la mort montre cela plus clairement encore,
dans une scène où Edouard Panchaud, l'un des deux
pêcheurs, se lève de son bateau flottant sur le lac:

> «On le voit grandir peu à peu contre la montagne et
> la dépasser. Il organise tout de chaque côté de sa per-
> sonne. Il commande à ses bras et les fait se mouvoir,
> traçant un cercle immense sur des lointains de rocs,
> sur des déserts de ciel; alors le roc s'anime, le ciel est
> repeuplé. [...] Et dessus, au milieu de tout, il y a
> Panchaud qui se tient debout, ayant suspendues à lui
> une montagne d'un côté, une autre de l'autre côté.
> Il est comme un porteur sous une double charge, un
> porteur de fardeaux sachant répartir ses fardeaux. Il
> est comme un hercule de foire [...]. Il est comme
> Samson dans la Bible, quand Samson tenait entre ses
> bras les colonnes, puis il les faisait crouler.» (Ramuz
> 2005b, II: 27-28)

Par le truchement d'une illusion perceptive, cette
vision symbolise la condition humaine. Les images convo-
quées dans cette scène, explicitement ou implicitement,
font du pêcheur une figure de géant qui, tel Atlas, soutient le cosmos. Sa charge consiste à faire tenir le monde
de façon équilibrée, d'en être le centre et la mesure. La
référence la plus intéressante qu'évoque la scène est sans
doute celle de l'homme de Vitruve, présenté par l'archi-
tecte au livre III de son célèbre traité, et que Léonard de

Vinci a immortalisé. En traçant un cercle autour de lui, Panchaud semble indiquer que l'homme, par ses dimensions et ses proportions, fournit au monde le modèle de l'harmonie, de l'ordre cosmique. Chez Vitruve, cette idée d'un ordre mathématique se rattachait vraisemblablement à une tradition issue du *Timée* de Platon et avait une visée architectonique; chez Ramuz, l'évocation de cette théorie sert l'affirmation d'un anthropocentrisme d'ordre existentiel.

Dans *Présence de la mort*, le chaos qui, sous l'effet de la catastrophe qui vient, s'installe progressivement dans la région lausannoise – avec son cortège de massacres, de troubles, de destructions –, met en évidence par la négative un ordre du monde dont l'homme serait le pilier. Cet ancrage terrestre, Ramuz me semble l'illustrer par l'épisode de l'aviateur au chapitre 29 du même roman. Tentant d'échapper au sort des autres hommes – la plupart déjà morts – il s'envole dans son avion; brûlé à l'approche du soleil, il se retrouve nu et redescend:

> «Chassé d'en haut, il descend de nouveau, flottant de nouveau dans l'opacité. [...] Le bruit qu'il est seul à faire l'irrite et l'étonne. Il y cherche une réponse; il se cherche comme une réplique à lui-même. Il doute d'être, ne distinguant nulle part aucune autre existence que la sienne. [...] Et il descend toujours, à la poursuite d'une ressemblance.» (RAMUZ 2005b, II: 87)

C'est dans l'immensité du lac Léman que cet Icare moderne finira sa course, dans le «désert de ses eaux [...]. Closes, muettes, indifférentes, qui ne savent pas, qui ne voient plus, n'écoutent plus.» (RAMUZ 2005b, II: 88). Comment ne pas voir dans cette scène les tentatives désespérées de l'homme pour échapper à son destin de mortel? Ramuz, par la réactivation du mythe d'Icare, rappelle ici que le salut de l'homme ne peut se gagner que par la fidélité au séjour terrestre.

L'écriture démiurgique

Que reste-t-il après le passage de la catastrophe cosmique? Qu'est-ce qui résiste à la destruction du monde? Ramuz semble nous indiquer que c'est dans l'expression, l'acte créateur qui place sa confiance dans l'être, que l'homme peut trouver sa planche de salut. Le dénouement de chacun des trois romans catastrophistes évoqués met en scène la renaissance du monde; le retour du soleil dans *Si le soleil ne revenait pas* voit triompher le pôle positif de l'expérience humaine face aux prophéties stérilisantes d'Anzévui. Dans *Les Signes parmi nous*, le monde semble recommencer après un orage particulièrement violent; et ce recommencement est dû à l'homme:

«Il y en a qui se touchent les bras, les jambes; c'est comme s'ils se refaisaient leurs bras et leurs jambes en les touchant.

Ils doivent d'abord se les refaire et se refaire eux-mêmes, avant de se servir d'eux-mêmes, puis commencent à s'en servir, s'étant remis debout, tendant le bras, posant le pied sur le plancher.

Ils se disent:

‹Le plancher est là.›

Ils sont refaits, le plancher est refait; ils vont au mur, le mur est refait.» (Ramuz 2005b, I: 1309)

De proche en proche, les personnages recréent autour d'eux, à travers leurs sensations, un univers familier et reconnaissable, qui se fait de nouveau entendre. Dans *Présence de la mort*, les personnages qui ont traversé la mort, eux aussi, sont refaits, dans leurs nouveaux corps: «Leurs yeux, leurs oreilles ont été changés; ils ont rappris à voir, ils ont rappris à entendre [...].» (RAMUZ 2005b, II: 92). Aux dernières lignes du roman, les «élus» retrouvent, avec des yeux neufs, leur village:

> «Parce qu'alors on n'aurait pas été trompés quand même! Parce qu'alors on n'aurait pas eu tort de s'attacher, on aurait bien fait d'aimer malgré tout!
> Et ils ont dit: ‹Mais c'est chez nous!›»

Or avec ce monde, refait à l'image du village terrestre, n'est-ce pas le modèle du rapport harmonieux entre l'homme et ce qui l'abrite que Ramuz met idéalement en scène? De sorte que ce qui résiste à la catastrophe, c'est finalement le monde fictionnel lui-même, construit certes à partir du monde réel, et uniquement à partir de lui, mais qui dès lors peut s'en détacher, et que l'auteur peut détruire et réarranger à sa guise.

Véritable démiurge, l'écrivain qui ponctue *Présence de la mort* de ses salutations incarne au plus haut degré la fonction que Ramuz assigne à l'homme; travaillant à partir du matériau sensible, il exprime son attachement à l'être comme tel:

> «J'ai trop aimé le monde; je vois bien que je l'ai trop aimé. À présent qu'il va s'en aller. [...] Quand j'ai cherché à imaginer plus loin que lui, c'est encore lui que j'ai imaginé. [...]

Je n'ai aimé que l'existence. Seulement qu'une chose existe, n'importe laquelle, n'importe comment. Tout. [...] ce qui est beau, c'est d'être. [...] Et alors est venu en moi un goût de tout, sans choix, je ne sais pas comment, je ne peux pas bien l'expliquer (même à cette heure, et tout tendu à ça et à dire encore une fois, me dire encore une fois)...» (RAMUZ 2005b, II: 35-36)

Au milieu de la catastrophe, l'écrivain énonce ici sa profession de foi, qui fait de l'expression l'activité éminente de l'homme: «Et ils vivaient pour l'exprimer [l'amour], et puis ils ne s'exprimeraient plus, plus jamais.» (RAMUZ 2005b, II: 37). L'amour des choses telles qu'elles sont, Ramuz le place chez des personnages élus: le couple d'amoureux des *Signes parmi nous* que les sentiments détournent de la catastrophe annoncée; les villageois de *Présence de la mort* dont l'attachement au monde est récompensé; le groupe des sept villageois de *Si le soleil ne revenait pas* qui, par leur confiance, restaurent l'ordre cosmique. Mais c'est l'écrivain de *Présence de la mort* qui, en dernière analyse, incarne le mieux toutes les possibilités humaines.

Monde réel et monde fictif

Les nombreuses comparaisons du paysage avec un livre dans *Les Signes parmi nous* suggèrent que le monde réel n'existe que par une entreprise de lecture, de réappropriation puis de restitution dans une forme, dont la plus achevée est la forme artistique. C'est ce que l'écrivain de *Présence de la mort* vient rappeler:

> «Parce que vous êtes là, parce que vous ne serez plus là, ô peintures, ô choses peintes, choses étendues devant nous au moyen d'un peu de couleur, et des écaillures s'y font...
>
> [...] Double côte pierreuse avec de l'eau dans l'entre-deux, qui est devant mes yeux ici, puis je vais la chercher plus loin par la pensée, je l'ai continuée à ses deux bouts par la pensée, et je me la peins au-dedans de moi encore une fois.
>
> Salut! Encore une fois, salut, toi d'abord, la réelle! Et salut, l'imaginée, celle que j'imagine encore, comme quand le potier fait son vase, l'ayant façonné, lui aussi, dans sa tête, puis faisant sortir peu à peu cette conception qu'il a, de la terre glaise, faisant descendre la forme depuis sa tête le long de ses bras jusqu'à ses doigts.
>
> [...] Ô vous! Pays qui êtes peints, mais vous serez dépeints, alors je cherche vite à vous peindre à nouveau.» (Ramuz 2005b, II: 56-57)

Dès lors, le monde recréé devient l'objet propre de l'artiste, qui peut exercer sur lui son pouvoir démiurgique:

> « [...] le bateau recommença à aller, parce que c'est moi qui le meus. Je fais bouger la branche du figuier

par une autre espèce de mouvement. J'ai le son, la couleur. J'ai des lignes, j'ai des surfaces; je mets en place, je fais tenir droit, je fais s'élever, je fais agir, je fais cesser d'agir, comme je veux.

Choses, allez-vous en seulement, je vous ai assez vues, vous ne me contenez plus, c'est moi qui vous contiens, c'est mon tour.

Enseigné d'abord par vous, à présent vous enseignant.» (RAMUZ 2005b, II: 57)

Ramuz affirme ici la toute-puissance de la création qui, tout en s'enracinant dans le réel, le dépasse. Le mouvement dialectique entre l'artiste et la réalité, en passant de la soumission à l'objet à la domination des formes, s'apparente à une libération. Revenant sur cette question dans la *Lettre à Henry-Louis Mermod* publiée en 1929, Ramuz – qui répond aux objections faites en Suisse romande à ses innovations – écrit:

«Je me serai inventé un pays et des personnages, c'est mon droit. Et qu'on ne vienne pas dire qu'alors et par là même ils n'existent plus; car ce n'est pas l'invention qui est en cause, c'est la force de l'invention. L'invention a tous les droits. Les droits de l'invention sont en proportion de sa force. J'avais besoin d'avoir un ‹pays›, le mien; je l'ai inventé, c'est bien possible. [...] Rien n'existe que l'inventé. Rien n'existe que dans l'expression, c'est-à-dire la réinvention, je veux dire l'invention à propos de quelque chose.» (RAMUZ 1973, III: 1241-1242)

N'est-ce pas précisément son «droit» à construire et à détruire un monde personnel que Ramuz négocie dans ses romans cataclysmiques? Par la présence menaçante de la catastrophe, il pousse à leur paroxysme les contradictions qui semblent déchirer la condition humaine, mettant ainsi en lumière le décalage qui existe entre la réalité vécue par les hommes et leur aspiration à résoudre ces conflits. En plaçant au centre de l'expérience humaine l'expression, il affirme triomphalement le pouvoir que confèrent à l'écrivain les voies de la création. Symboliquement, les récits apocalyptiques de Ramuz font pièce au pouvoir destructeur de la catastrophe pour faire advenir un monde fictionnel dans lequel les «traits épars» sont enfin rassemblés.

Références

BÉGUIN Albert
1945   «Ramuz et le spirituel». *Lettres 6*: 67-85.

1950   *Patience de Ramuz*. Boudry-Neuchâtel: Éditions de
            La Baconnière.

DENTAN Michel
1974   *C. F. Ramuz, L'espace de la création*. Collection
            «Langages». Neuchâtel: Éditions de La Baconnière.

1980   «Violence de Ramuz». *Études de lettres 4*, oct.-déc.:
            21-33.

RAMUZ Charles Ferdinand
1973   *Œuvres complètes*. 5 tomes. Lausanne: Rencontre.

2005a   *Journal*. 3 tomes. Genève: Slatkine.

2005b   *Romans*. 2 tomes. Collection «Bibliothèque de la
            Pléiade». Paris: Gallimard.

RAYMOND Marcel
1964   «Situation de C. F. Ramuz». *In: Vérité et Poésie,
            Études littéraires*. Collection «Langages». Neuchâtel:
            Éditions de La Baconnière: 225-249.

SIDA, SIDA, NE VOIS-TU RIEN VENIR?

Dominique Roulin

C'est en 1981 que l'on met pour la première fois, conjointement aux États-Unis et en France, le nom sur cette pathologie: SIDA (Syndrome d'immunodéficience acquise). Ce virus ne semble s'attaquer qu'à des hommes jeunes et appartenant à la communauté homosexuelle ou venant d'Haïti. On ne sait pas encore comment il se transmet et certains imaginent même que lorsqu'on a des anticorps (donc qu'on est séropositif), on ne peut pas tomber malade…. Cela ne ressemble donc pas à un scénario catastrophe, pas encore.

Et pourtant, les quelques années suivantes vont démontrer l'ampleur de la tragédie. Ce virus se propage. On ne sait pas très bien comment et, surtout, on ne sait pas le soigner. La médecine, la toute puissante médecine, se trouve impuissante et déroutée. Ce virus, dont on pensait qu'il était un «cancer gay», ne fait pas de différence entre les sexes, les origines culturelles ou sociales, l'âge, les religions, entre le Nord et le Sud. Il se répand partout et l'on parle d'épidémie et de pandémie. Le scénario catastrophe est en place. La mort à large échelle est en route. La résistance s'organise.

Dès le début, et peut-être parce que ce virus ne fait aucune différence, qu'il se transmet par le sang, le sexe, ou de la mère à l'enfant, des solidarités nouvelles apparaissent. La communauté gay, la plus touchée dans les pays du Nord, s'organise. Puisque la médecine n'a pas de traitement, les personnes touchées, porteuses du virus (PVA: personnes vivant avec le virus du sida), seront des partenaires dans la recherche, dans les essais thérapeutiques. C'est la première fois que des «malades» sont aussi actifs. Le seul remède est de diffuser l'information, de devenir des «parties prenantes», de communiquer, de partager. En 1984, l'Association Nationale des Personnes vivant avec le sida a formulé une déclaration appelée «Principes de Denver» qui exigeait pour les personnes séropositives le droit «de faire partie de tous les forums sur le sida au même titre de crédibilité que tous les autres participants afin de partager leurs expériences et leurs connaissances». Cette déclaration affirmait aussi: «nous condamnons toute intention de nous étiqueter comme victimes, un terme qui sous-entend une défaite, et nous ne sommes qu'occasionnellement des patients, un terme qui sous-entend la passivité, l'incapacité de s'en sortir seul et les dépendances vis-à-vis des autres. Nous sommes des Personnes vivant avec le sida.»

C'est un immense élan de solidarité qui se paie cher, puisque les personnes porteuses du virus meurent, souvent dans des conditions extrêmes et douloureuses. Les PVA revendiquent, demandent et obtiennent des lieux de fin de vie adéquats et humains, se battent pour le développement de soins palliatifs, réclament le droit de mourir dans la dignité. On a besoin d'espoir, on a besoin d'y croire. Le milieu artistique, très touché, se mobilise. Des chansons, des livres, des films sont produits. Il est difficile de tous les citer, mais comment oublier Hervé GUIBERT et ses écrits (1991, 1992), surtout son documentaire[1] où, montrant sa déchéance physique, il tente un suicide en direct, avec ses deux verres d'eau sur la table, l'un contenant du cyanure? Comment oublier *Philadelphia*[2], ce film mettant en scène le sida, l'exclusion, la discrimination et le racisme? Comment oublier *Les Nuits fauves*[3], montrant les excès, la drogue, la vie sans compromis, la mort?

Parce que le sida touche ce qu'il y a de plus intime et secret, parce qu'il met en scène la mort au cœur de la vie, la société va être ébranlée.

> «Certains ne manquent pas de voir dans notre anéantissement un rappel à l'ordre, le signe d'un échec ou même la présomption d'un crime.
>
> Nous nous éteindrons, à leurs yeux, dans la lumière coupable d'une faute que nous n'aurons pas commise.
>
> Comme si la moiteur des fièvres, les emportements d'entrailles, le déséquilibre entre les substances n'étaient que les fruits d'obscurs excès et d'inavouables abus.
>
> Comme si notre infortune avait pu dépendre de notre volonté, de nos conduites. Bref, comme si nous avions pu être à nous-mêmes la cause de notre propre Mal.» (MONTEL 1994: 11-12)

---

1. *La pudeur et l'impudeur*, TF1, 30 janvier 1992 (diffusion posthume).
2. *Philadelphia*, film de Jonathan Demme, 1993.
3. *Les Nuits fauves*, film de Cyril Collard, 1992.

Paradoxalement, la société exclut, et la solidarité fleurit. On assiste dans le monde à des propositions toutes plus folles les unes que les autres. Ici, on souhaite enfermer les malades pour qu'ils restent entre eux; là, on propose de tatouer les personnes sur la cuisse. On ne propose pas les clochettes comme au temps des lépreux, mais presque...

Les PVA, se mobilisent, créent des groupes de parole, revendiquent des rites qui leur ressemblent. Le «NAMES Project» voit le jour aux Etats-Unis (RUSKIN 1988). Il s'agit de patchworks de tissus regroupés par huit, chacun retraçant l'histoire d'une personne décédée. Au cours de cérémonies publiques et totalement laïques, ces tissus sont dépliés selon un certain rite et rythme. Les seuls mots prononcés sont les noms des disparus. Une fois tous les tissus dépliés et posés sur le sol, les familles, les proches et amis, sont invités à se promener au milieu. Aujourd'hui, lors des rassemblements mondiaux, il n'est plus possible de déployer tous les quilts, et seuls un ou deux par pays sont présentés.

C'est aussi le temps de la grande solidarité médicale et scientifique. Jamais, pour aucune autre maladie, les efforts n'auront été si conséquents et les résultats si rapides. Des médicaments sont mis au point et testés par les PVA dès 1986. Mais il faudra dix ans pour qu'enfin apparaisse ce qui va marquer un nouveau tournant dans le sida, à savoir la trithérapie (association de plusieurs molécules qui combattent le virus). Des médicaments sont disponibles, une nouvelle ère commence, mais pas nécessairement celle de la solidarité.

Dès 1996, dans les pays du Nord, le visage du sida change: là où la mort frappait, la vie resurgit. Il n'est pas rare d'entendre et même de voir des récits de «résurrection». De nombreux PVA, alités, paralysés, dénutris, retrouvent la santé en quelques semaines ou quelques mois. Le monde scientifique respire..... et reprend son rôle.

Les discours et les regards se transforment: «prends tes pilules et tais-toi, vis!». Le sida devient une maladie chronique, une histoire simple. Et pourtant, les chiffres parlent d'eux-mêmes[4]. En 2006 dans le monde:

- 8 000 morts par jour, soit plus de 2,9 millions pour cette année
- Plus de 25 millions de morts depuis 1981
- 14'000 nouveaux cas par jour dont 2000 chez les enfants de moins de 15 ans
- 65% des personnes touchées vivent en Afrique subsaharienne (dont 40% de 15-24 ans)
- Environ 10% des personnes seulement ont accès aux traitements

Le scénario catastrophe se poursuit, inexorablement. Le sida ne fait plus peur puisque dans les pays du Nord, «il est contrôlé». Les traitements sont disponibles et pris en charge, le préservatif est accessible, et de plus en plus de pays ont une politique de réduction de risque pour les personnes s'injectant des drogues. Mais le sida reste une pandémie mondiale.

Une bonne politique de prévention passe par l'accès à l'information, donc à l'éducation pour tous et toutes. Une bonne politique de soins passe par l'accès aux traitements (les médicaments génériques existent), donc

---

4. Source: ONUSIDA, www.unaids.org

par une lutte contre la pauvreté, le chômage, la violence, par l'accès à l'eau et à la nourriture pour tout le monde. Le sida devient un enjeu social, politique et économique mais aussi culturel. De vieux clichés teintés de paternalisme refont surface.

Ainsi, par exemple, il n'est pas rare d'entendre les spécialistes parler de difficulté à donner les médicaments en Afrique car, paraît-il, les Africains ne seraient pas «compliants» (terme désignant la capacité des personnes à bien prendre leur traitement). Il faut donc faire des programmes pilotes qui montrent le bien-fondé du traitement. Et on a ainsi vu des programmes en Afrique exigeant des PVA des conditions qu'aucun PVA des pays du Nord n'auraient acceptées. Or, des études[5] comparant les États-Unis à l'Afrique ont démontré, sans doute possible, que le taux de compliance au traitement était nettement supérieur en Afrique.

La première cause de l'interruption des traitements en Afrique est économique. Car il faut payer pour se soigner, et même si les médicaments sont génériques et moins coûteux, cela nécessite un effort parfois impossible. Au Cameroun, par exemple, le prix d'une trithérapie est de 3000 CFA (environ 12 CHF) par mois. En Suisse, c'est en moyenne 1200 CHF à 1500 CHF (remboursables). Mais au Cameroun, une femme qui vend des fruits sur les marchés peut compter faire un bénéfice journalier de 300 à 400 CFA (1 à 2 CHF). Certains mois, cette femme pourra se payer son traitement, d'autres pas. Cela dépendra de ses enfants, de ce qu'elle arrive à mettre de côté pour

---

5. Conférence mondiale contre le sida, Toronto 2006, www.aids2006.org

payer le bus pour aller à l'hôpital, du loyer si elle a un petit logement, de l'eau et de quelques autres imprévus. Alors, si elle ne prend pas ses médicaments, ce n'est sans doute pas parce qu'elle est africaine, mais parce qu'elle vit en Afrique!!!

Malgré tout, les solidarités s'organisent et font avancer les choses. Le réseau des PVA est mondial et de nombreuses associations sida des pays du Nord sont engagées dans des projets au Sud. Ce qui était vrai pour les PVA du Nord, à savoir être des partenaires à part entière, l'est toujours et il est de notre devoir de le rappeler. Dans les pays du Sud, la contamination par voie hétérosexuelle est la plus forte, aussi l'effort doit-il être concentré envers toutes les associations et groupements de femmes. Voici ce qu'écrivait Kofi Annan, alors Secrétaire général des Nations-Unies, en 2002[6]:

«Les études successives ont prouvé qu'il ne peut y avoir de stratégie efficace de développement dans laquelle les femmes ne jouent pas un rôle central. Lorsque les femmes sont entièrement impliquées, les effets sont immédiats: les familles sont en meilleure santé; elles sont mieux alimentées; leur revenu, leur épargne et leurs réinvestissements progressent. Et ce qui est vrai pour les familles l'est aussi pour les communautés et, tôt ou tard, pour des pays entiers.»

Partout où les femmes s'organisent, créent des coopératives, des activités génératrices de revenus, ont accès

---

6. *New York Times* et *Herald Tribune*, samedi 29 décembre 2002.

à des micro-crédits, le sida recule. Elles parlent, se déplacent, montrent un visage du sida nouveau et coloré, mais surtout plein d'espoir.

Aujourd'hui:

- On sait traiter le virus du sida et bientôt une seule pilule par jour suffira.
- On sait que si l'on connaît sa sérologie très tôt, plus vite on peut faire face et surtout stopper le virus.
- On sait que si on traite le virus et qu'il devient indétectable dans le sang, la vie redevient presque normale...
- On sait que si la virémie reste indétectable et que l'on contrôle bien son virus (par les traitements pris régulièrement), la sexualité peut être comme pour tout le monde... sympa, agréable, sans stress et sans transmission.
- On espère des microbicides et des diaphragmes qui seront plus facile à utiliser que les préservatifs.
- On espère un médicament qui bloquera complètement le virus.

Alors pourquoi, ne puis-je écrire: «il était une fois...», car cette histoire est derrière nous? Pourquoi, ne puis-je dire: «sida, sida ne vois tu rien venir»? Cette réponse, elle nous appartient, à nous tous et toutes.

Références

GUIBERT Hervé
1991   *À l'ami qui ne m'a pas sauvé la vie.* Paris: Gallimard.

1992   *Cytomégalovirus.* Paris: Seuil.

MONTEL Maxime,
1994   *Un mal imaginaire.* Paris: Les Éditions de Minuit.

RUSKIN Cindy
1988   *The Quilt, Stories from the NAMES Project.* New
            York: Pocket Books.

SCÉNARIO CATASTROPHE
PARTIE III

TRANSIGER AVEC LES CATASTROPHES

Musées, patrimoines, désastres

Christophe Gros

Il peut sembler indécent ou frivole d'écrire sur les catastrophes ou les crises de société, notamment à Genève, cité rarement sinistrée, pour l'instant. Cet article, si le sort frappe, pourrait ne jamais paraître, par anéantissement du livre, de l'ordinateur ou de l'auteur, tous trois n'étant plausiblement à l'abri de rien. Avec de nombreux collègues, que nous tenons à remercier cordialement, nous précisons que penser la catastrophe est une aide indiscutable à l'action. Que le moyen retenu soit une théorie sérieuse ou bien une animation plaisante n'enlève rien à la nécessité de traiter le sujet, ici comme ailleurs, et à tout âge. La compassion et la volonté de savoir préparent et, souvent, guérissent.

Sur la longue durée des sociétés, il est utile de comprendre comment les peuples, en prise avec les phénomènes environnementaux, se préparent à agir en se remémorant les leçons des menaces, des drames et des reconstructions survenus dans le passé. Musées, bibliothèques, archives, sites archéologiques, monuments, espèces protégées, instruments scientifiques, parcs naturels sont des conservatoires qui ont dû, depuis longtemps, composer, voire cohabiter avec la réalité de la catastrophe. Plus essentiellement, l'institution du patrimoine, elle-même générée par de brusques mutations sociales, met en évidence un des effets du désastre destructeur: le réflexe de sauvegarder des vestiges, des biens et des personnes. Le texte qui suit, conçu dans le cadre du Musée d'ethnographie de Genève, ouvre sur le réseau mondial des musées et de la muséologie, discipline professionnelle autant qu'actrice quotidienne de la prévention des risques.

Institutions de la mémoire et de la prévention à l'échelle mondiale
Les musées

La première mission des musées est de conserver. Si la catastrophe fait son entrée au Musée d'ethnographie de Genève en 2007 comme sujet d'exposition, à l'occasion de «Scénario Catastrophe», elle était déjà présente comme menace dans les réserves depuis 1901, date de la création de l'institution. Et pas seulement à cause des risques d'incendies et d'inondations! À l'échelle du monde, l'histoire montre que bien avant l'ère numérique, dès l'antiquité égyptienne ou chinoise, les institutions culturelles se sont constituées comme:

- défenderesses des communautés atteintes par les désastres,
- récitantes des grands textes relatant les cataclysmes,
- enseignantes des attitudes de solidarité et de reconstruction.

En se lançant dans une exposition consacrée à la catastrophe, le Musée d'ethnographie de Genève a réalisé, à partir de sa propre expérience, que la gestion des désastres commençait dans ses propres réserves. On venait, à la demande de l'Office cantonal pour la protection des biens culturels, organe de la sécurité civile de Genève, d'opérer une sélection dans nos dépôts des Ports Francs. En effet, en cas de sinistre on ne peut tout sauver: seuls les objets (en nombre très limité) désignés comme des fleurons du trésor seraient enlevés au pas de course, pris à bras le corps par les pompiers. 100 candidats à la survie sur quelque 99'900 condamnés. Une fiche de sauvetage définit le chemin d'évacuation, balisé par des «boucliers bleus». En fin de parcours, un site sûr et confidentiel doit accueillir les évacués, monté par le Service d'assistance et de protection de la population (SAPP). L'«issue de secours» ainsi trouvée oblige les conservateurs à sélectionner des biens symboliques selon des critères défendables. Pour la collection Europe, par exemple, on a combiné la rareté des pièces, leur valeur régionale, leur fragilité documentaire, leur rôle scientifique et leur portée civique identitaire. Ainsi une boîte à sel en forme de poule, une lampe de la Mob et une aquarelle du Déserteur figurent parmi vingt privilégiés, selon le principe du Bouclier Bleu de l'ICOM.

Le Musée a été organisé dès son origine en établissement de mise à l'abri des biens patrimoniaux collectifs collaborant avec d'autres praticiens du secours. Mais un changement semble s'être produit à l'occasion du grand tsunami de 2004. Là, dans la hâte, se sont rejoués en *live* tous les moments d'une patrimonalisation accélérée; les musées ont secouru et sauvé les biens culturels. Et, aussitôt, exposé les effets de la catastrophe. Ainsi, d'instrument de protection, le musée s'est retrouvé lieu d'exposition d'un aléa de la nature. Les catastrophes ont certes été représentées depuis longtemps, ne fût-ce qu'en vue de collecter des fonds de secours. On songe à toutes les gravures, de l'éruption du Vésuve, du tremblement de terre de Lisbonne, de l'incendie du pont bâti de Genève... Aujourd'hui, les catastrophes, comme les accidents deviennent des produits sensationnels dans les circuits des marchés culturels – la Fondation Cartier pour l'art contemporain à Paris et Paul Virilio l'ont illustré récemment avec «Ce qui arrive» (2002). Les musées, comme le Bergsturz Museum de Goldau, à Schwytz (rappel d'un glissement de terrain de 1808, lui-même largement médiatisé à son époque), devront s'adapter à la tendance.

L'autre fait frappant tient dans le discours: une équivalence répétitive, une vraie homologie entre les choses et les hommes, saute aux yeux. Les choses sont l'objet d'attention comme les victimes humaines. En veillant à ne pas commettre d'actions irréversibles, une série de mesures doit être prise. Il y a en effet une logistique propre aux évacuations des biens comme des personnes: préparer les nouvelles réserves aux normes de sécurité, prévoir les systèmes de rangement les plus adaptés aux collections, préparer les conditions de leur transport, évaluer leur état de conservation et mettre leur inventaire à jour. Le même lexique s'adapte et devient interchangeable: sécurité, plan d'urgence, prévention, pérennité, intervention, logistique, cellules de crise. On rétablit les victimes et les œuvres culturelles selon les mêmes compétences. Pompiers, infirmiers humanitaires, conservateurs de musée, restaurateurs préparent de semblables exercices sanitaires. Et la catastrophe n'est pas vraiment une étrangère, même si elle est et restera

une «rencontre forcée», sujette à des approches ambiva-
lentes. Les musées, en l'espèce, semblent remplir le rôle
d'agents humanitaires du patrimoine, placés dans un
provisoire qui peut durer.

En été 2005, les inondations en Suisse centrale ont mobi-
lisé, via la cellule de crise de l'AMS (Association des Musées
Suisses), les musées à l'abri des intempéries, comme ceux
de Bâle ou de Berne, en faveur des *geschädigte Museen*
de Lucerne, Flueligen, Thoune et Sarnen, dont une partie
des collections a dû être évacuée. Comme avec le désormais tristement illustre tsunami de l'Océan indien, on voit
que les musées locaux des zones en danger obéissent à la
logique du tri des archives et de l'accroissement des stocks,
afin de remplir au mieux leur mission d'éducation et de
formation. Mentionnons l'existence du fameux Pacific
Tsunami Museum, à Hawaii, coordonné avec les actions
de prévention de la défense civile.

L'UNESCO

Après la Deuxième Guerre mondiale, au vu de l'ampleur
sans précédent des destructions infligées au patrimoine
culturel, notamment du fait des bombardements aériens
massifs opérés sans distinction entre cibles civiles et militaires, l'UNESCO a adopté la Convention pour la protection du patrimoine en cas de conflit armé (La Haye, 14
mai 1954). C'était le premier instrument international
à vocation universelle qui fût exclusivement axé sur la
protection du patrimoine culturel. Cette Convention s'applique aux biens meubles ou immeubles, y compris les
monuments d'architecture, d'art ou d'histoire, les sites
archéologiques, les oeuvres d'art, les manuscrits, les
livres et autres objets d'intérêt artistique, historique
ou archéologique, ainsi que les collections scientifiques

de toute nature, sans égard à leur origine ou propriétaire.

Les États parties à la Convention se sont engagés à adopter des mesures préventives pour assurer cette protection, non seulement en période d'hostilités (à ce stade, il est en général trop tard), mais également en temps de paix, par des mesures variées:

- sauvegarder et respecter les biens culturels en cas de conflit armé (cette obligation s'applique également aux conflits de caractère non international);
- envisager la possibilité d'octroyer une protection spéciale à un nombre restreint de refuges destinés à abriter des biens culturels meubles en cas de conflit armé, de centres monumentaux et d'autres biens culturels immeubles de très haute importance en les inscrivant dans le «Registre international des biens culturels sous protection spéciale»;
- envisager la possibilité d'employer le signe distinctif de la Convention pour certains bâtiments et monuments importants;
- créer des unités spéciales, au sein des forces armées, qui soient chargées de la protection du patrimoine culturel;
- pénaliser les violations de la Convention et promouvoir largement la Convention auprès du grand public, et des groupes-cibles comme des professionnels du patrimoine culturel, des militaires ou des services chargés de faire respecter la loi[1].

---

1. «Convention pour la protection du patrimoine culturel en cas de conflit armé – 1954, adoptée à la Haye, le 14 mai 1954».

Les initiatives prises aujourd'hui en matière de sauvegarde du patrimoine en cas de guerre ou de catastrophe sont impensables sans un réseau international de compétences, d'aides et de libres contributions (en argent ou en équipements). C'est ainsi que l'COM (International Council of Museums) s'est associé à l'UNESCO pour faire face au tsunami du 26 décembre 2004. Elle a mis en place un Fond de secours aux musées en cas de catastrophes (Disaster Relief for Museums Fund), un Groupe d'intervention de secours aux musées en cas de catastrophes (Disaster Relief for Museums Task-Force), un site Internet et un programme pour les musées d'Asie et de l'Océan Indien.

Depuis 2005, ce Groupe d'intervention a régulièrement agi: ouragan Katrina d'août 2005 en Louisiane, tremblement de terre au Pakistan et inondations en Amérique centrale en octobre 2005, agression israélienne au Liban en juillet-août 2006. La liste révèle, de façon patente, l'assimilation de deux catégories d'événements autrefois dissociées, le désastre naturel et la guerre, qui dorénavant se chevauchent dès lors qu'elles menacent tout ce qui s'abrite sous le titre de «patrimoine de l'humanité» (*ancestral heritage of humanity*).

En été 2006, l'UNESCO a lancé un appel en faveur du site de Tyr au Liban, annonçant qu'elle tiendrait les belligérents pour responsables de sa destruction. Des lieux aussi divers que les étendues sauvages du parc national du Serengueti en Afrique orientale, les pyramides d'Égypte, la Grande Barrière (de corail) d'Australie et les cathédrales baroques d'Amérique latine constituent le patrimoine de notre monde, également vulnérables face aux guerres ou aux cataclysme. La notion de patrimoine mondial est appliquée à tous les sites homologués, sans tenir compte du territoire sur lequel ils sont situés. Les conventions et traités internationaux concernant la protection du patrimoine mondial, culturel et naturel, adoptés par l'UNESCO dès 1972, contiennent recommandations et obligations. La catastrophe est ainsi circonscrite par un système juridique, impliquant une pesante incidence sur l'approche contractuelle et négociée du phénomène.

L'ICOM (International Council of Museums – Conseil international des musées)

L'ICOM a été fondé en 1946 comme organisation non gouvernementale (ONG), en relation formelle avec l'UNESCO.

En 2003, les comités ICOM autrichiens, allemands et suisses ont organisé un symposium à Bregenz, sur le lac de Constance, destiné aux professionnels de musées (*Bedrohte Museen* 2004). Son objet: la prévention des risques encourus listés comme suit: catastrophes naturelles, vols, conflits, terrorisme, révolutions, privatisations et trafics de biens culturels, extrémismes politico-religieux. Tous ces désordres représentent des menaces régulières qui accentuent la misère et les pertes patrimoniales, davantage encore parmi les peuples fragilisés du Sud. À cet égard, l'hiver et le printemps 2003 ont été terribles. La vulnérabilité du patrimoine culturel s'est manifestée sous des formes nouvelles et inattendues avec la détérioration et le pillage des musées en Irak. L'ICOM n'a pu que constater son impuissance politique. Les questions sur le manque de coordination des organisations internationales, régionales et nationales sont plus que jamais d'actualité et occasionnent de nombreux symposiums internationaux.

Grâce aux travaux des groupes de déontologie de l'ICOM, dans la foulée des Conventions de l'UNESCO, un mouvement s'est fait jour parmi les acteurs de la gestion des sinistres. Un nombre croissant de symposiums a été consacré par le Conseil à la prévention et à la gestion des situations d'urgence dans les musées. Ce fut, en 2002, le lancement d'un Programme d'urgence dans les musées (Museums Emergency Programme – MEP), puis, comme on vient de le voir, celle, début 2005, du Fond de secours aux musées en cas de catastrophes et du Groupe d'intervention[2].

De toutes ces réflexions et actions, il résulte les avancées suivantes:

– Le patrimoine culturel est reconnu comme une ressource fragile et irremplaçable, à sauvegarder dans une perspective de développement durable.
– Le savoir traditionnel des peuples autochtones et des nouvelles nations entretient des aptitudes à l'annonce, la prévention, le sauvetage, les soins et à la reconstruction. Il doit, donc, être transmis et protégé lors de la phase de rétablissement qui, souvent, est l'occasion de brutales réaffectation des zones touchées et de refus de l'architecture traditionnelle adaptée au climat.
– L'implication de la communauté est primordiale, antécédente à toute aide extérieure. Elle induit une réussite garantie de la formation des équipes de prévention.
– L'ICOM, quoique consciente de servir une noble cause, entend traiter pragmatiquement, à partir de l'expé-

---

2. Voir http://icom.museum/risk_management_fr.html

rience des gens des musées sur le terrain, les institutions, définies, alors comme des centres culturels communautaires.

- La notion de capital culturel commun est établie. En effet le droit individuel de la propriété est impropre à saisir les enjeux de la transmission. Ces biens, au départ et par précaution, sont, et étaient, organisés sur la base de la gestion collective, non monétarisée, selon la propre volonté des sociétés d'origine. Par définition, ces biens, n'ayant été inventés ou exploités par aucun individu en particulier resteront du domaine du patrimoine public et seront soustrait du marché des échanges, afin de garantir leur pérennité liée à leur caractère irremplaçable et inestimable. Leur valeur d'information et d'œuvre collective, générant les codes et les principes de la reproduction du caractère national d'un peuple ou les textes fondateurs d'une religion millénaire se révèle par leur aptitude à inspirer des courants de savoirs, de coutumes, de mœurs, de croyances et de techniques appréciés universellement. Et ils fécondent encore les formes les plus contemporaines des cultures et des formations sociales.

- Certains biens et services culturels doivent être, consciemment, extraits de la commercialisation et du rendement à court terme, délibérément sortis ou interdits d'accès aux lois du marché, actuel et futur, en tant que trésors nationaux ou régionaux vivants. Ils sont à placer sous protection, en complémentarité aux sanctuaires d'espèces en voie de disparition. La sauvegarde préventive sera sous la tutelle du droit international public, afin de faire accéder ces biens au rang de sanctuaire du patrimoine culturel, matériel et immatériel, inaliénable, incessible et imprescriptible. Ce patrimoine est donc considéré comme réserve unique et capitale de la reproduction originelle des fondements de la culture pour le genre humain.

- La société civile peut intervenir et doit collaborer avec les services publics et les représentants des forces économiques internationales, pour proposer et faire adopter des limites[3].

Ces biens indivis sont tombés dans le domaine public des collections et des archives, notamment par le biais du sauvetage des mémoires collectives suite à l'histoire coloniale ou à des conflits, des guerres et des déportations. Ils sont parties prenantes des filières archéologiques et ethnographiques. Les communautés, actuelles ou disparues, dont émanent ces biens, ne devront en aucun cas être usurpées, de leur vivant ou de façon posthume, des supputés revenus de leur patrimoine collectif. Ceci afin d'empêcher les spéculations sur les prix, ce qui précarise leur survie en incitant au vol, au pillage des sites et au trafic international illicite. Les membres de la société civile, représentés par des associations agréées par les États signataires, sont chargés de veiller, d'entente avec les fédérations d'entreprises et de syndicats, à l'application de ces cas et de ces limites.

En réponse aux catastrophes naturelles et humaines, les musées forment désormais une coalition d'institutions scientifiques concernées, sur le terrain touché, axées sur la défense de l'héritage mondial des civilisations et des

---

3. Voir http://icom.museum/mep_module1.html, http://icom.museum/mep_work3.html

peuples. Ils s'entendent avec les collectivités locales pour gérer les risques en situation continue.

Certains musées, édifiés comme mémoriaux, entretiennent un lien vivant avec les sites et les zones des désastres: ils honorent les victimes, documentent leur mémoire et expérimentent la portée éducative des traumatismes et des résiliences. Ils aident, dans cette perspective, au rétablissement des collectivités locales et freinent les effets de la répétition d'événements tragiques, en réseau avec deux autres groupes de partenaires, les scientifiques et les politiques.

Les employés de musée, des catastrophistes malgré eux

Les gens de musée sont les objets d'une véritable passion de la conservation. Ils sont prédisposés à être les vigies, les prospectivistes des crises violentes, réelles, imaginaires ou symboliques. Il en découle qu'ils ont intériorisé un catastrophisme professionnel, indubitablement légitime. On doit même évoquer à leur endroit un complexe de la catastrophe, puisque la corporation s'est constituée autour du sentiment persistant de la sauvegarde à tout crin, contre et avec toutes les formes de cataclysme, supposées naturelles ou attribuables à une origine anthropique.

Place Sturm, 2 décembre 2001

Vrillé au cœur de la complexion catastrophiste, un choc, souvent, frappe les consciences. Prenons un récent exemple genevois: un sentiment de détresse, pour certains véritable trauma collectif, a surgi le jour du «Non» de la votation sur le projet de nouveau musée d'ethnographie à édifier à la place Sturm. Le projet fut balayé, comme sous l'effet d'un ouragan municipal, qui n'a laissé que plaintes perdues dans un nuage d'incertitudes. Il a conforté les Genevois dans leur pessimisme désabusé. Combien ne lâchèrent-ils pas: «C'est la cata, la monstre cata»?

Il est donc adéquat aujourd'hui, pour déjouer la fatalité pesant sur la ville, que le Musée d'ethnographie se concentre sur une exposition thérapeutique, qui fasse retour sur soi et permette la libération du trauma. On sort de la souffrance d'abandon et on affronte la réalité d'une décision populaire, car, faut-il le rappeler, le projet du nouveau Musée avait été jugé urgent par tous, mais trop cher, mal placé, trop avant-gardiste dans son architecture! N'empêche que la place Sturm porte bien son nom allemand de «tempête». Toutes les épreuves sociales et idéologiques laissent des séquelles, des réflexes et des contentieux. En découlent des attitudes mélangées de peur, de mépris et d'admiration jouissive, selon les positions partisanes particulières.

Conserver et transmettre

Lorsqu'on plonge dans l'histoire des collections et de l'*habitus* de la conservation, on prend conscience qu'un musée conserve autant les traces du passé que les germes du futur. Vrai laboratoire, il est une petite cité des sciences humaines et des arts populaires, au sein de laquelle on construit des propositions de réponses aux questions lancinantes que la collectivité engendre.

Même la collection Georges Amoudruz est un ensemble abritant les vestiges de la mutation vécue entre 1750 et 1950, dans une région genevoise, alpine et rhodanienne en voie de mécanisation et d'urbanisation. Ce changement fut ressenti comme un déclin par les esprits conservateurs ou une émancipation par les progressistes. Vers 1850, la quête des origines, de l'archaïsme et des peuples primitifs a brassé en tous sens l'histoire en y mêlant amnésies, spoliations, révolutions, spéculations, négligences, trahisons, utopies, nostalgies, identifications ou reconstitutions. L'engloutissement des particularités ethniques puis leur réémergence sous une forme métissée, fragmentent et recomposent les styles et les goûts.

La modernité, du même geste, enregistre avec passion tout ce qu'elle rend obsolète. Avec le culte romantique de la ruine, elle y associe le plaisir du neuf, affranchi du passé. Des bibliothèques entières présentent les sentiments esthétiques de la perte et les mélancolies de la décadence ou les *Götterdämmerungen*, dont la veine est inépuisable.

Contre la cendre et l'oubli, notre époque aménage les musées de l'esclavage, de l'expérience concentrationnaire, de l'extermination, de la guerre (souvent appelés «musées de la paix», étant sous-entendu «plus jamais ça»). Ces lieux appartiennent à la catégorie du «mémorial», à la fois site, monument et bâtiment initiatique. Ils constituent un insoutenable conservatoire du savoir-faire de la cruauté. Lorsque les humains perdent leur dignité, ils se livrent à des atrocités intentionnelles. Pourquoi convoquent-ils, en pensée, le mot de catastrophe quand ils sont entre eux aussi destructeur que la nature? Se soulagent-ils? À cette effrayante question, qui palpite dans les mille cris de vengeance contre les dieux ou les voisins, comment répondre, si ce n'est, déjà, en demandant aux témoins survivants, les justes récits? Or, certains des représentants, encore vivants, des absents déjà décédés, restent muets. D'autres parlent.

Un mémorial tente, en ces circonstances pénibles, de présenter le problème: comment fréquenter la réalité de l'horreur, sous quelle condition accepter les morts collectives, imprévisibles et indicibles? Quelle est la bonne échelle du groupe humain pour préparer des institutions protectrices pour tous? Comment travailler le lien social et se prémunir contre l'abus de la métaphore de la catastrophe qui est brandie comme une immunité? À l'avenir, la muséographie devra bien essayer de répondre.

L'UNESCO, en considérant le patrimoine comme héritage donné et sens à construire, ne se voile pas la face. Dans les deux ordres de la nature et de la culture, elle met sous protection:

- le génome humain. C'est le vivant en nous, et qui sous tend l'unité de tous les membres de la famille humaine, devenant patrimoine de l'humanité dans un sens symbolique;
- la nature et l'environnement. C'est le vivant hors de nous que, avec les artefacts du patrimoine culturel, nous avons reçu en partage et dont la protection, au titre de patrimoine commun de l'humanité reste encore à construire comme nouveau monde, nouvelle planète. Tous, nous sommes menacés de retomber dans la confusion, l'oubli ou l'insignifiance. Alors, des régimes juridiques sont mis en place pour la défense des héritages artistiques, scientifiques, linguistiques, folkloriques, autant de signes par lesquels les hommes tentent de dire le sens du monde qu'ils habitent[4].

---

4. Voir Déclaration universelle sur la diversité culturelle. Paris: UNESCO 2001.

Transmettre implique d'être reconnu dans une double fonction, en tant qu'être «catastrophiable» (néologisme pratique): être un usager et être un collaborateur d'un service public que la communauté investit d'une mission. Si, dans l'immanence, on accepte d'exposer la catastrophe, dans la transcendance du métier, on préserve et transmet aux générations futures, et on rend des comptes à un collectif – hier la famille, le clan, la tribu, aujourd'hui la nation, l'humanité.

Conclusion: la transaction patrimoniale

Tâche infinie que celle des musées confrontés aux amoncellements des dangers et des restes! Mais qu'est-ce qu'il s'agit de garder et faire durer?

Avant de conclure, il ne faut s'épargner, pour vérification, aucune piste de réflexion critique sur les leçons des catastrophes. Définir une expérience (la catastrophe) par son contraire (la sécurité insouciante) aide à faire un portrait en creux de ce que la catastrophe atteint dans les valeurs des civilisations. On rencontre aussi des polémiques, parfois sacrilèges, qui valorisent le phénomène de la catastrophe selon trois tendances récurrentes.

– Le songe de l'anti-catastrophe. À l'abri des malheurs, un anti-monde existe-t-il? En tout temps et en tout lieu, les sociétés traditionnelles ont cultivé des utopies, développé des récits d'Âge d'Or ou de Grand Soir ouvrant sur la Cité idéale qui régulerait la planète. La catastrophe ne peut rien contre les idéaux et les efforts d'Harmonie, de Fécondité, de Justice et d'Égalité. Bien mieux, elle les conforte et les renforce.

Il en va de même de la conservation des productions du génie humain. Tout garder relève d'une utopie qu'il est tout aussi aisé de diaboliser que les rêves de perfection, d'ordre et de sécurité des sociétés humaines. Mais chaque perte irrémédiable renforce l'attachement au patrimoine.

L'éloge des forces primitives. Ici la catastrophe est exaltée. Seul le culte de la force fusionnelle est prôné. Comme les courants extrémistes des années 1930 le soutenaient en Italie et en Allemagne. En poussant la réflexion, ces gens enclins aux visions catastrophistes extrêmes en espéraient des promesses de réforme des mœurs et des institutions. Pour ces derniers un ouragan (avec ses chasseurs de hurricane, par exemple) est un sport extrême. Vivre dans l'insécurité et la confusion des registres, entre nature humanisée et culture naturalisée, semble être une mode récurrente. Certains groupes ou individus recherchent une dissolution dans la matière en fusion. En réassimilant les correspondances obscures et maléfiques, irrationnelles, des éléments, l'eau, l'air, le feu, la terre, on reprendrait contact avec la catastrophe comme milieu originel. Sinon comment expliquer, par exemple, que les inondations de Suisse centrale en 2005 participaient, aussi, d'un voyeurisme bizarre, en accord avec une cosmologie livrée aux forces naturelles et aux croyances intemporelles? Les catastrophes persévèrent à fasciner, à nos risques et périls. Sont-elles, comme les guerres, des moteurs de l'histoire? Des moyens de régler la démographie de la planète? Artistes ou régimes politiques extrêmes sont, souvent, des acteurs cyniques et passagers, de la mise en spectacle du désastre – esthétique de la noirceur qui les avale dans un crash final.

– La volonté de maîtrise: préparer une mobilisation totale, systémique, scientifique, désireuse d'autorégulation de l'humanité. Or les civilisations sont mortelles, les collections périssables, et les meilleures politiques de conservation freinent sans doute, mais n'arrêtent pas le travail du temps.

En muséologie, on ne confirme ni n'infirme les modèles d'experts sur la croissance limitée, la vertu du chaos et le contrôle indirect. Laissons tout cela aux producteurs de science-fiction ou aux experts en futurologie. Chez les gens de musée, la catastrophe n'est ni encouragée, ni embellie, ni enlaidie, ni relativisée ou dramatisée. On la considère sous sa seule lumière neutre et factuelle de répétition, inévitable, regrettable et aléatoire dans sa source, mais maîtrisable dans le volume de ses effets, pour autant que la société atteinte veuille bien s'astreindre à des exercices de préparation et de reconstruction.

Les métiers du patrimoine ont réfléchi à l'altération, à la dégradation et à la destruction. Ils ont appris que la «négligence» est une absence de lien, le relâchement d'une transmission rompue. Arraché à la chaîne de la transmission, le patrimoine sombre bientôt dans l'oubli et disparaît: il se dilapide de n'être pas partagé.

La valeur patrimoniale relève de la sphère de l'interdit fondateur qui préserve l'essentiel, la transmission d'une expérience collective. Expérience de la traversée des catastrophes, que chaque génération, à son tour, fait. Voilà qui donne aux citoyens-contribuables, dans un régime démocratique, le devoir et le droit de faire de chaque catastrophe, naturelle ou culturelle, une occasion de renforcer les services publics de la mémoire.

Puisque les pertes dues à des événements graves sont

régulières pour les sociétés, celles-ci ont conclu à un arrangement à l'amiable. Car l'issue d'une catastrophe est toujours incertaine ainsi que l'ampleur, le lieu et l'heure du choc. Le monde des musées et des archives a opté pour l'approche négociée de la question des dédommagements, des causes, des fautes, des litiges possibles. On transige en mettant à l'abri les restes et on essaie d'en tirer des enseignements. Dans la mesure du possible, la leçon de chaque désastre est consignée, puis adressée à une puissance distributive précise (compagnie d'assurance, État, ONG, dieu, monarque, président, bibliothèque, etc). Bref, chacun ramène ses prétentions et les fait reconnaître pour, à terme, renoncer à trouver un coupable. La volonté de savoir comment sortir du drame, pour être à même de préparer les précautions contre le prochain événement, est un des enjeux des institutions de la mémoire.

Subsiste l'étonnement philosophique: mais qu'est-ce qu'on doit partager avec la violence d'un monde toujours «mal fait»? Déclarée ou sournoise, intrusive ou frontale, réparable ou perverse, accompagnatrice des phénomènes naturels ou des chaos sociaux, la souffrance sera encore longtemps, sinon toujours, là. Sous quelles conditions, au sein de quel groupe humain, un cataclysme ou une révolution deviennent-ils un patrimoine instructif? Depuis des millénaires on met sur pied des institutions et des attitudes-réflexes de conservation préventive du lien social. On y enseigne le principe de précaution: que transmettre un savoir et certains exercices valent mieux que l'insouciance. Bref, quelle place accorde-t-on aux efforts de remembrement du corps social disloqué par des forces intérieures ou extérieures? Pertes en gens, en choses, en vies, en avenir, en significations poussent à réagir, innover, créer, se remémorer. La catastrophe, en muséologie, a été approchée sous l'angle d'une rencontre forcée, avec laquelle il est nécessaire de négocier un accord, de trouver l'équivalent d'une transaction qui dompte la révolte inutile ou l'utopique oubli, attitudes pires que le mal. Puisque la maintenance d'un monde habitable, pour le plus grand nombre, ici et demain, oblige à trouver des règles de bon voisinage, sous certaines conditions, avec la catastrophe, cette constante du monde réel. Nous sommes immergés, de plein gré ou non, dans des lois (cosmiques et sociales) que nous infléchissons à notre avantage à chaque génération. A-t-on le choix de ne pas la considérer, en toute familiarité, cette catastrophe, comme bien «fraternelle»? Qui pourrait prétendre survivre et se perpétuer, sans consentir à se remémorer la longue histoire de ces transactions patrimoniales?

Références

DEMBSKI (ed.)

1997   *Comité international pour la sécurité dans les musées
            = International Committee for Museum Security.
            (Cahiers d'étude = Study series 4).* Paris: ICOM.

2003   *Bedrohte Museen: Naturkatastrophen, Diebstahl,
            Terror: Internationales Symposium der ICOM-
            Nationalkomitees von Österreich, Deutschland,
            Schweiz.* Bregenz: ICOM Österreich.

2004   *Catastrophes de grande ampleur: les leçons du passé.*
            Paris: OCDE (Organisation de coopération et de
            développement économiques).

LES CATASTROPHES OU LA NOSTALGIE DE L'INNOCENCE

Nicolas Borsinger

Les catastrophes méritent d'être analysées à travers le prisme des relations Nord-Sud ou, pour être plus précis, à travers les réactions du Nord aux désastres subis par le Sud. Pourquoi ce choix? Parce qu'il est riche d'enseignements sur le regard que nous, ressortissants du Nord, portons sur le monde. Rompant avec la lassitude, voire l'indifférence que sécrète le flot ininterrompu d'informations qui nous assaillent, la catastrophe offre un moment intense de communion. Ainsi, de par son caractère subit et inattendu, ses conséquences massives et évidentes et sa localisation bien circonscrite, la catastrophe constitue un point de rencontre essentiel: une nébuleuse de qualificatifs lui est d'ailleurs immédiatement associée, tels qu'urgence, action humanitaire, collecte de dons, etc., à la mesure de la souffrance des uns et, plus encore, de la commisération des autres.

Sur la scène internationale, la catastrophe donne l'illusion de resserrer des liens distendus: pendant un instant, sa dramaturgie rend, par la grâce de l'image omniprésente, le monde de l'autre soudain moins opaque et donc plus accessible à l'intervention réparatrice. Celle-ci s'exprime dans les termes d'une générosité qui peut parfois être extraordinaire et qui en constitue une composante en soi. Cette exigence du don correspond souvent à une quête d'innocence du donateur *lambda* – lecteur, auditeur, téléspectateur –, innocence que la catastrophe, par médias interposés, permet de conforter. Le mot innocence n'est pas utilisé ici comme le contraire de culpabilité, mais dans l'acception beaucoup plus large de candeur, fraîcheur, virginité, ignorance.

Autrement dit, la catastrophe en dit autant sur le Sud que sur le Nord. Quelle est sa fonction dans notre société postindustrielle? Quel est son rôle dans notre conception de la souffrance et de la justice? Quelle part lui revient-elle dans la générosité publique? Quelles en sont les conséquences? Sur toutes ces questions, le paramètre financier apporte un éclairage intéressant, voire primordial. D'abord parce que la circulation monétaire est une manifestation éminemment palpable des relations Nord-Sud, ensuite parce que l'argent est une valeur plus que monétaire au Nord et plus que nécessaire au Sud. Ensuite, parce que la catastrophe a des limites claires – zone définie, temps circonscrit, besoins établis –, elle rassure l'opinion selon laquelle la générosité sera utilement investie. En effet, comme les dons sont censés être affectés soit à l'urgence vitale, soit à la reconstruction, le donateur peut, sans plus se poser de questions, en déduire que les coûts seront «clairs» et les résultats «évidents».

En guise de réponse à ces questions, ces lignes proposent la perspective d'un observateur d'autant plus perplexe que sa «légitimité» sur la question procède de vingt ans d'expérience non comme analyste des relations Nord-Sud mais comme «acteur» sur des scènes de catastrophes arrivées aux autres.

Pour les natifs du Nord, fascinés par les défis (sportifs, technologiques, etc.), juguler les conséquences des catastrophes constitue une tentation presque irrésistible. La catastrophe est aux crises planétaires ce qu'une fracture du tibia est à un cancer: un traumatisme sain – que l'on peut réduire - permettant le retour au *statu quo ante* et non une pathologie sournoise, proliférante, insaisissable, résistante aux traitements. Comment, en effet, considérer l'éradication de la misère comme un défi, alors que ses métastases sont diffuses tant géographiquement que temporellement, et qu'on ne peut définir ni un avant, ni un après pour une population donnée?

En revanche, les tremblements de terre et autres cyclones s'imposent comme la quintessence du défi altruiste. En premier lieu, parce que la catastrophe d'autrui joue un rôle d'anxiolytique sociétal: ce qui frappe ailleurs – l'Amérique centrale et l'Afrique en particulier – nous est globalement épargné. En second lieu, parce qu'elle met en exergue un sujet de fierté: la puissance technologique du Nord, à la fois efficace et protectrice. Une des caractéristiques de notre modernité est sa foi en l'existence de solutions: sur ce plan, la catastrophe offre un champ d'action qui correspond plus que tout autre à ses valeurs les plus profondes en même temps qu'à ses rêves les plus secrets. Les catastrophes sont d'abord l'occasion de voir noblement à l'œuvre tout ce que le siècle a produit de technologies de pointe, généralement utilisées pour de moins belles causes. Pas de catastrophe sans que la Providence ne se décline en termes aéronautiques, et prioritairement militaires. Aux décollages de flottes de gros porteurs pansus de biens occidentaux en tous genres, qui défilent sur les écrans à l'heure des téléjournaux du soir, succèdera le ballet d'hélicoptères sauvant des vies sur place. Et s'il n'y en a qu'un, et s'il ne fait qu'un sauvetage épique, les télévisions du monde en feront une icône censée représenter tous les efforts et tous les succès remportés contre l'adversité. Le tableau de la fiabilité ne sera pas complet sans des images de convois de camions passant une rivière à gué dans des gerbes d'écume. La catastrophe devient ainsi l'occasion pour nous de sublimer des conquêtes industrielles qui ne sont depuis longtemps plus source d'émerveillement. Cela n'est peut-être pas sans effet, même en termes politiques. Les reportages sur les équipes de secouristes embarquant sur tous les tarmacs d'Europe au lendemain de Noël 2004 pour porter secours aux victimes du tremblement de terre de Bam sont emblématiques. Elles n'ont certes pas été commanditées: de telles scènes sont suffisamment affriolantes pour que ce ne soit pas nécessaire. Il n'en est pas moins vrai que de telles scènes ont un effet politique. Votre gouvernement est:

- efficace car prêt en 24 heures à affronter les malheurs du monde avec des moyens logistiques importants;
- à votre écoute car il sait que le pays profond souhaite une action de solidarité avec les plus démunis.

Que pas une seule vie n'ait été sauvée par les dizaines de chiens de sauvetage débarqués d'autant d'Airbus sous la houlette d'équipes bardées d'équipements fluos est sans importance et sans objet: leur déploiement est une justification suffisante en soi à leur présence. Car l'immédiat après catastrophe est un rare moment de suspension pendant lequel une vie du Tiers Monde n'a soudainement, et très transitoirement, pas de prix. Elle a pourtant bel et bien un coût, mais pour la plus grande sérénité du citoyen donateur, ce coût reste et doit rester inconnu faute de briser un rêve éveillé auquel ce dernier a droit.

En termes éthiques aussi, la catastrophe permet à la modernité de s'exprimer comme elle le souhaite, très intensément à court terme mais surtout sans cet engagement dans la durée contraire à sa nature mais que requièrent tous les grands enjeux de l'heure. Les catastrophes accordent en outre une place centrale à un atavisme consubstantiel à la modernité: la vitesse. Le besoin de vitesse qui découle de la catastrophe constitue sans aucun doute aux yeux de la modernité un de ses principaux attraits. L'étendue des dévastations et leur caractère subit induisent le besoin d'agir sur le champ. Une course contre la montre est d'abord une course. S'il y a course et s'il y a montre, le sport n'est pas loin et les records non plus. L'*homo occidentalis* sera ainsi, même inconsciemment, incité à orienter ses pulsions philanthropiques là où le paramètre vitesse devient déterminant: celle-ci lui est si chère dans tous les domaines de sa vie professionnelle et privée qu'elle est une seconde peau et même une véritable valeur. En filigrane et sans intention s'opère donc un mariage naturel entre les besoins résultant d'une catastrophe à une extrémité du globe et les valeurs d'une société à l'autre.

Les montants levés apportent également un éclairage intéressant sur notre rapport aux catastrophes naturelles proches ou lointaines. Deux d'entre elles, dans lesquelles l'homme est clairement perçu comme non coupable, correspondent aux deux plus grands élans de générosité publique de l'histoire. En six semaines, l'ouragan Mitch de 1998 entraînait des dons de quelque 6,5 milliards de dollars, soit l'équivalent des 6,7 milliards levés suite au tsunami en 2005. Ce dernier montant est composé pour 3,8 milliards de fonds prélevés sur des lignes «Aide Humanitaire». Cela correspond à 50% du total des financements pour l'ensemble des urgences humanitaires de la planète en 2003, année record. Parce qu'ils sont en complet décalage avec les priorités de la planète, ces records ne révèlent-ils pas une fonction surprenante, irrationnelle mais poignante, de la générosité comme moyen monétaire de positiver un avenir barré de trop douloureuses incertitudes? Le réchauffement de la planète est peut être inéluctable, mais d'ici là consolons-nous par notre maîtrise des conséquences du tsunami.

C'est peut être ici que notre quête d'innocence (au demeurant parfaitement légitime) perd une bonne part de sa candeur. Même si le propos de ces lignes n'est pas de faire l'audit des dépenses de projets liés à telle catastrophe (tsunami, ouragan Mitch, etc.) mais de déchiffrer leur raison d'être, quelques lignes sur leurs conséquence systémiques s'imposent. En matière d'absorption des fonds, il en va des finances comme de l'eau: quiconque s'évertue à verser trois litres d'eau sur une éponge capable d'en absorber un provoquera deux litres de coulage. On pourrait qualifier cette loi de Théorie Universelle de l'Eponge (T.U.E) dont il faut bien comprendre le caractère inéluctable: aucune gesticulation, aucune mesure de contrôle, aucun volontarisme programmatique n'y changera rien, parce que la mécanique des fluides est malheureusement insensible aux injonctions les plus nobles et les mieux fondées, même lors de désastres.

Gare donc à la T.U.E, l'ignorer peut être criminel.

Pour ne prendre que l'exemple des projets de constructions d'habitations ou d'infrastructures, gros destinataires de fonds suite à des catastrophes, le coulage pourra prendre diverses formes:

- réglementations bureaucratiques absurdes, induites par le corps politique qui veut «montrer» qu'il «empoigne à bras le corps» les conséquences d'une catastrophe pour que celles-ci ne se reproduisent pas, et qui suscitent une explosion des coûts;
- augmentation de la corruption afin de contourner ces réglementation, et bien entendu facturation des travaux non effectués et des matériaux non utilisés;
- inflation des prix suscités par les besoins accrus en matériaux résultant des mesures administratives mentionnées;
- inflation des prix résultant de projets «éléphants blancs parachutés» totalement inadaptés au contexte, mais qui du point de vue des ONG maîtres d'œuvre ont deux avantages à être hors de prix: leur permettre d'absorber les dons trop abondants, et de «rendre des comptes» impeccables aux donateurs tout en vivant d'autant mieux de leur marge administrative de 10 à 15% que l'investissement est plus élevé;
- marge de profit de plus en plus gourmande d'entrepreneurs ayant compris l'avantage qu'ils pouvaient tirer d'ONG, maîtres d'œuvre pressés d'achever en toute urgence des projets afin de démontrer leur efficacité à leurs donateurs;
- projets réalisés (avec photos, comptes, cérémonies d'inauguration etc.), mais totalement délaissés par les «bénéficiaires» parce qu'inadaptés.

En outre, dans une société de zapping et de divertissement, la catastrophe comporte plusieurs des caractéristiques propres à un *thriller*. Elle présente surtout un avantage sans pareil, fantasme de tout scénariste s'épuisant en nuits blanches à monter un nouveau script: elle innove à chaque fois. La prochaine sera-t-elle technologique ou naturelle? Frappera-t-elle l'Asie ou l'Afrique? Prendra-t-elle la forme d'une éruption volcanique ou d'un tremblement de terre? L'incertitude est aussi totale que le désastre est programmé: à tout moment, il est certain qu'une catastrophe se produira quelque part dans un délai de douze mois au plus. En ce sens, les catastrophes qui se suivent sont à la solidarité de chacun ce qu'est la série TV à la curiosité du téléspectateur: on sait que l'émission aura lieu cette semaine mais on ignore la teneur du prochain épisode.

Les catastrophes constituent un antidote précieux au sentiment d'impuissance face au devenir de la planète. Elles ne sont en effet qu'une des sources de souffrance et d'inquiétude de l'humanité, mais dont l'impact visuel dissimule des ruptures plus profondes, quoique moins apparentes. Ainsi, les grands enjeux du XXIe siècle sont parfaitement identifiés mais difficiles à résoudre parce que l'homme en est autant acteur que victime. Les origines des déséquilibres planétaires économiques et sociaux, ou environnementaux et climatiques sont suffisamment complexes pour que leurs solutions le soient également. Dans ces enchevêtrements accablants dont nous sommes trop conscients, la catastrophe, perçue comme innocente, offre en quelque sorte un espace de répit. Quelles que soient les dévastations qu'ils causent, un cyclone océanique ou un éboulement alpin ont cette apparente virginité que n'ont pas les maux directement créés par l'homme et qu'il s'inflige à lui-même. Scientifiques et «urgentistes» savent depuis longtemps que ces distinctions ne tiennent guère. En prévenant leur effondrement lors de séismes, le respect de normes existantes de construction d'immeubles, épargnerait d'innombrables vies. Mais dans la représentation collective, la catastrophe n'est *a priori* pas liée à une quelconque responsabilité ou causalité humaine. À ce titre, le cyclone Katrina de 2005 pourrait cependant constituer un point d'infléchissement des consciences, les liens avec le réchauffement climatique ayant été fréquemment mis en avant; de plus, il a affecté la première puissance économique mondiale, plutôt que le Tiers Monde. Ainsi, la partie économiquement privilégiée de l'humanité commence-t-elle à prendre conscience que nombre de catastrophes sont la réponse de la nature au berger. Mais la générosité à leur égard a encore de beaux jours devant elle, aussi longtemps qu'il sera narcissiquement plus payant d'ouvrir sa bourse en faveur des victimes des catastrophes que de s'interroger sur des phénomènes en soi révoltants mais devenus d'une plate banalité depuis des décennies. «Bidonvilisation» du tissu urbain du Sud ou enfants des rues constituent parmi bien d'autres des délitements sociaux beaucoup trop établis pour susciter encore un quelconque engouement.

La consultation d'un dictionnaire révèle que la catastrophe a également un sens littéraire «élément décisif qui amène le dénouement d'une tragédie» ou «dernier et principal événement (d'un poème, d'une tragédie) avec dénouement». *A priori* quoi de plus éloigné de notre propos? Quelle meilleure démonstration de la désuétude d'une signification? Et pourtant un rêve occidental du 3e millénaire, inopinément télescopé par un sens littéraire venu du fonds des âges européens, révèle la place prise par les catastrophes dans notre représentation de la souffrance: au sacrifice, s'il le faut, de tout esprit d'analyse, la catastrophe ne correspond à rien d'autre qu'à notre quête avide d'un dénouement, mode *happy end*, évidemment.

LA CATASTROPHE
AURA EU LIEU...
De la schizoïdie fonctionnelle
comme mode de vide!

Didier Delaleu

> Il n'est pas de problème qu'une absence
> de solution ne finisse pas par résoudre.

Si la catastrophe entre aujourd'hui au musée, c'est que
s'est achevée sa taxidermisation. Affublée du qualificatif de «naturelle», elle accède, réifiée, au rang d'*objet de
fétichisme*, au carrefour de l'ethnologie, de la marchandise et de la pulsion. La preuve que *la catastrophe a déjà
eu lieu*, c'est le nombre de «manifestations» qui ne sont
là que pour nous le cacher.

Quelques témoins – parmi lesquels Ellul, Illich,
Dupuy, Robert, Gorz, Castoriadis – avaient assisté à sa
lente agonie. Blessée gravement par la statistique et la
prévention, ses cris étouffés par les chants de la pensée
technicienne, elle fut achevée par la précaution énoncée
en principe.

Il aura fallu trente à quarante ans d'attente pour accéder aux cimaises, le temps qu'il faut à une automobile
de série pour gagner le statut de «voiture de collection».

Dans un présent d'obsolescence, le passé sans histoire
dessine un futur sans avenir. Et la tautologie se substitue

à une quelconque téléologie. Triomphe des duplicata. Avec cette «entrée» aux collections, Est-ce à dire que le musée aura désormais comme mission de consigner «le deuil de l'avenir»[1]? Musée, lieu de la sentimentalité exacerbée, dans la contemplation de la cryogénisation des valeurs d'usage (vernaculaire) et de la subsistance?

Mise en abime! La catastrophe au musée, cela aurait-il à voir avec la fin des musées eux-mêmes?

Aller voir chez les Grecs...

La catastrophe «naturelle» la plus importante est que nous ne pouvons plus sortir du système technicien. La proposition de «reconstruction conviviale»[2] semble désormais impossible à réaliser: êtres et machines se confondront bientôt. La personne individuelle ne dispose plus d'aucune responsabilité, elle les a toutes confiées à l'institution.

---

1. C'est le titre du premier chapitre de *Petite métaphysique des tsunamis* (DUPUY 2005). Dans ce livre lumineux, voir la parabole citée par Jean-Pierre Dupuy (p. 10) et extraite de Thierry Simonelli Günther Anders. *De la désuétude de l'homme.* Paris: Éd. Du jasmin 2004.

2. «Je n'ai ici d'autre but que de fournir une méthodologie permettant de détecter les moyens qui se sont changés en fin. [...] Je ne propose pas une *utopie normative*, mais les conditions formelles d'une procédure qui permette à chaque collectivité de choisir continuellement son utopie réalisable. [...] J'entends seulement définir des indicateurs qui clignotent chaque fois que l'outil manipule l'homme. [...] je m'en tiens à décrire les critères structuraux négatifs de la production et la structure formelle sur laquelle fonder un nouveau pluralisme politique». (ILLICH 2004 [1973]:475-9)

De Pan Dora, la «dispensatrice de tout», les Grecs ne retinrent pas qu'elle avait réussi à refermer la jarre avant que l'espoir ne s'en échappe; ils ne virent que les maux qui s'en étaient échappés. L'homme apollonien était né! Dorénavant, c'est Prométhée qui serait préféré à Épiméthée...

> «C'est l'histoire d'une société au sein de laquelle des hommes à l'esprit prométhéen élevèrent les institutions qui devaient enfermer les maux vagabonds. C'est l'histoire du déclin de l'espoir et de la montée d'espérances sans cesse grandissantes. [...]
> L'espoir, dans son sens fort, signifie une foi confiante dans la bonté de la nature, tandis que les espérances, [...] veulent dire que nous nous fions à des résultats voulus et projetés par l'homme. Espérer, c'est attendre d'une personne qu'elle nous fasse un don. Avoir des espérances, au contraire, nous fait attendre notre satisfaction d'un processus prévisible qui produira ce que nous avons le droit de demander. L'ethos prométhéen a maintenant étouffé l'espoir. La survie de la race humaine dépend de sa redécouverte en tant que force sociale.
> [...] le primitif vivait dans le monde de l'espoir. Pour survivre, il se fiait à la générosité de la nature, aux dons des divinités et aux talents instinctifs de sa tribu. Les Grecs de l'époque classique cessèrent de parler de l'espoir, ils commencèrent de le remplacer par les «espérances»». (ILLICH 2004 [1971]:335-6)

Qu'auraient dit les matérialistes grecs du Ve siècle av. J. C. du concept de catastrophe et que pouvait faire la nature comme physis (totalité) d'une telle notion? Nous vivons aujourd'hui un avatar (le dernier?) de la dictature platonicienne de l'idée. *L'évocation de la catastrophe n'est là que pour mieux asseoir le déni.*

Refus de l'aléa, du risque, croyance en la «prévision» assurée par la puissance technicienne, dans un mépris total de l'avenir: à coups de chiffres, les «experts» glosent sur des épiphénomènes élevés au rang de phénomènes. La croisière s'amuse et, sur le pont du *Titanic*, les matelots réalignent les transats!

L'offre est là, demande!

ILLICH écrivait que l'équilibre écologique ne sera rétabli «que si nous reconnaissons que seule la personne a des desseins, que seule elle peut travailler à les réaliser» (1973). Dix ans après, il constate que l'homme est sujet et client d'une économie *disembedded*, coupée des rapports sociaux. Qu'il s'agisse de Locke, Smith, Marx,... chacun de ces penseurs voit dans l'humain «un individu déterminé par les besoins de base à partir du postulat de la rareté universelle.». Le trait commun fondamental des individus est le caractère *possessif* (1983).

La théorie économique postule la rareté et, après elle, toutes les institutions reposent sur le même postulat. Dans un monde fini, ce *postulat de rareté conduit à une tragédie du bien commun.*

La technique permet d'entretenir l'*illusion de domination* sur la nature par une fuite en avant qui se manifeste dans l'antienne de la «croissance pour la croissance» et *la croyance qu'une médication* «développement durable» sera suffisante pour faire oublier les métastases.

Croître, prendre pour avoir avant que l'autre ne le prenne, thésauriser «au cas où ça viendrait à manquer». *Le désir est devenu l'envie du désir de l'autre.* La croissance se nourrit à un cycle consommation/frustration, dans un espace où la rareté est bien vécue comme réelle car créée par, entre autres, un discours sur les droits (qui équivalent à des privations de liberté) et le *Zeitnot* (mise sous pression du temps) dans la dépendance de la raison humaine à la *rationalité technicienne dans laquelle l'individu est agi.*

Sous contrôle, la rareté est produite par:

1. l'excès de production: nous vivons dans une société d'abondance qui se caractérise par une absence de choix.
2. l'universalisation des rivalités mimétiques: le terrorisme des marques et l'identification people, entre autres.

Reproduit avec l'aimable autorisation de Mix & Remix (dessin paru dans L'*Hebdo*)

Kettering, de la *General Motor*, déclarait (au début du XXe s.): «La clef de la prospérité économique, c'est la création d'une insatisfaction organisée». Les citoyens ont appris à penser comme des riches tandis qu'ils vivent comme des pauvres. Dans cette société de «pauvreté modernisée», les loteries viennent entretenir les rêves de jackpot et de fortune synonymes d'alignement du paraître sur les pensées: simulacre d'être!

> «La majorité de la population appartient à ce néo-prolétariat postindustriel des sans-statut et des sans-classe [...], ils ne peuvent se reconnaître dans l'appellation de ‹travailleur›, ni dans celle, symétrique, de ‹chômeur› [...] *la société produit pour faire du travail [...] le travail devient astreinte inutile par laquelle la société cherche à masquer aux individus leur chômage [...] le travailleur assiste à son devenir comme à un processus étranger et à un spectacle.*» (GORZ 1980, souligné par l'auteur)

À l'article du droit

Les prétendues expertises dans la gestion des risques cachent bien souvent l'abandon de notre responsabilité ontologique de «sujets»: le refus d'accepter l'incertitude dans la prétention à «tout maîtriser» alors que la «catastrophe» paraît comme la suite cohérente de certains choix.

Arme terrible du politique et de la diplomatie, quand ils veulent *donner à croire qu'ils maîtrisent* ce pour quoi ils ont été institués, le droit a été convoqué.

1972, la Conférence mondiale sur l'environnement de Stockholm organisée dans le cadre des Nations Unies a énoncé les premiers droits et devoirs dans le domaine de la préservation de l'environnement. Le principe 9 de la déclaration finale énonce: «L'homme a un droit fondamental à la liberté, à l'égalité et à des conditions de vie satisfaisantes, dans un environnement dont la qualité lui permette de vivre dans la dignité et le bien-être. Il a le devoir solennel de protéger et d'améliorer l'environnement pour les générations présentes et futures». Que de maîtres-mots pour cacher la non-maîtrise des maux!

Pour que les déclarations semblent crédibles, il faut donner le sentiment qu'on ne peut pas faire n'importe quoi, que tout est sous contrôle. Pour reprendre Cocteau, les choses se compliquent, feins d'en être l'organisateur!

Le principe de précaution est l'un de ces signifiants pouvant donner à penser à la réalité de l'outil. En Allemagne, dans les années 70, on parle de *Vorsorgeprinzip*.

Afin d'inciter les entreprises à utiliser les meilleurs techniques disponibles, sans mettre en péril l'activité économique, on incite à prendre des mesures contre les pollutions avant d'avoir des certitudes scientifiques sur les dommages causés à l'environnement. Dans les années 1984 et suivantes, des déclarations ministérielles sur la protection de la mer du Nord ont vu le jour. Mais c'est au cours du Sommet de la Terre réuni à Rio en juin 1992 que ce principe a bénéficié d'une reconnaissance planétaire (point 8, préambule de la convention).

Dans l'histoire de la construction européenne, le principe de précaution a été introduit avec le Traité de Maastricht (art. 130R): «La politique de la Communauté [...] vise un niveau de protection élevé [...] Elle est fondée sur le principe de précaution et d'action préventive, sur le principe de correction, par priorité à la source, des atteintes à l'environnement et sur le principe du pollueur-payeur.» Le principe de précaution évolue ainsi d'une conception philosophique vers une norme juridique.

Que cache le recours permanent au droit qu'on sait qu'on ne pourra respecter, qu'on sait qu'on voudra respecter, qu'on met en place pour pouvoir le contourner? Que dissimule ce recours au rationnel pour tenter de régler le déraisonnable sinon une schizoïdie (pour le moins)[3]... Si tout le monde y souscrit, et sans vouloir conclure à une normalité, force est d'admettre une fonctionnalité.

Ce comportement participe du «bluff» analysé par Ellul et Illich. Il nous démontre que le «droit fondamental à la liberté» ne peut être autre chose qu'un *oxymoron*. Aujourd'hui, le commerce des «contingents de pollution» peut faire gagner des sous. Andermatt met des bâches sur le glacier du Gemstock[4], le projet REACH de l'Union européenne – analyse des substances chimiques mises sur le marché – a été voté à Strasbourg avec des mailles suffisamment larges pour ne pas ruiner des fabricants qui pourront «ainsi sauver l'emploi»!

---

3. Schizoïdie (1921, Kretschmer). Constitution mentale prédisposant à la schizophrénie (repli sur soi, difficultés d'adaptation aux réalités extérieures). Schizophrénie (1911, Bleuler). Psychose caractérisée par une désagrégation psychique (ambivalence des pensées, des sentiments, conduites paradoxales, la perte de contact avec la réalité, le repli sur soi.
4. Jean-Luc Porquet: «Il faut bâcher», *Le Canard Enchaîné*, 18 mai 2005: 5.

Intermezzo

Olivier Dessibourg (2006) dresse un inventaire de solutions qui ont germé dans la tête de quelques «*technonicratiens*»: placer des miroirs en orbite, répandre des millions de tonnes de dioxyde de souffre, recouvrir les océans d'étendues blanches, etc. Pour être certains de nous souvenir de ce graffiti de mai 1968: «Mon Dieu arrête la Terre, je veux descendre!»[5].

Sur les plages thaïlandaises où ont péri des touristes occidentaux, la catastrophe était «naturelle» et nous échafaudons des projets pour qu'elle ne se reproduise plus. À Bophal, où une telle aventure reste la conséquence d'un risque industriel, nous n'utilisons pas les moyens connus et existants pour tenter de stopper les évolutions constatées.

La catastrophe mériterait-t-elle le qualificatif de «naturelle» seulement quand elle offre un avenir au futur technicien, quand elle permet de «relancer la production de besoins», selon la provenance des victimes, les discours d'experts?[6] Pauvre nature, qui n'a que des éléphants pour entendre arriver les tsunamis!

La philosophie devra-t-elle se réclamer de Desproges et Coluche pour coller au réel et ne pas apparaître comme

---

5. «Manipuler le climat pour refroidir la Terre», *Le Temps*, 3 août 2006: 3.
6. Septembre 2006: au moment de terminer mon article, catastrophe tout ce qu'il y a de plus «naturelle» en Côte d'Ivoire. Globalisation et mondialisation sont dans un bateau...: le *Probo Koala* est de pavillon panaméen, l'armateur grec, le donneur d'ordres hollandais, son domicile fiscal en Suisse, l'équipage russe. Il venait d'Espagne, mais les victimes restent ivoiriennes (9000, dont 7 décédées au 11 septembre). Le Droit va pouvoir donner pleine mesure de ses possibilités...

une pâle métaphysique? Ces deux penseurs nous seront certainement utiles quand, dans des usines entourées de cimetières, quelques chômeurs «en stage» feront croire à la permanence du travail rémunéré.

La vie de déchet de Madame Nature

Les trois compétences – instantanéité, immédiateté et ubiquité – attribuées autrefois à *la divinité* (Virilio) sont aujourd'hui accordées à la *virtualisation*. À une essence qui nous imposait d'accepter la finitude, nous opposerons dorénavant l'illusion de la puissance technicienne.

Nous avons dépassé «l'obsession de la vitesse», nous exigeons désormais de l'instantané, au nom d'un droit construit sur la mort des devoirs et dans l'incapacité de gérer la frustration[7].

L'exigence de rentabilité immédiate fait *mourir la vision d'investissement*. À quand une théorie «Lucky Luke» tuant la notion même d'obsolescence? Dans cet environnement, le financier tue l'entrepreneur, la bourse tue les usines, la valeur captée ridiculise la valeur ajoutée... Aujourd'hui, le *temps nécessaire à l'élimination a dépassé celui de l'usage.*

---

7. Le droit individuel au «fun» et au «hors piste» recouvre le «devoir payer» collectif. Le droit «à la neige» impose l'obligation de se doter de canons à neige et masque le devoir de prendre soin des nappes phréatiques. Etc. Les exemples seraient nombreux! Mais où classer la revendication paysanne d'un droit à une allocation sécheresse?

Rêve de délit d'initié(s)

Le patron de Danone, annonce à un paysan de montagne que le groupe lui paiera son lait 5 centimes de moins le litre. Après avoir acheté des actions de BSN, le paysan fait courir le bruit que Pepsi Cola veut racheter Danone. Agitation dans le Landernau. Même le Président Sumo Corona, qui n'est pas encore occupé par l'affaire du «petit Japon rond rouge» (c'est sur le drapeau), s'en mêle (les pinceaux): Patriotisme économique. On peut tout dans un rêve!

Après quelques jours, notre paysan encaisse un gain de 20% sur les actions. Il vend très cher sa ferme à un brooker newyorkais reconverti dans le développement personnel et la macrobiotique. Mondialisation! Avec les plus-values réalisées, il achète un passage chez Vraifiel où il annonce qu'il vient d'ouvrir un bureau de consulting en «agroforesterie». On peut tout dans les rêves!

Dans le même mouvement, on consomme et on gaspille, tout en étant incapable de consumer – le *Potlatch*[8] étouffe sous les déchets – et de se consumer – le fantasme érotique abdiquant devant le réalisme pornographique.

Double *feedback* du système technicien que met en évidence Ellul (2004 [1977], 1988). Le progrès technique va plus vite que la croissance économique qui va plus vite que le social, lequel demande à la technique ce

---

8. Mot chinook, signifiant «donner». C'est un système de dons/contre-dons. C'est un processus placé sous le signe de la rivalité, où le but est de dépasser les autres dons.

qu'elle lui a fait oublier de demander à l'individu «capable» de responsabilité: oubli de son autonomie et des valeurs d'usage dans l'*hétéronomie de la marchandise*.

Le système technicien? Un œsophage monté sur un anus (l'estomac et l'intestin y sont atrophiés). La frustration et la satisfaction en sont le moteur: ici, on vomit et on défèque! *Les déchets y sont improductifs*, non biodégradables[9]. Du haut de ma montagne de déchets, je contemple le trou fait dans les ressources de l'écosystème. Je brûle les ressources de la terre, mais j'ai les moyens!

Alors que l'homme «construit» son présent en référence au passé et dans une «imagination de l'avenir», la technique «efface» au fur et à mesure son propre passé. Condition de son propre développement, *la technique «exige un futur»*: les moyens sont devenus des fins. Désormais, les solutions imposeront aux problèmes de s'y conformer: c'est là une définition possible de la technocratie!

Sur le mode du simulacre, *la disparition du passé se dissimule dans sa proclamation*: parcs naturels[10], manifestations diverses de la néoruralité, généalogies faites de l'oubli des vieux dans leurs maisons et des tombes dans les cimetières, marchés ruraux sur les parkings d'hypermarchés, passion pour les antiquités quitte à en créer des catégories «contemporaines», cryogénisation des points de pénalty.[11]

---

9. Ils produiront «naturellement» de l'antipollution et de l'élimination qui, à leur tour...

10. Est-ce à dire qu'au début était le parc?

11. En attendant celle du gardien de but? Photo Keystone, dans *Le Matin Bleu* (01.12.2005) accompagnée de la légende: «Un point de penalty arraché et mis sous verre. Football: l'Australie,

Sans base territoriale, on plane. Psychopathologie, la *schizoïdophrénie est fonctionnelle pour compenser* la différence de vitesse d'évolution entre le système technicien et la société technicienne. «Avoir les pieds sur terre», «être dans son assiette», quel peut être le sens de telles expressions quand *Matrix* incarne l'idée du sauveur messianique?

Attaque d'éthique

Posons la question qui motive Christian ARNSPERGER pour l'écriture d'un de ses livres: «*Les actes que nous posons au nom de la rationalité économique masquent-ils en réalité nos angoisses devant nos finitudes existentielles?*» (2005:12).

Nous vivons aujourd'hui en permanence la «*catastrophe*» *consubstantielle au système technicien* dans la croyance en la solution technique qui nous en sortira: nous vivons dans le déni de cette catastrophe, la tête rentrée dans les épaules, impuissants, car ayant abandonné notre responsabilité, corollaire à notre statut ontologique de sujet.

Nous culpabilisons de cet abandon que nous masquons dans un simulacre de la proclamation. Plus on parle d'une valeur, d'une vertu, plus c'est le signe du manque, de son absence qu'on signifie: on en parle précisément parce

---

qui s'est qualifiée aux tirs aux buts pour le Mundial 2006 contre l'Uruguay, a fait arracher mardi le point de penalty sur lequel a eu lieu cette séance de tirs au but au stade Telstra de Sydney. Ce point de penalty historique sera congelé afin de détruire les moisissures, puis traité et enfin mis sous verre» (style et orthographe respectés).

que la réalité est contraire. Le réel se fait hyper! Ces temps-ci, on parle beaucoup de responsabilité, d'éthique, de morale, etc.

Dans *Le Temps* du 15.05.2006, un article de Hans Küng et Denis Müller, théologiens aux universités de Tübingen et Lausanne: «Une éthique planétaire pour surmonter la crise du monde». Rien que ça! Il est mentionné en pied d'article que les prix du concours Éthique planétaire seront remis en mai 2007 à Lausanne. Agréable complément au supplément du bimensuel *Bilan* (05.2006) où des entreprises étalaient leurs projets «philanthropiques» dans l'attente de la remise d'un prix par le magazine.

Des institutions, l'économique par exemple, dissimulent leur contre-productivité en transformant ce qui était valeurs d'usage en marchandise. Les entreprises se voient obligées de proclamer une responsabilité sociale, une morale, une éthique, quand les impératifs de performance(s) imposent aux individus qui les dirigent l'abandon de ces valeurs. Naissance de professions mutilantes (coaches, éthiciens...) pour combler la béance ainsi créée! Schizoïdie...

Peut-on vous considérer comme un moraliste du discours et des mœurs philosophiques?
J. B.: Dans une certaine mesure, oui. Les «affaires» auxquelles nous sommes confrontés – des listings de la société Clearstream à l'amnistie de Guy Drut par le président de la République – m'ont rappelé une fois de plus une constatation de Karl Kraus qui évoque «l'impuissance lamentable des honnêtes gens face aux gens culottés». Je trouve désastreux que les honnêtes gens aient

aujourd'hui autant de raisons de se sentir non pas seulement impuissants, mais humiliés et offensés.

On a l'impression qu'il n'y aura bientôt plus que les attardés et les naïfs pour se considérer encore comme tenus de respecter les règles. Quand vous êtes d'origine modeste et qu'on vous a enseigné à respecter scrupuleusement les règles, être confronté régulièrement à la malhonnêteté des privilégiés est choquant: il n'est pas agréable d'être obligé de se demander si les gens qui vous ont inculqué le respect des principes n'étaient pas, au fond, des dupes.[12]

Ne peut-on pas voir, dans cette publicité entendue, une belle illustration de la notion de *Schizoïdie fonctionnelle*: «Chez Renault, nous dépensons beaucoup d'énergie pour que votre moteur en consomme moins»?

Occlusion intestine

Nous vivons peut-être un moment charnière où les valeurs anciennes ne sont plus opérantes alors que tardent à se mettre en place celles qu'exigeront les nanotechnologies, la vidéosurveillance, les manipulations génétiques, etc. De quelles valeurs «aura besoin» un Organisme Humain Génétiquement Modifié (OHGM)?

La technique crée *l'homme artefact de lui-même*. Le sujet part à la recherche du corps, le corps à la recherche du sujet, sur un mode fantasmé, imaginaire. Peut-on

---

12. «Les Philosophes: entretien avec Jacques Bouveresse», *Philosophie Magazine* No 3, août-septembre 2006: 58-62.

aujourd'hui concevoir (!), une femme ou un être androgyne contemplant le développement d'un fœtus dans un utérus artificiel et se vaporisant d'ocytocine pour «vivre» des émotions de grossesse et de maternité?

Sur Internet, on peut trouver des recettes pour bricoler des virus. Et de lancer des cris d'alarme! Catastrophe naturelle? Si oui, de quel point de vue? Si l'on admet que la pression démographique est trop importante pour continuer de croître, dans la vision quantitative qui est la nôtre, le bricoleur de virus qui provoquerait 1 milliard de morts, est-il un criminel? À 3 milliards de morts, accèderait-il au statut de bienfaiteur? L'expression «développement durable» deviendrait-elle obsolète par relâchement de la pression démographique? Etc.

Quand j'étais enfant, j'ai entendu «les Allemands ont eu la chance d'être bombardés. Comme tout avait été détruit chez eux, ils ont pu investir dans les téléphones»... et ne pas connaître le «22 à Asnières»! «Une bonne guerre, ça fera du bien...». Cette expression populaire illustre bien qu'une «catastrophe», en changeant de plan, perd cette signification pour devenir un «bienfait».

Quel peut être l'expression de la finitude dans un monde virtuel et quels peuvent être les sentiments qui en résultent (si tant est que nous puissions encore nous exprimer de cette façon)?

Quoi qu'il en soit, *la catastrophe ne saurait exister au-delà d'une convention de langage*: la catastrophe a été dépassée le jour où la Suisse a abandonné le principe des réserves de guerre.

Y a pas photo correcte!
La délivrance des premiers passeports électroniques n'est pas une mince affaire, surtout pour les photos d'identité (*Le Parisien*, 9/6): «Les spécificités de ces clichés relèvent presque du parcours du combattant: 35 mm de large, 45 mm de haut, le visage doit occuper de 70 à 80% de la surface de la photo; l'usager, même si c'est un bambin, doit regarder l'objectif, la tête ne doit pas pencher de côté, le sujet est prié d'arborer un ‹teint naturel›, les montures de lunettes trop grosses sont prohibées.» Ça va être plus simple de se faire greffer une nouvelle face![13]

Permanence

«Nous pensons dans un temps rétréci. Nous ne pensons pas que ce temps présent n'est rien du tout dans le temps immense de la nature. Quand nous nous voyons les uns les autres, nous ne nous pensons pas comme des mortels, des êtres éphémères qui vont bientôt s'évanouir [...] en définitive, il m'est apparu que le ‹tout s'écoule› est éternel, que le devenir est éternel. Donc la nature est éternelle: c'est ce qu'avait dit Parménide. Tout s'écoule oui, il y a ceci et après, il y a cela, mais il y a toujours le ‹il y a››.[14]

Il y aura toujours l'éternité du «il y a...», même quand la «catastrophe» aura eu lieu!

13. «Y a pas photo correcte», *Le Canard Enchaîné*, 14 juin 2006: 5.
14. «Les Philosophes: entretien avec Marcel Conche», *Philosophie Magazine* N° 1, avril-mai 2006: 56-60.

Références

ARNSPERGER Christian.
2005   *Critique de l'existence économique. Pour une éthique
                existentielle de l'économie.* Paris. Éditions du Cerf.

ELLUL Jacques
2004 [1977] *Le système technicien.* Paris: Le Cherche Midi.

1988   *Le bluff technologique.* Paris: Hachette.

DUPUY Jean-Pierre
2005   *Petite métaphysique des tsunamis.* Paris: Seuil.

GORZ André
1980   *Adieux au prolétariat: au-delà du socialisme.* Paris:
                Galilée.

ILLICH Ivan
2004 [1971] Une société sans école. *In: Œuvres complètes*, vol. 1.
                Paris: Fayard.

2004 [1973] La convivialité. *In: Œuvres complètes*, vol. 1. Paris:
                Fayard.

2005 [1983] Le genre vernaculaire. *In: Œuvres complètes*, vol. 2.
                Paris: Fayard.

TOUT DOIT DISPARAÎTRE! SCIENCE-FICTION ET TENTATION APOCALYPTIQUE

Patrick J. Gyger

Par ici la sortie

Les lendemains qui déchantent ne sont pas rares dans la science-fiction (SF), le genre étant par définition prompt à refléter nos peurs face aux changements sociaux ou technologiques. Les problèmes liés à la modernité – pollution, diminution des matières premières, manipulations génétiques ou mentales, moyens de destruction de masse, etc. – sont ainsi une source constante d'inspiration pour la littérature tout comme pour le cinéma de SF[1].

Mais si le motif apocalyptique est évidemment ancien, il faut attendre le XIXe siècle pour que son origine ne soit plus divine ou surnaturelle et relève donc de la science-fiction. Parmi les premières histoires à imaginer rationnellement une catastrophe suffisamment globale pour anéantir la race humaine dans son ensemble, il faut

---

1. Des passages de cet article sont parus dans Patrick J. Gyger. «Pavé de bonnes intentions: détournements d'utopies et pensée politique dans la science-fiction», in HAVER et GYGER 2002: 13-38.

remarquer *The Last Man* de Mary Shelley (1826)[2], ouvrage dans lequel une terrible maladie décime progressivement l'humanité au début du XXIe siècle, ou encore *La fin du Monde* de A.-F.-M. Rey-Dussueil (1830): le cataclysme est dû ici au passage d'une comète qui déplace l'axe de la Terre et soulève les océans.

Cette thématique d'apocalypse cosmologique, dont c'est ici l'une des premières manifestations, est également abordée par Edgar Allan Poe (*The Conversation of Eiros And Charmion*, 1839) où l'atmosphère de la Terre est détruite par une comète. Chez Camille Flammarion, dans *La fin du monde* (1893), qu'il situe au XXVe siècle, l'humanité doit faire face à un danger sans précédent sous la forme – là encore – d'une comète bien plus grande que la Terre, qui risque d'entrer en collision avec notre planète.

À cette époque, la catastrophe n'a pas l'être humain pour origine. C'est pourtant cette voie que la science-fiction s'évertuera à explorer avant tout. Si les modèles mythologiques ou religieux (l'Atlantide, le Déluge) servent de base à une bonne part de ces récits, ce sont généralement les êtres humains qui vont être les responsables de leur propre perte. Même lorsque les cataclysmes paraissent naturels, l'homme en est, en réalité, la cause première. Ainsi, provoque-t-il par exemple une invasion végétale qui recouvre le monde jusqu'à l'étouffement, dans le roman de Ward Moore, *Greener than You Think* (1947).

Dès lors que l'être humain s'en mêle, les formes que peut prendre la fin du monde deviennent extrêmement variées, comme le résume Pierre VERSINS (1972): «Les

---

2. Les romans et les films sont cités ici sous leur titre original uniquement.

déluges, les collisions planétaires, l'assèchement soudain des océans, l'empoisonnement de l'atmosphère, les épidémies (issues des pestes médiévales), les guerres mondiales, interplanétaires, la disparition brutale d'une loi de la nature, ou l'altération des conditions habituelles de la vie sur Terre, et les invasions, croisades, guerres saintes ou moins saintes, bref, tout ce que nous avons inventé pour ajouter à ce que la nature nous propose».

On peut toutefois distinguer les cataclysmes par intrusion (invasions, agressions, impacts de corps célestes, etc.) des cataclysmes par stérilité (GOIMARD 1974): c'est la fin du monde par disparition d'un élément essentiel à notre existence, comme l'eau (*La force mystérieuse* de J.-H. Rosny aîné, 1914), l'électricité (*Ravage* de René Barjavel, en 1943), le fer (*La mort du fer* de Serge Simon Held, en 1931), le pétrole – déjà – (*Le grand crépuscule* de André Armandy, 1929) ou plus simplement la nourriture. Dans *Soylent Green* (film de Richard Fleischer, 1973)[3], les cadavres sont ainsi recyclés en des rations de nourriture, dernier espoir contre la famine pour les milliards d'habitants d'une Terre en fin de parcours. Ce sont donc les acquis de base de nos sociétés qui sont remis en question. Ces fins sont toutefois le plus souvent relativement lentes, l'humanité disparaissant peu à peu, le temps d'épuiser les ressources de la planète.

On rejoint ici parfois le thème de la fin des temps. Les récits intégrant ce motif ne sont généralement pas datés dans leur narration, tant le futur qu'ils évoquent est lointain; ceci les distingue des textes purement

---

3. Basé sur le roman de Harry Harrison *Make Room, Make Room!* (1966).

cataclysmiques, souvent placés dans un avenir proche. Ce facteur temporel fait apparaître une différence de substance entre les deux genres: le récit apocalyptique prend souvent l'allure d'un avertissement, tandis que les histoires de fin des temps brossent un tableau désolé de notre avenir, en excluant toute morale. Il n'y a plus nécessairement de coup de théâtre, d'événement unique servant de pivot à la narration. Ainsi, William Hope Hodgson (*The House on the Borderland*, 1908) décrit l'arrêt très progressif de la rotation de la Terre. H. G. Wells avait auparavant (*The Time Machine*, 1895) voué l'humanité de son temps à une lente décrépitude, soit vers la régression barbare (sous la forme des Morlocks), soit vers un hédonisme décadent (les Elois)[4].

L'apocalypse connaît un vif succès dans la littérature et le cinéma spéculatifs en partie parce qu'elle est pittoresque: elle permet des représentations inédites, sans retenue et parfois superbes. Ainsi J. G. Ballard, l'un des apôtres du genre, imagine plusieurs versions hautes en couleurs pour la mort de la Terre: un monde couvert d'eau ou de cristal, atteint par la sécheresse, soumis à un vent continuel d'une violence inouïe, etc.[5] L'aspect esthétique de la fin de notre civilisation est ici essentiel. C'est également une manière pour l'auteur de distiller une étrange nostalgie de la technologie: «De loin, on eût dit un bûcher funéraire en métaux de récupération: des

---

4. Le thème sera repris bien plus tard dans de film *Zardoz* (John Boorman, 1973).
5. *The Drowned World* (1962), *The Crystal World* (1966), *The Drought* (1965), *The Wind from Nowhere* (1962).

centaines de machines à écrire, de télex, et de photocopieuses élevaient un monument à la mémoire des générations d'employés et de secrétaires qui avaient travaillé là. [...] Des plantes grimpantes s'entortillaient autour des colonnades de métal, et les vives couleurs de leurs pétales illuminaient ce mémorial de rouille»[6]. Les symboles décrépits de notre civilisation industrielle vont ainsi devenir l'une des images fortes de la SF moderne[7].

Bien sûr, la fin du monde a avant tout valeur de mise en garde. Les récits apocalyptiques donnent aux écrivains de science-fiction la possibilité de décrire des sociétés qui ont implosé pour toutes sortes de raisons qu'ils seront ainsi à même de dénoncer: les relations conflictuelles entre les hommes, la surpopulation, les mutations, etc.

Car les crises économiques et – principalement – les guerres mondiales, font office de révélateur: même pour les auteurs de science-fiction, c'est la fin de la croyance naïve en un progrès exclusivement lié à la technique (AMIS 1963[1961]). Au contraire, le doute et l'égarement s'installent durablement: un haut degré de maîtrise technologique n'équivaut pas forcément à une libération pour l'homme et implique des risques importants. Chez J. B. S. Haldane (*The Last Judgement*, 1927), la domestication des marées ralentit la rotation de la Terre et provoque la catastrophe.

---

6. J. G. Ballard, «L'ultime cité», in *Appareil volant à basse altitude*, Paris: Denoël (Présence du Futur 246), 1978 [1976]: 33.
7. Par exemple chez John Crowley (*Engine Summer*, 1979). Dans un registre proche, mais ironique, voir également l'exposition *Futur Antérieur* (Musée romain de Lausanne-Vidy 2002) et son catalogue (FLUTSCH 2002).

Le genre apocalyptique apparaît donc comme une moyen aisé de porter un jugement sur notre société. Les auteurs prennent dès lors un certain plaisir à nous faire contempler la destruction de ce qu'ils craignent, mais également de ce qu'ils détestent. Ainsi les connotations moralisatrices voire religieuses sont parfois évidentes. Chez John Gloag (*Tomorrow's Yesterday*, 1932) la critique sociale émane de nos successeurs (une race de chats évolués), tandis que sous la plume de Thomas McClary (*Rebirth: When Everyone Forgot*, 1934), un scientifique est tellement dégoûté par la décadence de la société moderne qu'il invente un rayon qui fait oublier toute connaissance acquise. Les gens doivent repartir à zéro, à l'instinct; si les plus intelligents reprennent pied en une dizaine d'années, les autres disparaissent.

Après l'utilisation de la bombe atomique surtout, les récits se posant comme des paraboles sur l'incapacité de l'homme à maîtriser la technologie qu'il a développée se multiplient[8]. Et, dans la plupart des cas, la fin du monde reste liée à la mort de la nature consécutive au «progrès» de notre civilisation. René Barjavel l'énonce très clairement lorsqu'il écrit que «la science, par les forces qu'elle a libérées, détruira un jour le monde»(1943).

La mise en place de systèmes (le plus souvent totalitaires) à grande échelle ainsi que l'animosité qu'ils suscitent et la menace qu'ils représentent lorsqu'ils disposent d'armes de destruction massive, s'avèrent être un moteur

---

8. L'apparition de l'énergie nucléaire comme source de cataclysme date toutefois – dans la littérature – de 1914 déjà avec *The World Set Free* de H. G. Wells; il y imagine une bombe A explosant sur Paris.

important dans ce type de littérature liée à la fin du monde. Les ouvrages de politique fiction prolifèrent dès lors dans les années 1950 et 60. Parmi de nombreux exemples, citons *Fail-Safe* de Eugène Burdick (1962)[9], où un simple incident technique fait frôler la guerre mondiale, malgré la soi-disant bonne volonté des dirigeants en place. Plus proche de nos démons actuels, *30 secondes sur New York* de Robert Buchard (1969) imagine la destruction du centre de Manhattan. Le responsable: un colonel chinois un peu trop prompt à vouloir détruire un symbole du capitaliste. La méthode: un avion de ligne transportant une bombe atomique.

À remarquer également, *On the Beach* de Nevil Shute (1957): dans cette fable désenchantée, l'auteur cherche avant tout à placer ses personnages dans des conditions extrêmes et à observer les relations se nouant entre eux. À la suite d'une série d'explosions nucléaires dans l'hémisphère nord, les habitants d'Australie se savent en effet tous condamnés à court terme[10].

La polarisation des blocs est également à l'origine d'un grand nombre de récits cataclysmiques d'un autre type: ceux liés aux invasions extra-terrestres, qu'elles soient de masse ou insidieuses. La thématique n'est pas nouvelle,

---

9. Un film éponyme en est tiré deux ans plus tard, avec Sidney Lumet à la réalisation.
10. Stanley Kramer porte l'histoire au grand écran 1959. Le film *Quintet* de Robert Altman (1979) traite d'un sujet proche de façon bien plus sombre. Dans un futur non déterminé, un nouvel âge de glace a laissé les êtres humains désemparés. Il ne leur reste pour tout divertissement qu'un jeu qui les fait s'entretuer…

mais elle prend une ampleur et une symbolique toute particulière lorsque le public peut faire les liens entre communistes et habitants de la planète rouge, Mars[11]. Et l'impérialisme capitaliste n'est pas en reste: *They Live* (John Carpenter 1988) présente par exemple une satire violente de l'Amérique de Reagan. Le protagoniste découvre par hasard une paire de lunettes lui permettant de se rendre compte que les extra-terrestres contrôlent la population à travers des messages subliminaux. Les billets de banques comportent ainsi la mention cachée: «Ceci est ton dieu»...

De fait, non seulement il nous est possible de nous détruire (ou de nous faire anéantir) physiquement en un tour de main, mais la surmécanisation de notre société comporte un autre risque: la fin de notre indépendance face à la technique et la mort des sentiments. Dans les *The World Inside* (1971) Robert Silverberg imagine une Terre du XXIVe siècle peuplée de 70 milliards d'habitants. Vivant entassés les uns sur les autres dans des tours de mille étages – chacun à une hauteur correspondant à son statut social –, ils connaissent une totale liberté sexuelle; mais l'amour a bel et bien disparu. Henry Kuttner envisage quant à lui un problème plus extrême encore, une civilisation dont l'homme s'est purement et simplement exclu (*Jesting Pilot*, 1947): «Avec les machines nécessaires, la cité devint un milieu

---

11. Les exemples, en littérature comme au cinéma, sont légion, avec, comme référence de base, *War of the Worlds* de H. G. Wells (1898) dont Byron Haskin fait un film en 1953: *Invasion of the Body Snatchers* (Don Siegel, 1956), ou *V* (série TV de Kenneth Johnson, 1983), parmi beaucoup d'autres.

tellement artificiel que personne ne pouvait y vivre
[...]. N'importe quel habitant de la cité aurait fait une
névrose en deux minutes...».

Le ton utilisé, pourtant, n'est pas forcément grave
et moralisateur, mais se fait parfois grinçant. Ainsi, dans
Requiem, nouvelle de Edmond Hamilton (1962), la fin
de la Terre devient le sujet d'un spectaculaire show télé-
visé retransmis dans toute la galaxie. Poul Anderson,
quant à lui, va jusqu'à construire une histoire policière
dont la victime est notre planète (*After Doomsday*, 1962).
Occasionnellement, la poésie est au rendez-vous: Larry
Niven (*Inconstant Moon*, 1971) décrit quant à lui la soudaine brillance hors du commun de la lune. Pour ceux
qui savent le comprendre, c'est le signe de l'explosion
du soleil. L'aube sera sans doute synonyme de destruction, voire d'anéantissement.

Fin et suite

Dans la science-fiction, presque toutes les fins du monde
sont truquées – d'ailleurs si tout avait disparu, il n'y
aurait évidemment personne pour raconter l'histoire.
C'est la raison pour laquelle les visions apocalyptiques
sont plus proches de descriptions de désastres à échelle
globale, de fins de civilisations, que d'un véritable point
final à l'univers ou même à l'espèce humaine.

---

12. En ce qui concerne la littérature uniquement, une encyclopédie de
    la science-fiction datant de 1993 mentionne – sans souci d'exhaus-
    tivité – plus de quatre cents romans sur le sujet (CLUTE and NICHOLLS
    1993).

Les cataclysmes laissent donc parfois place à une reconstruction possible: le succès des récits post-apocalyptiques est là pour en témoigner[12]. On y suit les errances et les aventures de survivants dans un monde le plus souvent dévasté. Souvent, ces quelques élus avaient eu la clairvoyance de remarquer que la fin était proche et avaient fait des préparatifs dans ce sens, parvenant à échapper au désastre.

S'il ne demeure qu'un unique rescapé, il s'efforce de rechercher une âme soeur pour recréer l'humanité. Par exemple, dans *S'il n'en reste qu'un* de Christophe Paulin (1946): un jeune physicien se réfugie dans une chambre de plomb pour écrire; survient alors une catastrophe et il se retrouve seul survivant. Peu à peu, le jeune homme redécouvre les êtres vivants qu'ils croyaient disparus, dont – évidemment – une douce jeune fille...[13]

Le plus souvent, les nouvelles communautés se reconstituent et entament – en partant d'un niveau de civilisation souvent proche du Moyen Âge – un lent recommencement, qui s'accélère parfois avec la découverte de quelque artefact du passé.

After London de Richard Jefferies (publié en 1885) est l'un des principaux textes de cette veine. L'action se situe des milliers d'années après un cataclysme; le protagoniste

---

13. Le même motif est repris dans la série de bande dessinée érotique que *La survivante* de Paul Gillon (1985) – mais avec une inversion des genres: c'est une femme qui semble ici être la seule à avoir été préservée.

14. Ainsi que le film de Christian de Chalonge sorti en 1981. Pour ce qui est des films traitant de la vie après une destruction nucléaire, voir Philippe Ney, «Le *post-atomique* cinématographique: un futur conjugué au passé antérieur», in HAVER et GYGER 2002: 107-134.

cherche à rétablir l'antique civilisation disparue, à savoir la nôtre. Ce type de motifs forme également la base d'œuvres comme *Malevil* de Robert Merle (1972)[14]. Pourtant, malgré le succès du genre, les variations narratives demeurent assez limitées.

Le point central du récit post-apocalyptique est par conséquent l'idée d'une fin qui n'en est pas une, mais consiste en un passage dans une époque nouvelle, un âge différent[15]. Souvent, ce type de fiction se penche longuement sur la nature des nouvelles structures sociales qui se mettent en place à partir de rien ou presque: car le monde est dépeuplé et, par là même, simplifié. La tentation apocalyptique, pour l'écrivain ou le cinéaste, est celle de laisser derrière soi une société complexe – parfois jusqu'à outrance – pour aboutir à un environnement plus facile à appréhender, dans lequel le protagoniste peut prouver sa valeur, même de façon brutale[16].

De fait, les rescapés d'un désastre à l'échelle planétaire peuvent nourrir l'espoir de recréer un monde meilleur. La réalisation de certaines utopies passe ainsi par la destruction du passé. Dès 1950, une civilisation pastorale se met-

---

15. À noter que cette idée de «fausse fin» remonte au XVIIIe siècle, avec la diffusion de la représentation d'une série de «mondes» différents se succédant sur la planète.

16. C'est le cas des «fictions survivalistes», apparues dès 1980 environ et qui forment un sous-genre bien particulier du roman post-apocalyptique: ce sont des récits d'action, situés dans un monde après un cataclysme, d'où la loi et l'ordre ont été bannis. Le héros – musclé et armé comme il se doit – montre sa capacité à survivre en étant le plus violent. On rapproche fréquemment ce type de romans de certaines théories d'extrême-droite: ils montrent en effet – parfois implicitement – que les valeurs de la société civile ne font pas le poids lorsqu'une situation de crise réelle apparaît.

tant en place après un cataclysme devient un motif récurrent de la science-fiction (WAGER 1982). C'est par exemple le thème de la nouvelle de Ray Bradbury *The Million-Year Picnic* (1946): tandis que la guerre atomique a dévasté la Terre, deux familles – l'une avec des fils, l'autre des filles – quittent la planète pour faire de Mars le nouveau berceau de la civilisation. Les personnages laisseront derrière eux la culture terrienne et sa technologie qui a fini par se retourner contre elle, pour prendre un nouveau départ.

C'est principalement par ce caractère utopique du récit post-cataclysmique que récit apocalyptique religieux et science-fiction se rejoignent – quand bien même le genre SF véhicule d'ordinaire une image matérialiste aux yeux du grand public. Ces deux discours mettent en effet l'accent sur l'absurdité apparente de notre présent, tout en donnant un sens au futur qui nous attend (KREUZIGER 1982): ce qui nous entoure est détruit, mais l'espoir est préservé. Ce sombre optimisme promet en effet dans un cas la vie éternelle et, dans l'autre, un paradis matérialisé. La vie ne fait alors que commencer.

Mais, étrangement, c'est en premier et en bonne partie en raison de la concrétisation partielle des utopies que la science-fiction a perdu foi dans la société dans laquelle nous vivons.

Car l'utopie d'hier, c'est, du moins en partie, la réalité d'aujourd'hui. Comme l'écrit Pierre Versins, «imaginez Platon, Morus, Bacon, Fourier ressuscités à notre époque, ne jureraient-ils pas que nous vivons en Utopie? Et Cyrus, l'Empereur de Chine, le Roi-Soleil, n'envieraient-ils pas, pour son confort, un simple fonctionnaire de chez nous?»[17].

---

17. Pierre Versins, postface à GAILLARD 1991.

Tous les éléments sont en effet réunis pour concrétiser la société idéale de nos arrière-grands-pères: la maîtrise des technologies, les idées et les moyens financiers. La vie quotidienne décrite par Edward Bellamy dans *Looking Backward* (1887) n'est depuis des décennies plus un objectif à atteindre mais, pour une bonne part, bel et bien une réalité. Même si nous avons à peu près tout ce que les siècles passés pouvaient espérer – du moins dans les pays dits «développés» –, notre mode de vie n'est pas garant à lui seul de l'apparition d'une société parfaite en tous points. L'utopie souffre donc d'avoir été en grande partie réalisée avec succès dans ses moyens – nourriture, logement ou éducation assurés pour la majorité de la population –, mais non dans son aboutissement. L'idéal de l'homme moderne ne réside donc apparemment pas dans le confort matériel.

Le monde post-apocalyptique nous donne ainsi une nouvelle chance de nous rapprocher de valeurs essentielles. Malheureusement, tout n'est pas forcément rose, même lorsque la civilisation reprend ses droits. Profitant du souvenir du «cataclysme fondateur» – un événement de type apocalyptique qui a bien eu lieu, mais dont les répercussions ont disparu depuis longtemps –, les dirigeants se muent fréquemment en tyrans, les gouvernements en régimes coercitifs. Nombre de contre-utopies[18]

---

18. La contre-utopie ne consiste pas simplement à dépeindre un monde à la dérive. Les romans et films catastrophe n'entrent ainsi pas dans cette catégorie, même s'ils décrivent des sociétés où tout va mal, ou presque. La contre-utopie décrit plutôt une société qui, bien qu'organisée sur des bases louables – possédant à la base une vision utopique – verse dans le totalitarisme et la subordination de l'individu, par appropriation volontaire d'une élite dirigeante, ou par glissement incontrôlé.

jouent sur la catastrophe passée qui pourrait se reproduire: le pouvoir tente en effet de mobiliser les esprits pour une cause commune, en arguant qu'une alternative représenterait tout simplement un retour à une situation de risque inacceptable. Dans la fiction comme dans le monde réel, l'état se construit donc en brandissant le spectre d'une menace terrible – par exemple la pollution radioactive (dans les films *THX 1138* de Georges Lucas en 1969 ou *L'Âge de Cristal* de Michael Anderson en 1976). La catastrophe, sur laquelle ceux qui rêvent d'un nouveau monde tentent de rebâtir, devient ici chimère qui sert à rassembler artificiellement le peuple.

Dans ces conditions, faire redémarrer l'humanité à zéro n'est pas un gage suffisant de bonheur. L'homme ne ressort en effet que rarement grandi des erreurs du passé. C'est donc sans illusions que Walter M. Miller raconte dans *Un cantique pour Leibowitz* (*A Canticle for Leibowitz*, 1960) la renaissance de la culture à l'âge post-atomique: après une nouvelle escalade technologique liée à des conflits, c'est une fois encore la catastrophe qui se profile à l'horizon...

Références

AMIS Kingsley
1963 [1961] *New Maps of Hell*. London: Four Square Books.

BERGER Howard L.
1976 *Science Fiction and the New Dark Age*. Bowling Green: Bowling Green University Popular Press.

BOIA Lucian
1998 *La Fin du monde. Une histoire sans fin*. Paris: La Découverte.

CLUTE John and Peter NICHOLLS (eds)
1993 *The Encyclopedia of Science Fiction*. New York: St. Martin's Griffin.

FAYE Éric
1993 *Dans les laboratoires du pire: totalitarisme et fiction littéraire au XXe siècle*. Paris: José Corti.

FLUTSCH Laurent
2002 *Futur antérieur. Trésors archéologiques du 21e siècle après J.-C.* Golion: Infolio.

GAILLARD Roger (dir.)
1991 *Bienvenue en Utopie*. Yverdon-les-Bains: Maison d'Ailleurs.

GOIMARD Jacques (dir.)
1974 *Histoires de fins du Monde*. Le Livre de Poche (La grande anthologie de la science-fiction).

GUIDO Laurent (dir.)
2006 *Les peurs de Hollywood: Phobies sociales dans le cinéma fantastique américain*. Lausanne: Antipodes.

HAVER Gianni et Patrick J. GYGER (dir.)
2002 *De beaux lendemains? Histoire, société et politique dans la science-fiction*. Lausanne: Antipodes.

HEWITT Kenneth
1983 «The Idea of Calamity in a Technocratic Age». *In:* Kenneth Hewitt (*ed.*), *Interpretations of Calamity, from the Viewpoint of Human Ecology*. Boston: Allen and Unwin 1983: 3-32.

HILLEGAS Mark R.
1967   *The Future as Nightmare: H.G. Wells and the
            Anti-Utopians.* New York: Oxford University Press.

KETTERER David
1974   *New Worlds for Old: The Apocalyptic Imagination,
            Science Fiction and American Literature.* Doubleday
            Anchor.

KREUZIGER Frederick A.
1982   *Apocalypse and Science Fiction: A Dialectic of Religious
            and Secular Soteriologies.* Chico, CA: Scholar Press.

LIVERMAN Diana M., SHERMAN Douglas J.
1985   «Natural Hazards in Novels and Films: Implications
            for Hazard Perception and Behaviour». *In:* Jacquelin
            Burgess and John R. Gold (eds), *Geography, the
            Media and Popular Culture.* London: Croom Helm:
            86-95.

L'YVONNET François (dir.)
1998   *La grande mutation: Enquête sur la fin d'un millénaire.*
            Paris: Albin Michel.

MOLES Abraham A.
1984   «Utopie, science-fiction, œuvre catastrophe et
            conditionnement social». *Degrés. Revue de Synthèse
            à orientation Sémiologique.* vol. 12 (N°39-40): 1-13.

NEWMAN Kim,
2000   *Apocalypse movies. End of the World Cinema.* New
            York: St. Martin's Griffin.

PUISEUX Hélène
1987   *L'apocalypse nucléaire et son cinéma.* Paris: Les Édi-
            tions du Cerf, 7e Art.

SARGENT Lyman Tower et Roland SCHAER (dir.)
2000   *Utopie: la quête de la société idéale en Occident.*
            Paris: Bibliothèque nationale de France / Fayard.

SENN Brian and John JOHNSON
1992   *Fantastic Cinema Subject Guide: A Topical Index to
            2500 Horror, Science Fiction, and Fantasy Films.*
            McFarland.

VERSINS Pierre
1972   *Encyclopédie de l'Utopie, des voyages extraordinaires
              et de la science fiction.* Lausanne: L'Âge d'Homme.

WAGER W. Warren
1982   *Terminal Visions: The Literature of Last Things.*
              Bloomington: Indiana University Press.

WALSH Chad
1962   *From Utopia to Nightmare.* London: Geoffrey Bles.

LES AUTEURS

Flávio BORDA D'ÁGUA est né en 1980 au Portugal. Il a achevé en 2005 des études en histoire générale, langues, littératures et civilisations arabe et portugaise à l'Université de Genève, par un mémoire sur le Timor oriental, dont il prépare la publication. Licencié ès lettres, il travaille actuellement à l'Institut et Musée Voltaire, à Genève.

Andrea BOSCOBOINIK est collaboratrice de recherche au Séminaire d'anthropologie sociale et culturelle de l'Université de Fribourg. Elle travaille à la phase finale de sa thèse consacrée à l'étude des différentes étapes du processus de catastrophe. Elle a codirigé avec Christian Giordano *Constructing Risk, Threat, Catastrophe. Anthropological Perspectives* (2002) et publié également plusieurs articles concernant les processus d'ethnicisation des communautés Rom en Europe centrale et orientale.

Nicolas BORSINGER est né en 1953. Ingénieur en agronomie de l'École polytechnique fédérale de Zurich, il a complété sa formation par un master d'ingénieur en environnement à Lausanne, puis exercé comme chercheur, directeur d'exploitation agricole et analyste de projets en Suisse et à l'étranger. Il a rejoint le CICR en 1986 et travaillé aux quatre coins du monde successivement comme délégué, coordinateur, conseiller, chef de mission. Nicolas Borsinger est depuis mars 2000 Secrétaire général de la Fondation «Pro Victimis».

Luc DEBRAINE est journaliste, photographe et historien de l'art. Licencié en lettres de l'Université de Lausanne (1987), il a commencé sa carrière de journaliste à *L'Est Vaudois* avant de participer à la création du *Nouveau Quotidien* en 1991, puis à celle du *Temps* en 1998, où il travaille toujours. Il écrit entre autres sur la photographie, les médias, les nouvelles technologies et l'automobile. Luc Debraine a participé à la réalisation d'expositions au Musée de l'art brut de Lausanne, au Centre Pompidou de Paris, aux Rencontres de la photographie d'Arles ainsi que récemment à *Tous photographes* au musée de l'Élysée à Lausanne.

Didier DELALEU est anthropologue et économiste, spécialiste en psychosociologie des organisations. Après avoir travaillé comme assistant et chercheur à l'Université, il a exercé pendant une vingtaine d'année des fonctions dans les ressources humaines de plusieurs entreprises et bureaux de consulting. Il est actuellement directeur du cabinet Ressource d'Humain.

Christian DELÉCRAZ est assistant conservateur au département Europe du Musée d'ethnographie de Genève et responsable de son annexe de Conches (MEG Conches). Il est le commissaire de l'exposition *Scénario catastrophe*. En tant que concepteur ou collaborateur scientifique, il a participé à de nombreuses expositions, notamment: *De la croix au lotus, Le vent des routes* avec Nicolas Bouvier, *La mort à vivre: petit manuel des rites mortuaires* ou *Goulag le peuple des zeks*. Il fait partie de la Communauté de recherche interdisciplinaire sur l'éducation et l'enfance (CRIÉE).

Jérôme DUCOR, licencié en histoire des religions et docteur en japonologie, est le conservateur du département Asie au Musée d'ethnographie de Genève. Il est aussi privat docent à l'Université de Lausanne. Parmi ses dernières publications, on peut citer: *Thangka de l'Himalaya, images de la sagesse*, 2e édition revue et augmentée. Textes de Jean Eracle et Jérôme Ducor; photographies de Johnathan Watts (2003) et *Hônen : Le gué vers la Terre Pure*, Senchaku-shû, traduit du sino-japonais, présenté et annoté par Jérôme Ducor (2005).

Laurie DURUSSEL est collaboratrice scientifique au Musée d'ethnographie de Genève. Licenciée en archéologie et en ethnologie de l'Université de Neuchâtel, elle a consacré son travail de mémoire à la question du pillage et du trafic d'antiquités. Elle a collaboré à l'élaboration de l'exposition *Nous autres* en 2005. Elle est membre de l'équipe de conception et de réalisation de l'exposition *Scénario catastrophe*.

René FAVIER est professeur d'histoire moderne à l'Université Pierre Mendès France à Grenoble. Ses domaines de recherche sont l'histoire urbaine, l'histoire des risques naturels, l'histoire des Alpes (XVIe-XVIIIe siècles).

Alessia FONDRINI est collaboratrice scientifique au Musée d'ethnographie de Genève et a participé à ce titre à la réalisation de l'exposition *Scénario catastrophe*. Licenciée en ethnologie de l'Université de Neuchâtel, elle a travaillé au Musée international de la Croix-Rouge et du Croissant-Rouge où elle a été co-commissaire de l'exposition *Help: profession humanitaire* et a participé à la conception et la réalisation de l'exposition *Sang dessus* *dessous*. Elle collabore également depuis plusieurs années avec le Festival international du film de Locarno où elle est responsable de l'édition du catalogue officiel.

Didier GRANDJEAN a étudié la psychologie à l'Université de Genève et obtenu un PhD en 2005, sous la direction du professeur Klaus R. Scherer, avec un mémoire intitulé «Étude électrophysiologique des processus cognitifs dans la genèse de l'émotion». Il est actuellement maître-assistant au Centre interfacultaire en sciences affectives à Genève et poursuit ses travaux sur le traitement cérébral des processus émotionnels. Il s'intéresse particulièrement aux traitements des émotions dans le domaine auditif et aux liens entre processus émotionnels et cognitifs.

Anne-Marie GRANET-ABISSET est professeure d'histoire contemporaine à l'Université Pierre Mendès France à Grenoble. Ses domaines de recherche sont: les usages de la mémoire et du passé, patrimoine-images-médias, les sociétés de montagne et les risques (XIXe-XXIe siècles), les mobilités et les migrations.

Christophe GROS est ethnologue européaniste, assistant conservateur au département Europe du Musée d'ethnographie de Genève, responsable en particulier du fameux fonds alpin du collectionneur Georges Amoudruz, ainsi que des fonds de l'Europe danubienne et méditerranéenne. Sa spécialisation porte sur l'histoire des Alpes, l'écologie humaine, l'ethnologie des religions, du folklore et des arts, des récits et des légendes, des techniques du monde paysan et des mœurs.

Patrick J. GYGER est historien de formation. Il est actuellement directeur de la Maison d'Ailleurs, Musée de la science-fiction, de l'utopie et des voyages extraordinaires à Yverdon-les-Bains, Suisse. Il a également été directeur artistique des Utopiales, Festival International de Science-Fiction de Nantes de 2001 à 2005, et a travaillé sur plusieurs ouvrages faisant le lien entre réel et imaginaire, dont *Les voitures volantes: Souvenirs d'un futur rêvé* (Éd. Favre 2005).

François JACOB est né en 1963 à Paris. Après quelques années passées à l'étranger (Université des langues étrangères de Pékin, Consulat Général de France à Saint-Pétersbourg, etc), il soutient en Sorbonne une thèse intitulée *L'amour dans La Nouvelle Héloïse de Jean-Jacques Rousseau*. Maître de conférences à l'Université de Franche-Comté dès 1995, il est nommé en septembre 2002 directeur de l'Institut et Musée Voltaire de Genève. Il vient de publier *Le Concert de Lausanne: Gustave Doret et Jean-Jacques Rousseau* aux éditions Slatkine.

Mondher KILANI est professeur d'anthropologie à l'Université de Lausanne. Il a effectué des recherches de terrain en Papouasie Nouvelle-Guinée, dans les Alpes suisses, dans les oasis du Sud tunisien et dans le Sahel nigérien. Il a publié plusieurs ouvrages dont *Introduction à l'anthropologie* (1989), *La construction de la mémoire* (1992), *L'invention de l'autre* (1994), *Gomba hausa* (2000), *L'universalisme américain* (2002), *Guerre et sacrifice* (2006), et en collaboration *Le discours anthropologique* (1990), *La fabrication de l'humain* (1999), *L'imbroglio ethnique* (2000), *Les figures de l'humain* (2003).

Serge MARGEL. Après avoir soutenu une thèse en philosophie à l'Écoles des Hautes Études en Sciences Sociales, à Paris, puis une autre à Genève, en théologie patristique, il poursuit ses recherches sur le discours anthropologique des sciences humaines.

Stéphane PÉTERMANN est assistant au Centre de recherches sur les lettres romandes de l'Université de Lausanne, il consacre une thèse à C. F. Ramuz et à la construction de la figure du grand auteur en Suisse romande. Il travaille également, sous la direction de Daniel Maggetti, à l'édition de plusieurs correspondances d'écrivains, dont celle de Gustave Roud et de Georges Nicole.

Anne-Caroline RENDU est assistante du Professeur Philippe Borgeaud (Histoire des Religions, Genève) au Centre interfacultaire en sciences affectives. Elle prépare un doctorat en langues et civilisation de la Mésopotamie à l'Université de Genève sous la direction du professeur Antoine Cavigneaux. Son sujet de doctorat s'intitule «Émotions et audition dans la littérature akkadienne: le bruit, la parole et la perception».

Dominique ROULIN est originaire de la banlieue parisienne. Elle est arrivée en 1987 à Genève où elle a occupé un poste de pasteure dans un foyer d'étudiants. C'est là qu'elle a rencontré des personnes vivant avec le sida, qui l'ont incitée à aller au bout de ses engagements et de ses croyances. Elle a poursuivi ce Ministère Sida auprès de l'Église protestante de Genève jusqu'en 2005. Depuis lors, elle continue son travail sur le sida à mi-temps au département de la santé et consacre un autre mi-temps à l'aumônerie de l'Hôpital cantonal de Genève.

Denis ROHRER est licencié ès lettres en histoire et histoire de l'art de l'Université de Lausanne. Son mémoire à paraître *Les de Bry: une famille de graveurs des XVIᵉ et XVIIᵉ siècles* est un essai d'iconographie historique. Membre du comité de l'Association Culturelle pour le Voyage en Suisse, pour laquelle il a participé à deux expositions, cet historien de la culture travaille actuellement dans le domaine muséal. Il a collaboré à la préparation de l'exposition «Les catastrophes naturelles» présentée dans le cadre du Festival Science et Cité de 2001 à Lausanne. Depuis juin 2006, il collabore à la préparation de l'exposition temporaire de l'Alimentarium, à Vevey, intitulée «Couverts découverts» (2007).

Klaus R. SCHERER est né en 1943. Il a étudié les sciences économiques et sociales à l'Université de Cologne et à la London School of Economics and Political Sciences. Il a fait ses études post-grade en psychologie à l'Université de Harvard où il a obtenu un PhD en 1970. Après avoir enseigné aux Université de Pennsylvanie à Philadelphie et de Kiel en Allemagne, Klaus R. Scherer a été dès 1973 professeur ordinaire de psychologie sociale à l'Université de Giessen, Allemagne. Il est maintenant professeur au département de psychologie et directeur du Swiss Center for Affective Sciences de l'Université de Genève. Il a publié, entre autres, en collaboration avec Angela Schorr et Tom Johnstone *Appraisal processes in emotion: Theory, methods, research* (2001) ainsi que, avec Richard J. Davidson et H. Hill Goldsmith, le *Handbook of affective sciences* (2003).

Achevé d'imprimer en Espagne sur rotative
par l'imprimerie Novoprint en mars 2007

R.C.L.

AOUT 2007

G